朱沛蓮編著

清代鼎甲錄

中華書局印行

自序

有清一代，科舉取士，以八股經義爲範疇，雖係因襲前朝之遺規，實爲後世所詬病。然歷屆科考辦理之嚴，得人之盛，遠出歷代之上，康雍乾嘉四世，民康物阜，宇內昇平者達一百六十年之久，蔚爲三代以下未有之盛世。論者每多歸功於科舉之得人，洵爲無可否認之事實。

昔日科考，有縣試、府試、學政巡試，以及鄉試、會試、殿試之分，而以殿試爲最高之考試，以鼎甲爲最光榮之出身。是以士子孜孜兢兢，惟科名斯尚，而朝廷獎掖士子者，亦無微不至，如漢員非翰苑出身，不得入閣大拜，非科甲出身，不得充任學政試差，即司全國銓政文教之吏禮二部，亦非科甲出身者所可染指，凡此種種，咸所以重視考銓，保障正途，在當日可稱公正允洽之措施。

光緒踐祚，海運大開，西洋文化，灌輸我國，甲申甲午二役，慘遭敗北，時勢變遷，非提倡科學，不足以資圖存。歲乙巳，清廷遂有開辦學堂，停止科舉之詔，迄今六十餘年，有關科舉之史實，殆已漸爲國人所淡忘，而記述科舉之著述，尤若晨星。不佞不揣淺陋，爰將清代一百十二次殿試一甲及第者之姓名、里貫、經歷、行誼、著作等項，廣事蒐集，作一整體之敍述，名曰清代鼎甲錄，寒暑五更，幸已藏事。其有嘉言懿行者，引述不厭其詳，失德不檢者，亦直敍而不隱諱，俾使吾人得以有所效法與儆惕，非特史料攸關，抑與世道人心，或亦不無裨補耳。

中華民國五十六年五月丹陽朱沛蓮敬識。

例言

一、清代正恩殿試凡一百十二科，每科狀元、榜眼、探花各一人，人各一記。

二、順治九年壬辰，十二年乙未二科，係漢滿分榜，滿榜鼎甲六人，亦附記之。

三、鼎甲之中，清史稿有傳或附記者，都七十餘人。本書所記者，悉由著者自行蒐集史科，撰述而成。惟狀元沈廷文、榜眼陳栴、探花茆薦馨等之事跡，均付闕如，大多係因登第未久，即行辭世，乏事可記。

四、本書各鼎甲之籍貫，係依據清代歷科進士題名碑錄所記載為準。如徐乾學、秉義、元文兄弟三人，世皆知為崑山人，但碑載乾學、元文籍隸長洲，本書為存眞起見，則亦從之。

五、本書所記之任免年月，係以清實錄上諭日期為準，與實際到任及離卸時日，難免稍有參差，讀者諒之。

六、為便於讀者查閱，本書第二卷，特將各州縣鼎甲人數，列表予以統計，俾能一目瞭然。

七、各科鼎甲之高曾祖父，及子孫曾玄，暨服內長幼，如有進士出身者，儘量附入記末，以便稽考。

八、昔時極重年誼，凡同年登第者情如手足，本書第六卷，為各科同年錄，惟各科人數衆多，不勝列舉，故以內任尚書、侍郎，外任總督、巡撫者為限。（包括實授、署理、護理。）

九、光緒壬辰科起，各科進士，限於年資，能歷尙侍督撫者無多，故凡在清代曾任學政、主考，及司道者亦併記入。

十、清代職官名稱繁雜，爲使讀者能瞭解其品級職掌起見，特於第七卷附列品階職掌表，以備查閱。

十一、昔日有關考試因果報應，傳說紛紜，事涉迷信，本書概從簡略。

清代鼎甲錄目錄

自序……一
第一卷　清代科舉制度概述……一
第二卷　清代正恩各科鼎甲姓名錄……一五
各州縣鼎甲一覽表……一五
第三卷　狀元……三二
傅以漸　呂宮　劉子壯　鄒忠倚　史大成　孫承恩　徐元文　馬世俊
嚴我斯　繆彤　蔡啓僔　韓菼　彭定求　歸允肅　蔡升元　陸肯堂
沈廷文　戴有祺　胡任輿　李蟠　汪繹　王式丹　王雲錦　趙熊詔
王世琛　王敬銘　徐陶璋　汪應銓　鄧鍾岳　于振　陳惪華　彭啓豐
周澍　陳倓　金德瑛　于敏中　莊有恭　金甡　錢維城　梁國治
吳鴻　秦大士　莊培因　蔡以臺　畢沅　王杰　秦大成　張書勳
陳初哲　黃軒　金榜　吳錫齡　戴衢亨　汪如洋　錢棨　茹棻
史致光　胡長齡　石韞玉　潘世恩　王以銜　趙文楷　姚文田　顧皐
吳廷琛　彭浚　吳信中　洪瑩　蔣立鏞　龍汝言　吳其濬　陳沆
陳繼昌　戴蘭芬　林召棠　朱昌頤　李振鈞　吳鍾駿　汪鳴相　劉繹

林鴻年 鈕福保 李承霖 龍啓瑞 孫毓溎 蕭錦忠 張之萬 陸增祥
章　鋆 孫如僅 翁同龢 孫家鼐 鍾駿聲 徐　郙 翁曾源 崇　綺
洪　鈞 梁耀樞 陸潤庠 曹鴻勳 王仁堪 黃思永 陳　冕 趙以炯
張建勳 吳　魯 劉福姚 張　謇 駱成驤 夏同龢 王壽彭 劉春霖
（附滿榜）麻勒吉 圖爾宸

第四卷　榜眼……一〇〇

呂纘祖 程芳朝 熊伯龍 張永祺 戴王綸 孫一致 華亦祥 李仙根
李元振 張玉裁 孫在豐 王度心 胡會恩 孫　卓 吳　涵 陳元龍
查嗣韓 吳　昺 顧圖河 嚴虞惇 季　愈 趙　晉 呂葆中 戴名世
沈樹本 任蘭枝 繆曰藻 張廷璐 吳文煥 戴　瀚 王安國 鄧啓元
沈昌宇 田志勤 黃孫懋 林枝春 涂逢震 楊述曾 莊存與 陳　枘
饒學曙 范棫士 王鳴盛 梅立本 諸重光 胡高望 沈　初 姚　頤
徐天柱 王　增 孫辰東 汪　鏞 蔡廷衡 江德量 陳萬青 邵　瑛
孫星衍 汪廷珍 洪亮吉 陳　雲 莫　晉 汪守和 蘇兆登 劉彬士
李宗昉 徐　頲 謝階樹 廖鴻荃 吳毓英 祝慶蕃 凌泰封 楊九畹
許乃普 鄭秉恬 王廣蔭 賈　楨 錢福昌 朱鳳標 曹履泰 曹聯陞
何冠英 金國均 馮桂芬 龔寶蓮 周學濬 金鶴清 袁績懋 許其光

楊泗孫　吳鳳藻　孫毓汶　孫念祖　林彭年　何金壽　龔承鈞　王建章
黃自元　高岳松　譚宗浚　王賡榮　余聯沅　曹詒孫　壽　耆　鄒福保
李盛鐸　文廷式　吳士鑑　尹銘綬　喻長霖　夏壽田　左　霈　朱汝珍
（附滿榜）折庫勒　賈　勤

第五卷　探花……………………一五三

李奭棠　蔣　超　張天植　沈　荃　秦　鉽　吳國對　葉方藹　吳　光
秦　宏　董　訥　徐乾學　徐秉義　翁叔元　茆薦馨　彭寧求　黃夢麟
張豫章　黃叔琳　顧悅履　姜宸英　王　露　錢名世　賈國維　繆　沅
徐葆光　魏廷珍　傅王露　沈錫輅　程元章　楊　炳　汪德容　馬宏琦
梁詩正　沈文鎬　秦蕙田　任端書　秦勇均　湯大紳　王際華　汪廷璵
周　澧　盧文弨　倪承寬　鄒孝奕　王文治　趙　翼　韋謙恒　劉躍雲
陳嗣龍　范　衷　俞大猷　沈清藻　孫希旦　程昌期　汪學金　邵玉清
董教增　劉鳳誥　王宗誠　陳希曾　潘世璜　帥承瀛　王引之　鄒家燮
朱士彥　何凌漢　石承藻　張岳崧　吳廷珍　伍長華　吳清鵬　胡達源
陳　鑾　羅文俊　周開麒　帥方蔚　朱　蘭　季芝昌　蔣元溥　喬晉芳
蘇敬衡　江國霖　張百揆　胡家玉　馮培元　吳福年　龐鍾璐　謝　增
潘祖蔭　呂朝瑞　洪昌燕　李文田　歐陽保極　溫忠翰　張之洞　楊　霽

王文在　郁　崑　黃貽楫　馮文蔚　朱賡颺　譚鑫振　管廷獻　馮　煦
劉世安　吳蔭培　陳伯陶　鄭　沅　王龍文　俞陛雲　楊兆麟　商衍鎏
（附滿榜）巴　海　索　泰
第六卷　尚侍督撫同年錄……………………………………二〇七
第七卷　清代文官品階職掌表………………………………二八四

第一卷　清代科舉制度概述

清代科舉制度，大都因襲前朝，凡非倡優隸卒之子孫，均得依規定參與考試。（會典載：門子、衣隨、番役、小馬、皂隸、馬快、步快、禁卒、仵作、弓兵之子孫，倡優、奴隸、樂戶、丐戶、蜑戶、吹手，均爲出身不正，不准應試）按照考試程序，先須參加縣考，錄取後再應府試，然後參與學政之按試，及格者稱曰生員，亦稱秀才。其未考作生員之士子，雖屆高齡，皆稱童生。各州縣每科入學生員，均有一定名額，非經朝廷諭准，不得任意增減。士子須先取得生員資格，（包括監生，監生原須入國子監肄業，其後富家子弟，均可納貲捐取。）始可參與鄉試。各省鄉試應考生員，以有本省籍貫爲限，絕不准隔省應試，但順天鄉試，則爲例外，除順天本籍者外，凡宦遊京師之各省人士之子弟，已具生員之資格者，僅須取具各本籍地方官文結，地鄰甘結，及同考五人互結，即准一體與試。而此類旅住京師之各省生員，如願返回本省應試者，亦聽其便，不受任何限制，鄉試中式者稱曰舉人。鄉試例定子卯午酉之年八月舉行，故稱秋闈，初九日第一場，十二日第二場，十五日第三場，俱先一日點入，次一日放出。但鄉試如遇有特殊情形，無法如期舉行者，則可由各該省督撫，會同學政，奏准展期。道光元年順天鄉試，宣宗以天氣暑熱，京城內外兼有時疫流行，因念貢院中號舍湫隘，士子等萃處鬱蒸，恐致傳染疫癘，非所以示體恤，今科順天鄉試著展期一月，於九月舉行，該衙門即行曉諭，俾衆咸知。又道光二十三年閏七月諭，河南積水未清，鄉試着於十月舉行。惟通常均須於當年十月底以前舉行，以便中式之舉人，得有充分時間，晉京參加當科會試。鄉試地點，規定須在省會貢院，其有因軍事行動、省會淪陷，或省會逼近戰區，安全堪虞等原因，亦得奏准易地辦理，並得奏准於事後補行（咸豐辛酉江南鄉試，因粵匪竄擾，改於同治四年在浙江杭州補行，即其一例。）會試在京師舉行，應試者爲各省各科舉人，（惟現任知縣，及奏改教職之舉人，不准應試，又雍正四年諭准各省五經取中副榜之人，作舉人一體會試，此科內有二次中式副榜者，亦准作舉人，一體會試，則爲例外。）每於丑辰未戌之年二月舉行，故亦稱春闈，但因北京氣候寒冷，遇閏則改爲三月。與試者須報由各直省於年前詳覈造册，限十一月內送部，仍按名給文，並發給旅費，限會試年正月初十內到部投遞，遲則不准參與當年會試。會試中式者稱曰貢士。

各省鄉試之典試官，稱曰主考，例有正副二人，由進士出身之滿漢二品侍郎、內閣學士、三品京堂、未經考試試差之四五品京堂，及翰詹科道部屬中書等官之中，欽命簡選。雍正三年以後，應選試差人員，須由皇帝先行考試，擇優簡用，限欽簡後五日內啓程赴任。另有同考官若干名，（最多不得超過三十名）由進士舉人出身之在職人員派充，以上正副主考及同考官，均須廻避本省。會試主持試務者，亦稱主考，一稱總裁，有正副各一人，（道光二年會試，派戶部尚書英和爲正考官，禮部尚書汪廷珍，戶部右侍郎湯金釗，禮部左侍郎李宗舫爲副考官。）由禮部開列大學士、學士、六部尚書、侍郎、都察院堂官（即主官），題請簡派，同考官二十名，內翰林院十二名，六科四名，吏禮兵部司員各一員，戶刑工部每科輪同一員，各該衙門推舉資俸優深，才望素著者，移部題請簡命。鄉會試正副主考及同考官，辦理命題閱卷，及一般試務，均稱爲內簾。其餘事務人員，如順天鄉試，用監試御史二員，入場總理諸務，巡察御史二員，搜檢諸生進場，均由順天府咨呈都察院，轉咨禮部，坐名題差，各省則用巡按御史爲監臨官，（康熙二年以巡按業已裁撤，用巡撫監臨。）並用布政使司員二人爲提調，按察使司員二人爲監試，乾隆十七年二月，以向例各省鄉試，巡撫入闈監臨，而藩臬二司，則充提調監試之任。後以藩臬爲通省錢穀刑名總滙，改用道員，而巡撫之監臨如故，所以重試典也。惟巡撫膺封疆之寄，職守綦重，其督撫同城者尙有總督可以綜理，若專係巡撫駐紮省分，及雖與總督同城，而該督因事他出，則止巡撫一人在省，循例入闈，於地方不足以示彈壓。嗣後此等省分，應由藩臬二司內酌委一員入闈監臨，巡撫於三場點名時，仍督同藩臬搜查，則賓興大典，既爲嚴密，而封疆專寄，亦昭愼重矣。三場完畢，即行出闈，交予所委之員司在內辦理，此類所辦之事，均屬事務性質，稱爲外簾，內外簾各官員，統稱簾官。以上所有關係鄉會試各官，試畢即行銷差，其職務亦即終了。

殿試在京師太和殿舉行（乾隆五十四年起，改在保和殿舉行）。與試者爲當屆會試已中式之舉人（即貢士），以前各屆已中式因憂病未能參加殿試之貢士，及雖未中式會試而由欽命賞給進士准予一體殿試之舉人，（康熙四十一年賜監生何焯舉人，明年復准其以舉人與會試已中之、舉人王式丹等一體殿試。又同治元年，大學士銜管理工部事務常熟翁心存身故，賞其孫舉人曾源一體殿試，二年恩科，曾源以第一人及第，大魁天下。又乾隆四十三年，以國子監助教吳省蘭、助教銜張羲年，學問尙優，且在四庫館校勘羣書，頗爲得力，俱着加恩，准其與本科中式會試舉人，一體殿試。）試期爲會試年之四月初一，初五傳臚，雍正十年改爲四月二十六日舉行，五月初一傳臚，乾隆二十六年又改爲四月二十一日殿試，二十五日傳臚。閱卷者稱讀卷官，由翰林院、詹事府、吏戶兵刑工五部、都察院、通政司、大理寺各衙門堂官，通行開列，欽點十四員充任。（乾隆二十五年以殿試試卷無多，改爲八員。）提調爲禮部堂官，監試用御史，試卷於殿試後三天在文華殿閱讀。相傳殿試讀卷大臣，率多偏重書法，抑文重字，乾隆二十五年特諭規定，嗣後殿試試卷，除條陳精詳，楷法莊雅，儘登上選外，其有繕寫不甚工正，而援據典確，暢曉時務，即爲有體有用之才，亦應列爲上選，若敷衍成文，全無根據，即書法可觀，亦不得充選。上諭雖屬諄諄，然試卷字畫潦草者，必先予讀卷官以不良之印象，此乃自然之趨勢，故謂殿試僅重書法，固屬不可，如謂殿試不重書法，亦有未洽也。

殿試初定有至次晨始行交卷者，乾隆四十六年四月，始以考試給燭，最滋流弊，至於連宵達旦，則更衣人倦，防閑更未能周，且朝考例作四題，尙不過日入完場，而殿試對策一道，窮日之力，寫作已可從容，何必焚膏繼晷，始得成章乎?況殿廷重地，尤宜謹愼，嗣後殿試交卷，至遲亦以日入爲度，不得仍准給燭，其不能完卷者，仍准列入三甲之末，以示成全之意。

順治三年（西元一六四六年）四月初一舉行首次殿試，至光緒三十年甲辰（一九〇四年）末次殿試爲止，共計舉行殿試一百十二次，（淸史及淸史稿，均未錄道光三十年庚戌殿試事，故所載皆爲一百十一次，缺少一次。此科狀元爲太倉陸增祥。）內順治朝八次，康熙朝二十一次，雍正朝五次，乾隆朝二十七次，嘉慶朝十二次，道光朝十五次，咸豐朝五次，同治朝六次，光緒朝十三次，內恩科計爲二十三次。（清代恩科自康熙五十一、二年開始，其後凡遇重大慶典，即行舉辦，光緒二十九年，係正恩合併舉行。）中式者分一二三甲，一甲三名，第一爲狀元，例授翰林院修撰，第二爲榜眼，第三爲探花，例授翰林院編修，均賜進士及第，二甲若干名，賜進士出身，三甲若干名，賜同進士出身。名列二三甲者，經選入翰林院庶常館者，稱庶吉士，三年期滿散館，凡係二甲出身者，各授編修，三甲出身者，各授檢討，惟自雍正元年起，新科進士，於引見之前，須先經朝考，由皇帝將四六詩文各體出題，予以欽點，始可入選。凡進士之入翰林院者，統稱翰林。又昔日有稱兩榜進士者，蓋因科舉時代之進士，例須經會試殿試、會試中式，（稱曰貢士，亦稱進士。）方可參加殿試，故事凡參與殿試者，例皆錄取，而僅就與試者之成績，作等級及名次之決定。此類進士，名列會殿兩榜，故稱兩榜進士，進士之稱兩榜者，可表明完全憑眞才實學，而依正常之程序，考試得來，與賞給之進士及特許殿試者，大不相同。故俗謂兩榜進士係二甲進士者，實有未當。亦有稱會試爲甲榜，鄉試爲乙榜，以經鄉會試中式稱兩榜者，惟出自賞賜或特准者不豫焉。

殿試爲國家最高考試，舉行儀式，極爲隆重，先期一日，由鴻臚寺官設策題黃案於太和殿內東旁，又設黃案於丹墀上正中，光祿寺備桌於東西閣檐下，至日早，鑾儀衞設鹵簿，大駕於太和殿前，設樂如常儀，禮部鴻臚寺官員貢士，至太和殿丹墀內兩旁排立，（單名居左，雙名居右）王以下文武百官，各具朝服，王公在丹墀上排立，各官在丹墀內兩旁排立，禮部鴻臚寺官奏請升殿，皇帝具禮服，御太和殿升座，作樂鳴鞭（爆竹），內閣官於東旁黃案上取策題，授禮部官，禮部官跪受，至丹墀上正中跪設黃案上行三叩禮畢，禮部官舉案於殿前左階，降至丹墀，設御道正中，讀卷官及執事各官，北嚮序立，鳴贊官贊行三跪九叩首禮，次各貢士北嚮序立，鳴贊行三跪九叩首禮，各分東西侍立，鴻臚寺官奏禮畢，鳴鞭，皇帝還宮，王以下文武百官退，鑾儀衛軍校舉試桌於丹墀，東西俱北嚮，禮部官散題，貢士列班跪受畢，鳴贊官贊行三叩禮，各就桌對策畢，受卷、掌卷、彌封等官，俱於左廡檐下收封，用箱盛儲送進，候分派讀卷官閱讀，後三日早，皇帝御中和殿，讀卷各官，至丹墀行一跪三叩禮，殿內東西序立，讀卷官居首者執卷，至御前跪讀畢，禮儀監官接卷置御案，讀卷本官三叩興，復班立，各讀卷官以次進讀如前儀，讀三卷畢，如奉旨免讀，各官即執卷同至御前跪，禮儀監官以次接卷，俱置御案，各官三叩興，復班即退出。候欽定試卷，御批一甲第一二三名畢，（乾隆二十五年改爲讀卷官揀選十卷進呈，由皇帝閱定後再行按名傳齊帶領引見，其餘各卷，發內閣官領收，是日讀卷官將二甲第八名以下拆卷塡寫黃榜、皇帝御殿傳臚，鴻臚寺宣制賜進士及第有差，張挂黃榜於長安門外，順天府備繖蓋儀從送狀元歸第，並賞給狀元衣帽，及諸進士表裏，越五日狀元率諸進士上表謝恩，擇日再率諸進士詣孔子廟行釋采禮，易頂服。所有各科進士題名，向均建碑立於國學，按照甲第先後，上刻姓名籍貫，一面將題名錄通行知照各省藩司，留爲案據。

殿試試卷，交卷時例須彌封，除進呈十本由皇帝欽定名次，然後拆閱，以示大公無私，（乾隆二十六年辛巳科先拆後進，廿八年又定進呈十本，不必豫拆彌封。）其餘各卷，則由讀卷官審定名次拆封，拆封後即不得再有更易，試卷係用宣紙製成，僅有直行紅線，而無橫格，對答不限字數，惟最短者亦必以千字爲率，不滿一千字者，不得爲入式。至於四六頌聯，並膚泛套語，概不准用。其前幅策冒十四行，後幅空白十四行，原非古式，不必拘泥，惟承問詳對，起處仍書「臣對臣聞」字樣，訖處仍書「臣草茅新進，罔識忌諱，干冒宸嚴，不勝戰慄隕越之至，臣謹對」等字樣，以昭劃一。（嘉慶八年，以「草茅新進」四字，未盡妥協，奏准改用「末學新進」，以符體制。）

在昔君主時代，朕即國家，凡百庶政，雖亦定有規章，如考試一項，規定向極鄭重嚴格，如有關節舞弊情事，一經勘實，考官與應試入輒置重典，咸豐戊午順天鄉試舞弊一案，主考官大學士柏葰之遭棄市，其最著者。但皇帝自享特權，往往以秀才舉人賞給大臣或功臣之子孫，使其免試而得參加高一等之考試，或以秀才舉人進士之資格，賞給年老而未及第之應考人。如舉人何焯、汪灝、蔣廷錫、王蘭生、留保、顧天成、盧伯蕃、李世傑、梁同書、方傳穋、強望泰、溫承悌、蔡本俊、孫慧惇、粟耀、翁曾源（由監生賞給舉人。）等均先後賞給進士，准與中式會試之舉人一體殿試，其爲秀才或監生賞給舉人，准予會試者，爲數更多。此外凡應會試而未中式年在八十以上者，均賞編修檢討學正等銜，如乾隆五十五年賞九十歲以上之劉湘、胡椿、陳鳳翔等三名，及八十以上之吳霖等七十二名檢討銜，嘉慶二十五年賞九十六歲熊清泰編修。又各省鄉試亦有賞賜年老生員舉人之例，如乾隆三十五年恩科，江西生員李煒，年九十九歲，廣東生員張次叔，年九十四歲，雖未中式，均賞舉人，凡此種種恩賜，旨在矜恤年老士子，以昭激勸，較賞賜大臣或功臣子孫爲有意義，然亦不外法外市恩而已。

清代狀元凡百十二人，（順治壬辰，乙未二科，滿漢分榜，另有滿狀元麻勒吉、圖爾宸二人不計。）江蘇得四十九人，浙江得二十人，安徽得九人，山東得六人，廣西得四人，直隸（今河北）、福建、江西、湖北、廣東各得三人，湖南、貴州各得二人，蒙古、順天、河南、陝西、四川各一人。以縣而言，吳縣（合長洲、元和。）最多，計徐元文（進士碑載長洲籍）、繆彤、韓菼、彭定求、陸肯堂、王世琛、徐陶璋（進士碑載長洲籍）、彭啓豐、張書勳、陳初哲、錢棨、石韞玉、潘世恩、吳廷琛、吳信中、吳鍾駿、洪鈞、陸潤庠等十八名，常熟次之，計孫承恩、歸允肅、汪繹、汪應銓、翁同龢、翁曾源等六人，杭縣（合仁和、錢塘二縣。）周澍、金德瑛、金甡、吳鴻、鍾駿聲等五人，武進（合陽湖。）呂宮、趙熊詔、錢維城、莊培因等四人，吳興（歸安、烏程二縣。）嚴我斯、王以銜、姚文田、鈕福保等四人，桂林（臨桂）陳繼昌、龍啓瑞、張建勳、劉姚福等四人，江寧（合上元。）胡任輿、秦大士、黃思永等三人，紹興（會稽、山陰二縣。）梁國治、茹棻、史致光等三人，無錫（合金匱。）鄒忠倚、王雲錦、顧皐等三人，嘉定王敬銘、秦大成、徐郙等三人，太倉（合鎮洋。）畢沅、陸增祥等二人。金壇于振、于敏中等二人。南通胡長齡、張謇等二人，鄞縣史大成、章鋆等二人，德清蔡啓傳、蔡升元等二人，嘉興（合秀水。）沈廷文、汪如洋等二人，太湖趙文楷、李振鈞等二人，歙縣金榜、洪瑩等二人，休寧吳錫齡、黃軒等二人，濟寧孫毓溎、孫如僅等二人，濰縣曹鴻勳、王壽彭等二人，林森（閩縣、侯官）林鴻年、王仁堪等二人，餘爲蒙古崇綺、鎮江李承霖、溧陽馬世俊、金山戴有祺、寶應王式丹、儀徵陳倓、銅山李蟠、宛平陳冕、安縣陳悳華、南皮張之萬、肅寧劉春霖、天長戴蘭芬、桐城龍汝言、壽縣孫家鼐、聊城傅以漸、東昌鄧鍾岳、固始吳其濬、韓城王杰、晉江吳魯、嘉善蔡以臺、海鹽朱昌頤、大庾戴衢亨、彭澤汪鳴相、永豐劉繹、黃岡劉子壯、天門蔡立鏞、蘄水陳沆、衡山彭浚、茶陵蕭錦忠、資中駱成驤、番禺梁有恭、吳川林召棠、順德梁燿樞、貴陽趙以炯、麻江（麻哈）夏同龢。江浙富甲天下，士子較各省為多，狀元及第者達六十九人，佔全國總額百分之六十二，文風之盛，實非他省所可望其背項也。

科舉時代科名不特最為士子所重視，抑且為仕途最佳之出身，漢人更有非科甲出身不得入吏禮二部及殿閣之限制。有清一代科舉得人之多，遠勝前朝，佳話頻傳，略述如次：

祖孫會狀　長洲彭定求（康熙十五年），彭啓豐（雍正五年）。

叔侄狀元　德清蔡啓僔（康熙九年），蔡升元（康熙二一年）。
常熟翁同龢（咸豐六年），翁曾源（同治二年）。

父子鼎甲　吳縣繆彤（康熙六年狀元），繆曰藻（彤子，康熙五四年榜眼）。
溧陽任蘭枝（康熙五二年榜眼），任端書（蘭枝子，乾隆二年探花）。
鎮洋汪廷璵（乾隆十三年探花），汪學金（廷璵子，乾隆四六年探花）。
霑化蘇兆登（嘉慶四年榜眼），蘇敬衡（兆登子，道光十六年探花）。
天門蔣立鏞（嘉慶十六年狀元），蔣元溥（立鏞子，道光十三年探花）。

祖孫鼎甲　高郵王安國（雍正二年榜眼），王引之（安國孫，嘉慶四年探花）。

吳縣潘世恩（乾隆五八年狀元），潘祖蔭（世恩孫，咸豐二年探花）。

兄弟鼎甲　崑山徐元文（順治十六年狀元），徐乾學（元文兄，康熙九年探花），徐秉義（元文兄，康熙十二年探花）。

武進莊存與（乾隆十年榜眼），莊培因（存與弟，乾隆十九年狀元）。

從叔姪狀元　吳縣吳廷琛（嘉慶七年狀元），吳鍾駿（道光十二年狀元）。

從兄弟鼎甲　長洲彭定求（康熙十五年狀元），彭寧求（康熙廿一年探花）。

無錫秦蕙田（乾隆元年探花），秦勇均（乾隆四十年探花）。

吳縣潘世恩（乾隆五八年狀元），潘世璜（乾隆六十年探花）。

濟寧孫毓溎（道光二年狀元），孫毓汶（咸豐六年榜眼）。

南皮張之萬（道光二七年狀元），張之洞（同治二年探花）。

此外金壇于振（雍正元年狀元），于敏中（乾隆二年狀元）爲同族兄弟行（初版悞爲父子狀元），時稱兄弟狀元，金壇學宮內有兄弟狀元匾一方即指此事而言。桐城張英、子廷瓚、廷玉、廷璐、廷瑑，孫若潭、若靄、若澄、若需，曾孫曾敞，玄孫元宰，來孫聰賢，共十二人，均爲翰林，綿延六世。華亭王項齡，弟鴻緒、九齡，子圖炳，孫興吾，曾孫紹曾、顯曾、嘉曾、錫奎、達，共十人，亦俱翰林，科名之盛，令人稱羨，謂爲翰林之家，毫無愧色。又康熙五十二年進士奉新甘汝來雍正間與父萬達，弟汝逢，子禾同舉江西鄉試，祖孫、父子、兄弟、叔姪同科，可謂空前絕後，亦爲科舉佳話。

科舉時代之科考，雖極嚴格，除恩賜進士舉人生員之外，狀元例須欽點，因此狀元往往有因皇帝之喜怒而得失者，清代可記者計有五人。（一）長洲彭啓豐，雍正五年丁未殿試，啓豐以會元置第三名，世宗悉啓豐祖定求，係康熙十五年丙辰會元狀元，啓豐既以會元入鼎甲，遂拔爲第一，成祖孫同爲會狀之佳話。（二）韓城王杰，乾隆二十六年辛巳殿試，進呈十卷第一爲陽湖趙翼（甌北），王杰第三，高宗熟視杰卷，字體如素識，以其昔爲尹繼善繕疏，曾邀宸賞，詢知人品，以陝西本朝百餘年尚無狀元，遂拔杰第一，而置翼第三。（三）桐城龍汝言，嘉慶十九年甲戌科，汝言未第時，嘗館於某都統家，適逢仁宗壽誕，都統請汝言作祝詞，汝言乃集熙乾二朝御製詩百首以進，仁宗大悅，詢都統，知係汝言之筆，以江南士子，多不屑談先皇詩詞，今汝言熟讀如此，具見愛君之誠，立賞舉人，一體會試，次春下第，總裁覆命，大受申斥，謂今科文墨不佳，然是科（十六年辛未）闈墨固甚佳，所取亦多佳士，嗣經探悉，因汝言落第，不愜仁宗之意。及甲戌，主司入場，即將汝言取中，仁宗見題名錄，大喜，及殿試，又以第一進，仁宗私拆彌縫視之無悞，復封之，唱臚時，仁宗喜爲侍臣曰，朕所賞果不謬也。（四）常熟翁曾源，咸豐六年，宣宗實錄告成，以祖吏部尚書心存有功，由監生賞舉人，一體會試，歷己未、庚申、壬戌三科會試，均未獲售。適心存亡故，同治元年，兩宮篤念勳勞，又賞給進士，一體殿試，二年，大魁天下，距其叔同龢及第，相去僅爲八年，成叔侄狀元，與德清蔡啓僔、蔡升元相媲美，惟其舉人、進士，均係出自恩賜，亦可謂爲異數。（五）旗籍崇綺，係蒙古鑲黃旗人，同治四年乙丑一甲一名，爲清代唯一非漢人之狀元，相傳四月二十四日，閱卷大臣以十本進呈，兩宮以崇綺係屬旗籍，而旗人未有居第一者，遲回久之，交軍機會同讀卷詳議，恐遭物議故也。諸人相顧不發一言，嗣延樹南曰，但憑文字，何分滿漢，遂奏覆定局，是崇綺之得占鰲頭，實有賴於樹南之一言，否則，恐已另屬他人矣。

科考最榮耀之事，莫過於三元及第，即鄉試中解元，（鄉試第一稱解元）會試中會元，（會試第一稱會元）殿試中狀元。三試皆第一，確屬難能可貴。清代三元及第者得二人，一爲錢棨，一爲陳繼昌。棨字振威，長洲人，乾隆四十四年己亥解元，四十六年辛丑會元狀元。歷侍讀，中元，內閣學士，典試雲南，嗣改學政，卒於官，詩文楷法並精，因不黨於和珅，終無由進一階，珅敗，始由仁宗連擢爲內閣學士，未及大用而逝。繼昌字守罋，臨桂人，嘉慶十八年癸酉解元，二十五年庚辰會元狀元，爲清代三元及第之第二人，累官湖北布政使。又會元狀元者有韓菼、彭定求、陸肯堂、王式丹、彭啓豐、陳倓、吳廷琛、金甡、蔡以臺、汪如洋等十人，解元狀元者，有胡任輿、吳鴻等二人，此外東莞陳伯陶，鄉會皆第一，殿試進呈原置一名，因試卷將宣撫使誤稱宣慰使，改置第三，聞者惜之。

科舉時有所謂廷試者，亦曰朝考（非殿試後皇帝親試新進士之朝考），乃貢生至京應試之稱。此項考試，雖亦在保和殿舉行，但不得稱曰殿試，近人不察，往往有稱之爲殿試者，謬誤甚矣，蓋殿試一詞，爲科舉最高之考試，絕不可任意引用，致涉含混，而乖體制也。貢生有恩、拔、副、優、歲五種，恩貢乃遇國家有慶典或登極，詔書以本歲正貢作之。拔貢，每十二年（雍正六年，改為六年一次，乾隆七年，仍改十二年一次。）由各省學政，就在學生員，每府州縣選拔學識優良、品行端正者，會同督撫咨送禮部，由部奏請欽命大臣考試，旨在廣育人材，特於鄉會試正科而外，增設選拔一科，所以旁搜俊彥，拔取眞才。拔貢經朝考取入一二等者，引見後以七品小京官分部學習，及以知縣敎職錄用，較之進士歸班、舉人截取銓選者更速，實為士子入仕捷徑，不特須較文詞之高下，與夫字畫之工拙，器識尤為重要，各州縣雖有定額，如無文行兼優之士，寧缺毋濫，如有濫保情事，原考之學政，及覆試之督撫，均應照例議處焉。副貢係鄉試成績優良，但限於名額，未能取錄，即額滿見遺者，准以原取五名之數，錄取一名，列為副榜，錄取者稱副貢，副貢准免入國子監，即與廷試授職。歲貢初定府學每年選送一人，州學三年二人，縣學二年一人，各省學政將印結單卷，由布政使起送，仍由學政將貢生名册送部，參與廷試，康熙二十三年始准歲貢免予入京廷試，著各學政挨序考准，咨部補授訓導。優貢初定直省各府州縣學不拘廩增附生，將文行兼優者，大學起送二人，小學起送一人，入監肄業，名為貢監，雍正十一年題准凡優生由廩增升入太學者，准作優貢。同治二年復以優貢一途，因無錄用之條，多未來京報考，應予變通，著各省學政覈實選舉，會同督撫保題，赴部驗到，在保和殿考試，由閱卷大臣，酌量多寡，比較錄取，其先後名次，仍歸併擬定，由禮部帶領引見，考列一二等者，以知縣敎職錄用，三等就經制復設訓導選用。又康熙十八年為甄拔遺才，以為國用，特召試博學鴻詞，錄取一等二十名，二等三十人，乾隆元年復二次召試，連二年補試在內，錄取一等六人，二等十三人，各授編修檢討之職。此項特殊之考試，雖出欽命辦理，究與體例未合，故自乾隆二年之後，即未繼續舉辦。光緒三十年所舉行之經濟特科，亦爲特種考試，而非定期辦理，併附述之。

第二卷　清代正恩各科鼎甲姓名錄（附會元）

歲次科別	取中名額	狀元	榜眼	探花	會元
順治三年丙戌正科	三七三	傅以漸	呂纘祖	李奭棠	李奭棠
四年丁亥正科	二九八	呂　宮	程芳朝	蔣　超	李人龍
六年己丑正科	三九五	劉子壯	熊伯龍	張天植	左敬祖
九年壬辰正科	三九七	鄒忠倚	張永祺	沈　荃	程可則
十二年乙未正科	三九七	史大成	戴王綸	秦　鉽	秦　鉽
十五年戊戌正科	三四三	孫承恩	孫一致	吳國對	張貞生
十六年己亥正科	三七六	徐元文	華亦祥	葉方藹	朱　錦
十八年辛丑正科	三八三	馬世俊	李仙根	吳　光	陳常夏
康熙三年甲辰正科	二〇〇	嚴我斯	李元振	秦　宏	沈　珩
六年丁未正科	一五五	繆　彤	張玉裁	董　訥	黃礽緒
九年庚戌正科	二九九	蔡啓僔	孫在豐	徐乾學	宮夢仁
十二年癸丑正科	一六六	韓　菼	王度心	徐秉義	韓　菼
十五年丙辰正科	二〇九	彭定求	胡會恩	翁叔元	彭定求
十八年己未正科	一五一	歸允肅	孫　卓	茹薦馨	馬教思

二一年壬戌正科	一七九	蔡元升	吳　涵	彭寧求	金德嘉
二四年乙丑正科	一六四	陸肯堂	陳元龍	黃夢麟	陸肯堂
二七年戊辰正科	一四六	沈廷文	查嗣韓	張豫章	范光陽
三〇年辛未正科	一五七	戴有祺	吳　昺	黃叔琳	陳汝咸
三三年甲戌正科	一六八	胡任輿	顧圖河	顧悅履	裴之仙
三六年丁丑正科	一五〇	李　蟠	嚴虞惇	姜宸英	汪士鋐
三九年庚辰正科	三〇五	汪　繹	季　愈	王　露	王　露
四二年癸未正科	一六六	王式丹	趙　晉	錢名世	王式丹
四五年丙戌正科	一九〇	王雲錦	呂葆中	賈國維	尙居易
四八年巳丑正科	二九二	趙熊詔	戴名世	繆　沅	戴名世
五一年壬辰正科	二七七	王世琛	沈樹本	徐葆光	卜俊民
五二年癸巳恩科	一九六	王敬銘	任蘭枝	魏廷珍	孫見龍
五四年乙未正科	一九〇	徐陶璋	繆曰藻	傅王露	李　鍇
五七年戊戌正科	一六五	汪應銓	張廷璐	沈錫輅	楊爾德
六〇年辛丑正科	一六三	鄧鍾岳	吳文煥	程元章	儲大文
雍正元年癸卯恩科	二四六	于　振	戴　瀚	楊　炳	楊　炳
二年甲辰正科	二九九	陳悳華	王安國	汪德容	王安國

五年丁未正科	二二六	彭啓豐	鄧啓元	馬宏琦	彭啓豐
八年庚戌正科	三九九	周　澍	沈昌宇	梁詩正	沈昌宇
一一年癸丑正科	三二八	陳　倓	田志勤	沈文鎬	陳　倓
乾隆元年丙辰正科	三四四	金德瑛	黃孫懋	秦蕙田	趙青藜
二年丁巳恩科	三二四	于敏中	林枝春	任端書	何其睿
四年己未正科	三二八	莊有恭	涂逢震	秦勇均	軒轅誥
七年壬戌正科	三一三	金　甡	楊述曾	湯大紳	金　甡
十年乙丑正科	三一三	錢維城	莊存與	王際華	蔣元益
十三年戊辰正科	二六四	梁國治	陳　枏	汪廷璵	鄭　忬
十六年辛未正科	二四三	吳　鴻	饒學曙	周　澧	周　澧
十七年壬申恩科	二三一	秦大士	范棫士	盧文弨	邵嗣宗
十九年甲戌正科	二四一	莊培因	王鳴盛	倪承寬	胡紹鼎
二二年丁丑正科	二四二	蔡以臺	梅立本	鄒奕孝	蔡以臺
二五年庚辰正科	一六四	畢　沅	諸重光	王文治	王中孚
二六年辛巳恩科	二一七	王　杰	胡高望	趙　翼	陳步瀛
二八年癸未正科	一八八	秦大成	沈　初	韋謙恒	孫效曾
三一年丙戌正科	二一三	張書勳	姚　頤	劉躍雲	胡　珊

三四年己丑正科	一五一	陳初哲	徐天柱	陳嗣龍	徐　烺
三六年辛卯恩科	一六一	黃　軒	王　增	范　衷	邵晉涵
三七年壬辰正科	一六二	金　榜	孫辰東	俞大猷	孫辰東
四〇年乙未正科	一五八	吳錫齡	汪　鏞	沈清藻	嚴　福
四三年戊戌正科	一五七	戴衢亨	蔡廷衡	孫希旦	繆祖培
四五年庚子恩科	一五七	汪如洋	江德量	程昌期	汪如洋
四六年辛丑正科	一六九	錢　棨	陳萬青	汪學金	錢　棨
四九年甲辰正科	一一二	茹　棻	邵　瑛	邵玉清	侯健融
五二年丁未正科	一三七	史致光	孫星衍	董教增	顧　鈺
五四年己酉恩科	九八	胡長齡	汪廷珍	劉鳳誥	錢　楷
五五年庚戌正科	九七	石韞玉	洪亮吉	王宗誠	朱文翰
五八年癸丑正科	八一	潘世恩	陳　雲	陳希曾	吳貽詠
六〇年乙卯恩科	一一一	王以銜	莫　晉	潘世璜	王以鋙
嘉慶元年丙辰恩科	一四四	趙文楷	汪守和	帥承瀛	袁　樾
四年己未正科	二二〇	姚文田	蘇兆登	王引之	史致儼
六年辛酉恩科	二七五	顧　皋	劉彬士	鄒家燮	馬有章
七年壬戌正科	二四八	吳廷琛	李宗昉	朱士彥	吳廷琛

十年乙丑正科	二四三	彭浚	徐頲	何凌漢	胡敬
一三年戊辰正科	二六一	吳信中	謝階樹	石承藻	劉嗣綰
一四年己巳恩科	二四一	洪瑩	廖金城	張岳崧	孔傳倫
一六年辛未正科	二三七	蔣立鏞	吳毓英	吳廷珍	朱壬林
一九年甲戌正科	二二六	龍汝言	祝慶蕃	伍長華	瞿溶
二二年丁丑正科	二五五	吳其濬	凌泰封	吳清鵬	龐大奎
二四年己卯恩科	二二四	陳沆	楊九畹	胡達源	費庚吉
二五年庚辰正科	二四六	陳繼昌	許乃普	陳鑾	陳繼昌
道光二年壬午恩科	二二二	戴蘭芳	鄭秉恬	羅文俊	呂龍光
三年癸未正科	二四六	林召棠	王廣蔭	周開麒	杜受田
六年丙戌正科	二六五	朱昌頤	賈楨	帥方蔚	王慶元
九年己丑正科	二二一	李振鈞	錢福昌	朱蘭	劉有慶
一二年壬辰恩科	二〇六	吳鍾駿	朱鳳標	季芝昌	馬學易
一三年癸巳正科	二二〇	汪鳴相	曹履泰	蔣元溥	許楣
一五年乙未正科	二七二	劉繹	曹聯桂	喬晉芳	張景星
一六年丙申恩科	一七二	林鴻年	何冠英	蘇敬衡	夏子齡
一八年戊戌正科	一九四	鈕福保	金國均	江國霖	王振綱

二〇年庚子正科	一八〇	李承霖	馮桂芬	張百揆	吳敬義
二一年辛丑恩科	二〇二	龍啓瑞	龔寶蓮	胡家玉	蔡念慈
二四年甲辰正科	二〇九	孫毓溎	周學濬	馮培元	焦春宇
二五年乙巳恩科	二一七	蕭錦忠	金鶴清	吳福年	蔣超伯
二七年丁未正科	二三一	張之萬	袁績懋	龐鍾璐	許壽彭
三〇年庚戌正科	二一二	陸增祥	許其光	謝　增	鄒石麟
咸豐二年壬子恩科	二三九	章　鋆	楊泗孫	潘祖蔭	孫慶咸
三年癸丑正科	二二二	孫如僅	吳鳳藻	呂朝瑞	吳鳳藻
六年丙辰正科	二一六	翁同龢	孫毓汶	洪昌燕	馬元瑞
九年己未正科	二三九	孫家鼐	孫念祖	李文田	馬傳煦
十年庚申恩科	一八九	鍾駿聲	林彭年	歐陽保極	徐致祥
同治元年壬戌正科	一九三	徐　郙	何金壽	溫忠翰	李慶沅
二年癸亥恩科	二〇〇	翁曾源	龔承鈞	張之洞	黃體芳
四年乙丑正科	二六五	崇　綺	王建章	楊　霽	廖鶴年
七年戊辰正科	二七〇	洪　鈞	黃自元	王文在	蔡以瑺
十年辛未正科	三二三	梁燿樞	高岳崧	郁　崑	李聯珠
十三年甲戌正科	三三八	陸潤庠	譚宗浚	黃貽楫	秦應逵

光緒二年丙子恩科	三二四	曹鴻勳	王賡榮	馮文蔚	陸殿鵬
三年丁丑正科	三二九	王仁堪	余聯沅	朱賡颺	劉秉哲
六年庚辰正科	三三〇	黃思永	曹詒孫	譚鑫振	吳樹棻
九年癸未正科	三〇八	陳　冕	壽　耆	管廷獻	寧本瑜
一二年丙戌正科	三一九	趙以炯	鄒福保	馮　煦	劉　培
一五年己丑正科	二九六	張建勳	李盛鐸	劉世安	許葉芬
十六年庚寅恩科	三二六	吳　魯	文廷式	吳蔭培	夏曾佑
一八年壬辰正科	三一七	劉福姚	吳士鑑	陳伯陶	劉可毅
二〇年甲午恩科	三一四	張　謇	尹銘綬	鄭　沅	陶世鳳
二一年乙未正科	二九六	駱成驤	喻長霖	王龍文	景　祾
二四年戊戌正科	三四七	夏同龢	夏壽田	俞陛雲	陸曾煒
二九年癸卯正恩併科	三一五	王壽彭	左　霈	楊兆麟	周蘊良
三〇年甲辰恩科	二七三	劉春霖	朱汝珍	商衍鎏	譚延闓

以上合計狀元、榜眼、探花各一百十二名，進士二萬六千九百零五名。（鼎甲在內

各州縣鼎甲一覽表

省區	州或縣	狀元	榜眼	探花	備註
江蘇	長洲	八	一	一	今吳縣
	吳縣	六	二	五	
	元和	四	一	〇	今吳縣
	常熟	六	一	二	
	武進	三	一	二	
	陽湖	一	三	二	今武進
	無錫	二	一	二	
	金匱	一	〇	三	今無錫
	崑山	〇	〇	三	
	嘉定	三	一	〇	
	溧陽	一	一	二	
	金壇	二	〇	二	
	丹徒	一	一	一	今鎮江
	江寧	二	〇	一	

上元	一	一	二	今江寧
鎮洋	一	○	二	今太倉
太倉	一	○	○	
通州	二	一	一	今南通
婁縣	一	一	○	今金山
銅山	一	○	○	
寶應	一	一	一	
儀徵	一	一	一	
山陽	○	二	○	今淮安
鹽城	○	一	○	
華亭	○	二	一	今松江
江都	○	一	○	
高郵	○	一	二	
吳江	○	一	一	
青浦	○	○	二	
泰州	○	○	一	今泰縣
崇明	○	○	一	

江陰	○	○	一	

浙江

仁和	四	四	四	今杭縣
錢塘	一	三	六	今杭縣
德清	二	四	一	
歸安	三	二	一	今吳興
烏程	一	一	一	今吳興
秀水	二	一	一	今嘉興
鄞縣	二	○	○	
會稽	二	三	一	今紹興
山陰	一	○	○	今紹興
嘉善	一	○	一	
海鹽	一	○	○	
桐鄉	○	一	○	
石門	○	三	○	今崇德
海寧	○	二	一	
平湖	○	二	一	
餘姚	○	二	二	

慈谿	〇	一	一	
蕭山	〇	一	二	
黃巖	〇	一	〇	
長興	〇	〇	一	
上虞	〇	〇	一	
瑞安	〇	〇	一	
安徽				
休寧	二	〇	〇	
歙縣	二	〇	一	
太湖	二	〇	〇	
桐城	一	三	〇	
天長	一	〇	〇	
壽州	一	〇	〇	今壽縣
宣城	〇	二	〇	
定遠	〇	一	〇	
全椒	〇	一	一	
蕪湖	〇	〇	一	
青陽	〇	〇	一	

省	縣				附註
山東	旌德	○	○	一	
	聊城	一	○	○	
	濟寧	二	一	○	
	濰縣	二	○	○	
	歷城	○	一	○	
	黃縣	○	一	○	
	霑化	○	一	一	
	曲阜	○	一	○	
	東昌	一	○	○	
	平原	○	○	一	
	莒州	○	○	一	今莒縣
廣西	臨桂	四	一	○	今桂林
江西	大庾	一	○	○	
	彭澤	一	○	○	
	永豐	一	○	○	
	德化	○	一	○	
	南昌	○	一	○	

宜黃	○	一	○	
泰和	○	一	○	
樂平	○	一	一	
新建	○	一	一	
都昌	○	一	○	
上高	○	一	○	
萍鄉	○	一	一	
廣昌	○	一	○	
奉新	○	○	一	
新城	○	○	一	

湖北

黃岡	一	○	○	
蘄水	一	○	○	
天門	一	○	一	
漢陽	○	一	○	
黃陂	○	二	○	
江夏	○	一	二	今武昌
孝感	○	一	○	

	鍾祥	○	○	一	
	黃梅	○	○	一	
福建	閩縣	一	二	○	今閩侯
	侯官	一	一	○	今閩侯
	晉江	一	○	一	
	德化	○	一	○	
	福清	○	一	○	
	長樂	○	一	○	
直隸	安州	一	○	○	今安新縣
	南皮	一	○	一	
	肅寧	一	○	○	
	滄州	○	二	○	今滄縣
	景州	○	○	一	今景縣
	天津	○	○	一	
	永平	○	○	一	
順天	大興	一	三	二	
	宛平	一	一	○	

廣東	番禺	一	一	○	
	吳川	一	○	○	
	順德	一	○	一	
	南海	○	二	一	
	清遠	○	一	○	
	定安	○	○	一	
	東莞	○	○	一	
湖南	衡山	一	○	一	
	茶陵	一	二	○	
	湘潭	○	一	一	
	安化	○	一	○	
	桂陽	○	一	○	
	道州	○	○	一	今道縣
	益陽	○	○	一	
	長沙	○	○	一	
	湘鄉	○	○	一	
貴州	貴筑	一	○	○	

	麻哈	一	○	○	
	遵義	○	○	一	
河南	固始	一	一	○	
	柘城	○	一	一	
	上蔡	○	○	一	
陝西	韓城	一	○	○	
	長安	○	一	○	
四川	資州	一	○	○	今資中縣
	遂寧	○	一	○	
	大竹	○	○	一	
蒙古	鑲黃旗	一	○	○	
山西	朔州	○	一	○	今朔縣
	聞喜	○	○	一	
	太谷	○	○	一	
	稷山	○	○	一	
漢軍	正紅旗	○	○	一	
	鑲黃旗	○	○	一	

正白旗　〇　〇　一

正藍旗　〇　一　〇

第三卷　狀　元

傅以漸　山東聊城人，字子磐，號星巖，萬曆三十七年生，順治三年丙戌殿試一甲一名，授弘文院修撰。四年充會試同考官，八年遷國史院侍講，九年轉左庶子，十年歷秘書院侍講學士，少詹，擢國史院學士，十一年授秘書院大學士，明年條陳安民三事，加太子太保，改國史院大學士，教習庶吉士，先後充明史，太宗實錄纂修，及太祖太宗聖訓暨通鑑總裁，又命註資政要覽後序，撰內則衍義，覆核賦稅全書，十四年與庶子曹本榮修易經通註，十五年典會試，入闈後咯血，請另簡，命力疾辦理，尋加少保，改武英殿大學士，兼兵部尚書，旋乞假葬親，允之。嗣累疏乞休，十八年解任，康熙四年卒，年五十七歲。以漸治事以清勤著，學者稱星巖先生，有貞固齋詩集。

呂　宮　江南武進人，字長音，號金門，萬曆三十一年生，明末舉於鄉，順治四年丁亥殿試一甲一名，授內翰林秘書院修撰。九年，充會試同考官，加右中允，十年二月，世祖以其文章簡明，氣度閑雅，諭吏部翰林升轉舊例，論資俸，亦論才品，遇學士缺，即行推補，尋授秘書院學士，閏六月，遷吏部右侍郎，十二月超授弘文院大學士，以修資政要覽書成，加太子太保。立朝矜爲氣節，維持大體，不立異同，獨辨清流，十一年累疏乞罷，不允，十二年正月，爲順治大訓總裁官，二月，准解任調理，賜貂裘蟒緞，鞍馬馳驛回籍，十八年世祖崩，奔都哭臨，康熙三年八月卒，年六十二歲。宮外舅同邑楊廷鑑，明崇禎十六年癸未殿試一甲一名，僚壻狀頭，傳爲美談，其間雖爲兩朝，相距才五年耳。

劉子壯

湖廣黃岡人（今湖北黃岡），字克猷，號稚川，萬曆三十七年生，崇禎庚午舉人，順治六年己丑殿試一甲一名，授修撰。九年充會試同考官，旋卒，年四十四歲。子壯原籍江西清江，少穎慧，讀書一目數行，性至孝，九歲失恃，每念母，輒爲孺泣，遂以屺思名其堂，及長精於經義，爲清初大家，有屺思堂集。

鄒忠倚

江南無錫人，字子度，號海嶽，天啓三年生，崇禎十五年壬午舉人，順治六年中式會試五十四名，順治九年壬辰殿試一甲一名，授修撰。十一年卒於官，年三十三歲。忠倚孝友謙謹，嘗侍父疾於邑之東亭鎭，夜走十里入城延醫，失履而不覺，性恬靜，淡於名利，工詩及古文。

史大成

浙江鄞縣人，字友超，號立庵，順治十二年乙未殿試一甲一名，授修撰。十四年十一月爲日講官，十五年爲會試同考官，歷侍讀，侍讀學士，康熙十年充經筵講官，明年九月，擢內閣學士兼禮部侍郎，十二年七月，充太宗實錄舘副總裁官，十月，授禮部右侍郎，十三年五月，改左侍郎，十五年八月，因病乞休，九月，爲通鑑全書纂修官，二十一年十二月卒。大成性至孝順，其父思之，繪己容以寄，亦命其繪己容寄家，聞命後甚覺驚怵，晨昏不安，乃疏請終養，其詞有云，臣父思子不見、思見子之儀容，呼子不來，頻呼子之名字，臣而思此，不可以爲人子，亦何以爲人臣，世祖覽奏，惻然心傷，特准其請，及至中途，其父凶問已至，遂家居不復出。有八行堂詩文刊行於世。（是科滿漢分榜，滿狀元爲圖而宸。）從子在甲，字慎齋，康熙五十二年進士，由庶常授編修，官至禮部右侍郎。

孫承恩　江南常熟人，字扶桑，生於明光宗泰昌元年，順治十五年戊戌殿試一甲一名，授修撰。先是弟暘，舉丁酉北闈，以事遣戍，傳臚前夕，世祖閱其卷，頌語有云，克寬克仁，止孝止慈，大加稱賞，拆卷見其籍貫，疑與暘係一家，遣學士王熙疾馳其寓面詢，學士故與承恩善，因語之曰，今升天沉淵，決於一言，承恩慨然曰，禍福命耳，不可以欺君賣弟，學士馳回面奏，世祖秉燭以待，喜其不欺，遂置第一，時承恩生子，入朝，帝問曰，爾子曾取名否，對曰，未也。帝曰，爾爲狀元，盍名爲元，既而曰，狀元爾已做過，將來必爲宰相，當命曰相。累遷侍讀學士。文工六朝，詩宗溫李，數被顧問，從幸南海子，十六年爲會試同考官。未幾，隨駕冒風寒，旋卒，年四十歲。帝深悼惜之，賜百金三百兩歸其喪，曠典也。

徐元文　江南崑山人，長洲籍，字公肅，號立齋，崇禎七年生，初冒姓陸，通籍後復徐姓，順治十六年己亥殿試一甲一名，授修撰。既及第，世祖召見於乾清宮，還啓皇太后曰，今歲得一佳狀元，賜冠帶蟒服，從幸南苑，賜乘御馬，數遷國子監祭酒，康熙八年六月，以侍讀爲陝西鄉試正考官，十三年，遷內閣學士，十四年四月爲翰林院掌院學士，充日講起居注官，教習庶吉士，十五年九月，爲武會試正考官，旋以母憂歸，十八年特召監修明史，服闋，十一月補內閣學士，兼禮部侍郎銜，十九年十二月，擢左都御史，二十年正月，充經筵講官，二十二年以會推湖北按察使，坐所舉不實，鐫四級調用，尋命專領史局，二十五年三月，爲統一志纂修官。二十七年五月，復繼乃兄乾學爲左都御史，七月，充經筵講官。十二月，遷刑部尚書，旋改戶部尚書，二十八年五月，拜文華殿大學士，兼掌翰林院事，三月，充三朝國史總裁官，五月，以廷議數忤滿大臣，休致歸，三十年卒，年五十八歲。元文嘗請除三藩虐政，停捐納，禁科道勿交督撫，結納大吏，言均切直，尤以帝欲依舊制差滿洲三品以上大臣巡按各省，以預窺各省逆謀，以固統治。元文力爭不可。帝曰，此乃前明舊制，何獨不可？對曰，明時雖有巡按，然御史秩卑（正七品），雖許其參劾督撫，然巡按果有不職，督撫亦得參劾，相維相制，故無大害。今三品以上大員，與督撫秩爵相等，又有滿漢之分，親疏之見，爲之先入，督撫豈敢貿然彈劾。倘有貪婪之人，恣行無忌，則百姓之受害，將靡窮矣。帝勃然作色曰，然則朕所差者竟無一端人乎？元文頓首曰，皇上簡任時自必妙極一時之選，然百密中難保竟無一疏，且人情往往見利忘義，從前昕夕在上前，且未有地方上寸柄，雖庸才亦能勉敦行檢，一旦銜命出使，移氣移體，非眞有操守者，固不能始終如一，況所差數十人中，豈能人人皆有操守，使有一人，則一省已受害矣。帝默良久，卒罷其議。是時羣臣震懾失次，元文獨侃侃如平時，其敢言他人所不敢者爲百姓耳！及致仕離京南歸，舟經臨清，關吏大索，僅書籍數千卷，光祿饌金三百而已，別無衣物，諸吏大失所望。卒後，清廷竟未與謚，蓋惡其剛正也。

兄乾學、秉義，康熙庚戌，癸丑連科探花，均各有記。兄弟三人，俱鼎甲，科名之盛，無出其右，士林羨之，昆仲又均有聲於時，稱爲江南三徐。子樹本，字道積，康熙三十六年進士，由庶常授編修。

馬世俊

江南溧陽人，字章民，順治十四年舉人，十八年辛丑殿試一甲一名，授修撰。康熙三年爲會試同考官，遷侍讀，奏對侃侃直陳，時清室入主未久，滿漢界域分明，世俊稱王者天下爲家，不宜所有異同，天下偉之，聖祖雖納其言，然終未予重用。世俊性樸素，釋褐時，貧不能具軒，策蹇驢，老蒼頭携宮袍隨之，傳爲士林佳話。先是順治十六年禮闈下第，淹留京師，落拓殊甚，嘗以行卷謁龔司寇芝麓，司寇稱爲眞才子。歲暮致炭金八百兩，澆裹始無虞匱乏，越年遂得及第。工書善畫，詩清正不凡，康熙四年卒於家。有匡菴集。

嚴我斯

浙江歸安人（今吳興），字就斯，號存菴，康熙三年甲辰殿試一甲一名，授修撰。八年六月，充山東鄉試正考官，歷侍讀，侍講學士，詹事府少詹，二十三年八月，擢禮部右侍郎，同年九月改左侍郎，二十六年十一月解任，三十八年十二月卒。文章操行，爲世所重，有尺五堂詩刪。

子民法，字養雲，雍正元年癸卯進士，由庶常授編修。

孫源灝，字濟之，民法子，雍正二年甲辰進士。

繆　彤

江南吳縣人，字歌起，天啓七年生，康熙六年丁未殿試一甲一名，授修撰。九年二月，爲會試同考官，遷侍講，以憂歸，自此不問世事，立三畏書院，刊行曹月川家規，蔡虛齋密箴，劉念臺人譜，以教學者，造就甚多，三十六年卒，年七十一歲。有雙泉堂集。

子曰藻，康熙五十四年乙未榜眼，另有記。曰芑，雍正五年丁未進士，由庶常授編修；

孫敦仁，曰藻子，乾隆四年己未進士，選庶常；遵義，曰藻次子，乾隆二年丁巳進士。

蔡啓僔

浙江德清人，字碩公，號崑暘，萬曆四十七年生。順治十一年甲午舉人，康熙九年庚戌殿試一甲一名，授修撰。累官右春坊右贊善。十一年五月，典試順天鄉試爲主考官。十六年三月，充日講起居注官，擢侍讀學士，與崑山徐乾學力挽時趨，所收皆卓然佳士，旋因病南歸，家居不復出，二十二年卒，年六十五歲。啓僔工詩善書法，有游巢集、存園集刊行於世。父奕琛，明萬曆四十四年丙辰進士，官至吏部侍郎。

從子升元，康熙二十一年壬戌狀元，另有記。

韓　菼

江蘇長洲人（今吳縣），字元少，入學後，以欠糧三升，爲奏銷案黜革。旋冒籍嘉定，拔取後又被攻訐除名。應崑縣童子試，邑宰見其文，以爲不通，貼文於照牆不取。崑山徐乾學尚書來蘇，知其文開風氣之先，譽爲盛世元音，次晨收爲門生，遂引之入都，援例中順天鄉試。康熙十二年癸丑會試殿試俱第一，授修撰。充日講起居注官，聖祖知其能文，命撰太極圖說以進，是年十一月，充日講起居注官。召入弘德殿講大學，十四年典順天鄉試，遷侍講，十七年十月，爲順天武鄉試副考官，二十年十二月以侍讀爲日講起居注官。二十四年正月，聖祖親試翰林，菼列第二，遷侍講學士，尋擢內閣學士兼禮部侍郎銜，二十六年以病乞假歸，點勘諸經注疏。越七年，召至京師，復任內閣學士，旋因病解任，三十四年五月病痊補原官。三十六年五月，充纂修平定朔漠方略副總裁官，八月，遷禮部侍郎，兼掌翰林院事，充日講起居注官，三十八年，調吏部右侍郎，三十九年五月，充經筵講官，教習庶吉士，十一月，授禮部尚書，屢乞解職不允，四十三年九月，卒於官。菼早歲貧寒力學，年逾不惑，嘗徒步至京師，舉順天鄉試，在官持論侃侃，不爲兩可之說，其所不爲，不可以利害禍福動之，性怡曠，好山水，暇則徜徉園林之間，點勘經史，以文章名世，有有懷堂詩文稿。乾隆十七年，高宗以菼種學積文，湛深經術所撰制義，清眞雅正，開風氣之先，爲藝林楷則，追諡文懿。

子孝嗣，康熙四十八年己丑進士；孝基，康熙三十九年庚辰進士，由庶常授編修。孫彥曾，孝基子，雍正八年庚戌進士，選庶常，官至司經局洗馬。孫光基，康熙四十五年進士，累遷刑部尚書。

彭定求

江蘇長洲人（今吳縣），字勤止，順治二年生，幼承家學，又師事湯斌，康熙十五年丙辰會試殿試皆第一，授修撰。十六年九月，爲順天鄉試正考官，旋改國子監司業，擢翰林院侍講，入直南書房，爲日講起居注官，在翰林凡四年，即謝職歸里，不復出，五十八年卒於官，年七十五歲。定求爲學以不欺爲求，以踐行爲要，生平服教最切者，爲有明陳獻章、王守仁、鄒守益、羅洪先、顧憲成、劉宗周、黃道周等七子。有湯明釋毀錄、儒門法語、南昀文集、學易纂錄、孝經纂注、小學纂注、密證錄、不詖錄。

父士瓏，順治十六年己亥進士，補長寧知縣，累遷左中允，私諡仁簡先生。孫啓豐，雍正五年丁未狀元，另有記。

歸允肅

江蘇常熟人，字儀孝，康熙十八年己未殿試一甲一名，授修撰。二十年八月，充順天鄉試正考官，旋兼日講官，進解周易毛詩，舉止端詳，敷奏明暢，時稱正人，累遷少詹事，持正不阿，以疾歸，尋卒。有歸宮詹集。

父起先，崇禎進士。

蔡升元

浙江德清人，字徵元，號方麓，順治九年生，康熙二十一年壬戌殿試一甲一名。

授修撰。傳臚日賦詩曰，八對彤廷策萬言，句臚高唱帝臨軒，君恩獨被臣家渥，十二年間兩狀元。蓋紀其叔啓傳及其自身大魁天下之盛事，一時士子爭相傳誦。二十四年二月，爲會試同考官，四月，充日講起居注官，六月，充政治典訓纂修官，旋遷中允，旋請終養回籍，四十二年二月，至嘉興迎聖祖駕，在御舟奏對，次日得旨蔡升元在講筵甚久，家計甚貧，賜葬親紋銀六百兩，事畢，即行入京，尋即遷調少詹事，四十三年五月，擢詹事，充經筵講官，十一月，擢內閣學士，兼禮部侍郎銜，四十八年正月休致，五十一年補內閣學士兼禮部侍郎，五十四年二月，爲會試同考官，五十五年六月，因祈雨未到，降三級留任，五十六年九月，擢左都御史，五十八年二月，遷禮部尚書，六十年閏六月，請假遷葬。六十一年卒，年七十一歲。

陸肯堂　江蘇長洲人（今吳縣），字邃升，一字澹成，順治七年生，康熙二十四年乙丑會試殿試俱第一，授修撰。二十六年五月，爲江西鄉試正考官，旋遷侍讀，三十五年卒於官，年四十七歲。肯堂才氣磊落，爲文凌厲頓挫，朝廷大著作，多出其手。子秉鑑，康熙四十二年癸未進士，選庶常。

沈廷文　浙江秀水人（今嘉興），字原衡，康熙二十七年戊辰殿試一甲一名，授修撰。著有居文鈔、北征南歸集。

戴有祺　江蘇婁縣人（今金山），原籍休寧，字丙章，康熙三十年辛未殿試一甲一名，授修撰。充滿漢書教習，四十一年十二月，聖祖駕自德州歸，考試內直諸詞林官，有祺與諭德王化鶴，中允吳晟，檢討趙爾孫、吳文炎，同列三等，左遷以知縣調用，旋假歸，不復出。有祺性孤介，為文奇古似柳州，詩學林和靖、范石湖，晚年額其室曰慵齋，作慵齋野老傳以寄意，有尋樂齋詩集。

胡任輿　江蘇上元人（今江寧），字孟行，康熙二十年辛酉江南鄉試第一、三十三年甲戌會試第二，殿試一甲一名，授修撰。三十六年為會試同考官，四十一年十月，為順天武鄉試正考官，歷侍講，四十三年十月卒。

李　蟠　江蘇銅山人，字根大，康熙三十六年丁丑殿試一甲一名，授修撰。三十八年典試順天，與副主考姜宸英坐關節。十一月，江南道御史鹿佑以賓興論秀之典，為繼恣行私之地，具疏參劾，旋奉上諭，與副主考姜宸英坐關節同被議處，革職論戍。

汪　繹　江蘇常熟人，字玉輪，號東山，康熙三十六年丁丑會試第三，未與殿試，三十九年庚辰殿試一甲一名，授修撰。四十二年為會試同考官，少年巍科，文詞贍敏，而謙退不矜，蘊藉多風韻，工詩，精星學，嘗自題燈籠曰候選狀元某，後果大魁天下。傳臚日，馬上有句曰，浮生祇辦十年官，四十四年，奉命赴揚州校全唐詩，四十八年事甫畢，尋卒。亦如傳臚日詩所言。有秋影樓集。

王式丹　江蘇寶應人，字方若，號樓村，順治二年生，康熙四十一年年五十八歲，領鄉荐，連捷於癸未會試殿試皆第一，授修撰。式丹積學嗜古，淡於仕進，工詩能文，宋犖選刻江左十五子詩，以式丹爲最，五十年十一月聖祖因編修楊緒爲人不端，諭着革職，驛解回籍，交地方官嚴禁在家，勿令擅出行走，更生事端，並諭九卿糾舉翰林官員內如此等人，尋九卿以式丹及侍講錢名世，編修賈國維、賈兆鳳具奏，得旨式丹等四人，俱著革職。未幾，南歸，五十七年卒，年七十四歲。

王雲錦 江蘇無錫人，改姓施，清史及清史稿，均作施雲錦，字海文，號宏駿，康熙三十九年庚午舉人，四十五年丙戌殿試一甲一名，授修撰，時年五十，四十八年爲會試同考官，五十三年正月，提督陝西學政，五十七年任滿，聲名中平革職。雍正五年卒，年七十有四。

趙熊詔 江蘇武進人，字侯赤，康熙四十八年己丑殿試一甲一名，授修撰。遷侍講，五十一年三月，在上書房行走，充日講起居注官，五十四年爲會試同考官，五十六年四月，以鈔寫記注錯誤革職，仍在原處效力行走，後以大臣子效力西陲，督運糧餉，以濟軍糈，撙節運費，涓滴歸公，時人服其才，敬其守，六十年以父憂歸，尋以哀慟謝世。熊詔生平篤恩義，工詩文，通籍後，肆力於天文勾股之學，有裘萼公賸稿。父申喬，康熙九年庚戌進士，官至戶部尚書，太子太保，諡恭毅。叔申季，康熙三十六年進士，授編修。兄鳳詔，進士，累遷太原府知府，坐貪汚敗。

王世琛 江蘇長洲人（今吳縣），字寳傳，康熙五十一年壬辰殿試一甲一名，授修撰。

五十四年爲會試同考官，五十九年七月，充陝西鄉試副考官，雍正三年二月充日講起居注官，歷侍講，遷侍讀，擢少詹，於十二月提督山東學政，改侍讀學士，再督學山東，差未竣，以勞卒。世琛爲康熙副貢銓子，銓官給事中，敦氣誼，重言諾，爲世所重，琛崇實學，斥浮謟，山左文體爲之一變。

王敬銘

江蘇嘉定人，字丹思，號未岩，康熙五十一年鄉闈，五十二年癸巳恩科會試聯捷，殿試一甲一名，授修撰。五十四年爲會試同考官，五十六年六月，充江西鄉試正考官。敬銘精於繪事，爲舉子業時，即供奉內廷，入直暢春園，充武英殿纂修官，有硯癖，凡以貨索畫者輒不予，投以片石，無不立應。

徐陶璋

江蘇崑山人，長洲籍，字端揆，號達夫，康熙五十四年乙未殿試一甲一名，授修撰。旋乞假歸，六十年二月，爲會試同考官，乾隆元年補前職，纂修世宗實錄，以病卒於京。兄模，康熙五十七年戊戌進士。

汪應銓

江蘇常熟人，原籍休寧，字杜林，康熙五十七年戊戌殿試一甲一名，授修撰。入直上書房，六十年爲會試同考官。歷左春坊左贊善，辛丑分校禮闈，旋罷歸。至南京主講鍾山書院，工於書法，有容庵齋詩集，閑綠齋文稿。

鄧鍾岳

山東東昌人，字東長，號悔廬，康熙六十年辛丑殿試一甲一名，授修撰。遷侍讀，雍正元年三月爲江南鄉試副考官，四年正月，提督江蘇學政，擢少詹，七年九月，提督廣肇學政，八年六月，爲內閣學士兼禮部侍郎銜，十一年四月，遷禮部右侍郎，充一統志總裁官，六月，改左侍郎，九月，緣事降調去職，乾隆元年七月，提督浙江學政，四年七月，以聲名甚好，着留任三年。六年五月，歷太僕寺卿，遷通政使，七年二月，補禮部右侍郎，九年三月，改左侍郎，六月，爲江南鄉試副考官，十二年六月，爲江南鄉試正考官，十三年四月乞休。鍾岳工書法，友愛諸弟，或暮歸過時，必俟之於門，諸弟不敢夜出，鄉黨重之，有知非集、寒霄閣詩集。

于　振　江蘇金壇人，字鶴泉，雍正元年癸卯恩科殿試一甲一名，授修撰。在南書房行走，二年正月，爲河南鄉試副考官，八月，署日講起居注官，三年六月，爲江西鄉試副考官，四年十一月，提督湖北學政，以誤增學額，旋左遷行人司副。乾隆元年，歲次丙辰，召試博學鴻詞，振與試，中式一等第四，改編修，三年六月，爲江西鄉試副考官，五年八月爲福建學政，八年四月，歷中允，擢左庶子，五月，以侍讀學士，充日講起居注官，九年，詔王公大臣薦舉人才，同郡史貽直薦其才堪充任侍郎，高宗以其文學或尚可觀，將來如正詹閣學之類，自屬可用，至侍郎則可定其不能勝任，尋授侍讀學士。振生平於學無所不窺，泛濫內外典，有以博雅稱，著有清漣文鈔十三卷，詩鈔二十八卷。

陳悳華　直隸安州人（今河北安新），字雲倬，雍正二年甲辰會元，殿試一甲一名，授修撰。七年三月，充日講起居注官，十二月，提學廣東肇高學政，十年十一月，改督廣韶學政，數遷侍讀學士，十三年六月，爲浙江鄉試正考官，旣返京，在南書房行走，十二月，爲日講起居注官，乾隆元年十月，在上書房行走，二年十月，遷詹事，十一月，授刑部右侍郎，三年六月，爲江南鄉試正考官，四年正月，擢戶部尙書，八月，爲明記綱目副總裁，九月，爲武會試正考官，七年七月，改兵部，九年二月，以弟悳正爲陝西按察使被劾讞獄用酷刑案，沮未奏聞，解任候旨，旋下部議，降二級調用，左遷兵部左侍郎，十二年九月爲南昌鎭總兵高琦廢弛武備一案，照例革職，十三年閏七月，降補左副都御史，十四年正月，在上書房行走，二十二年九月，遷工部右侍郎，十月，爲湖南巡撫蔣炳黨庇楊灝緩決一案，革職留任，二十四年正月，擢左都御史，七月，轉禮部尙書，二十九年十一月因病致仕，四十四年卒，年八十三歲。悳華性篤儉，緼袍蔬食，蕭然如寒素，立身循禮法，而不自居道學，方爲尙書時，京師富民俞民弼死，諸大臣多往弔，高宗聞其事，察之，未往者悳華與焉，遂益爲世所重。

彭啓豐

江蘇長洲人（今吳縣），字翰文，號芝庭，康熙四十年生，祖定求，康熙十五年會試殿試皆第一，雍正五年丁未會試，啓豐會元及第，及殿試，置一甲三名，世宗親拔第一，授修撰。祖孫同爲會元狀元，傳爲科場佳話。七年七月，署日講起居注官，充河南鄉試正考官，十一月，充日講起居注官，十一年二月，爲會試同考官，十三年六月，遷左春坊左中允，六月，爲江西鄉試正考官，九月，爲順天武鄉試副考官，三遷右庶子，旋授右通政使，乾隆元年七月，爲山東鄉試副考官，六年六月，以左春坊左庶子爲江西鄉試副考官，閏七月，署日講起居注官，爲河南鄉試副考官，九月，以侍讀學士改右通政，尋轉左僉都御史，十月，爲順天武鄉試副考官，七年三月，改通政使，十二月，轉左副都御史，提督浙江學政，八年二月，遷內閣學士兼禮部侍郎銜，十月擢刑部左侍郎，十年五月，爲雲南鄉試正考官，歷典贛、魯、雲南試務，所至皆稱得士，督學浙江，尋以憂去，十五年五月，服闋，起吏部左侍郎，十六年八月，再督浙江學政，十八年九月，調兵部左侍郎，二十年疏乞養母，二十六年十月，署吏部右侍郎，十一月服闋，補授吏部左侍郎，明年六月，爲浙江鄉試正考官，十二月，授左都御史，二十八年六月，改兵部尚書，七月，充經筵講官，三十年八月，爲順天鄉試正考官，三十一年十月，左遷侍郎，三十三年休致，三十五年八月，入京祝高宗六十壽慶，四十一年三月，賞尚書銜，四十九年卒，年八十有四。啓豐擅丹青，工於山水，詩詞古文，具有家法，碑版文尤見重於世，有芝庭詩文集。

子紹觀，乾隆二十二年丁丑進士，由庶常授編修，累遷侍讀學士。紹升，紹觀弟，二十八年癸未進士。孫希濂，四十九年甲辰進士，累官刑部侍郎；希洛，五十二年丁未進士，累官監察御史。曾孫藴輝，嘉慶四年己未進士，由庶常授編修。

周　霱　浙江錢塘人（今杭縣），字雨甘，號西屏，雍正八年庚戌殿試一甲一名，授修撰。十年閏五月，充湖南鄉試副考官，十一年二月，爲會試同考官。十三年七月，充江南鄉試副考官。十一月提督陜西學政，乾隆三年四月，以病解任。

陳　倓　江蘇儀徵人，字定先，康熙三十四年生，雍正十一年癸丑會試殿試皆第一，授修撰，十三年二月，爲會試考官，乾隆二年二月，安南國王黎維祜卒，嗣子黎維禕遣使告哀，並貢方物，詔遣倓與侍讀嵩壽赴安南，册封維禕爲安南國王，尋還，三年十月，爲順天鄉試副考官。四年卒，年四十五歲。

金德瑛　浙江仁和人（今杭縣），原籍休寧，字汝白，一字慕齋，號檜門，康熙四十年生，乾隆元年丙辰殿試，其卷初置第六，高宗親拔第一，授修撰。在南書房行走，三年五月，爲福建鄉試正考官，六年六月，充日講起居注官，並爲江南鄉試副考官，旋遷右庶子，十一月提督江西學政，歷少詹事，十五年五月，爲福建鄉試正考官，十二月，調太常寺卿，奉命祭告山西諸陵，十七年四月差竣，提督山東學政，在魯二年，調京供職，擢內閣學士兼禮部侍郎銜。二十一年二月，實授禮部右侍郎，六月，充江西鄉試正考官，二十二年三月，爲會試副考官。二十三年提督順天學政，其本官並奉調爲禮部左侍郎。二十四年九月，留任直隸學政，二十六年五月，擢都察院左都御史，十二月，命稽覈通州倉儲，中寒致疾，二十七年正月卒，年六十有二。德瑛端平簡直，無有偏黨，爲高宗所深知，方其任少詹時入對，帝曰，汝元年狀元，尙作四品官耶，數日擢太常寺卿。及病，高宗每見廷臣問狀，且曰，德瑛辛巳生，長朕十歲，病卒之日，高宗方出巡，將啓蹕，猶曰，德瑛久不入值，病必重，眷念不已。性好古，善鑒別金石摹本，及古人手跡，工書，居官亦廉正，有檜門詩疑。

于敏中

江蘇金壇人，字重常，一字叔子，號耐圃，康熙五十三年生，乾隆二年丁巳恩科殿試一甲一名，授修撰。以文翰受高宗知，八年十一月，充日講起居注官，累遷中允、侍講，十二年七月，典試山西，督學山東，十月，提督浙江學政。十五年十二月，以侍讀在南書房行走，十八年三月，以少詹擢詹事，七月，授內閣學士，九月，提督山東學政，十九年二月遷兵部侍郎，改戶部，管錢法堂事，十九年九月，知武舉，二十年二月改左侍郎，七月，充經筵講官，二十三年五月，以本生父在籍亡故，於例不得復報丁憂，給假百日回籍治喪，二十四年閏六月，改戶部侍郎，二十五年八月，命在軍機上行走，二十六年三月，爲會試副考官，十二月，兼管錢法堂事務，三十年正月授戶部尙書，七月，爲國史舘副總裁官，三十三年九月加太子太保，三十六年二月協辦大學士，三十八年八月晉文華殿大學士兼戶部尙書如故，總裁四庫全書館，主持其事，又充國史館、三通館總裁，屢典會試，三十八年十一月，命爲上書房總師傅，兼翰林院掌院學士，四十一年二月，金川平，列功臣給一等輕車都尉，世襲罔替，並賞戴雙眼花翎、黃馬掛，爲有清一代由科甲出身漢大臣膺懋賞之第一人，紫光閣畫圖，七月，領文淵閣事，四十三年三月，充會試正考官，四十四年十二月病，遣醫視，賜人參，尋卒，年六十六歲，優詔賜卹，祭葬如例，祀賢良祠，諡文襄。嗣因四十六年甘肅捐監折收之事敗露，高宗疑由敏中主持，命撤出賢良祠，六十年國史館進呈敏中列傳，詔曰，于敏中簡任綸扉，不自檢束，既向宦寺交接，復與外省官吏貪緣舞弊，即此二端，實屬辜恩，非大臣所應有，若仍令濫邀世職，何以示懲，其子于德裕，現官直隸知府，已屬格外恩施，所襲輕車都尉世職，着即撤革，以為大臣營私者戒云。敏中以軍機大臣，授文華殿大學士，狀元宰輔，榮華富貴，無出其右，惜未善終，論者惜之。

莊有恭

廣東番禺人，字容可，號滋圃，康熙五十二年生。乾隆四年戊午殿試一甲一名，授修撰。入直南書房，累遷侍講學士，六十年七月，充日講起居注官，九年四月，擢光祿寺卿，旋丁憂解任，十一年閏三月起爲內閣學士兼禮部侍郎銜，遷戶部右侍郎，十二年九月，署兵部右侍郎，旋實授，十三年四月並署戶部侍郎事務，閏七月，督學江蘇，十五年正月，改戶部侍郎，六月，爲江南鄉試正考官，八月，提督江蘇學政，十六年八月授江蘇巡撫，十七年署兩江總督，二十一年丁母憂，予假百日，回籍治喪，於伏汛前至淮安，命署江南河道總督，二十二年正月，以擅准殺人犯朱聃贖罪外結一案論絞，高宗原之，命革職護母喪回籍後，赴軍台效力，方詣謫所，命戴罪署湖北巡撫，二十三年署江蘇巡撫，旋又再署湖北巡撫，二十四年四月，調撫浙江，兼管鹽政，二十七年九月，調江蘇，二十八年十月，加太子少保，二十九年九月擢刑部尚書，留蘇撫任，三十年正月，命協辦大學士，高宗南巡，賜詩褒勉，八月詣北京，三十一年正月，爲參蘇州同知段成功，並不據實嚴參，巧爲解怨市恩，革去協辦大學士，尋下刑部獄，讞成，論斬，高宗再原之，八月，授福建巡撫，三十二年七月卒。有恭巡撫江浙，治理海塘，極有效績，如太倉鎮洋塘，紹興南塘，嘉興乍浦塘、海寧塘、海鹽塘，均其著者。又復疏浚嘉興湖州兩府河道多處，百姓頗多利賴。書法勁圓，出入顏趙間，片楮隻字，時人珍之，工古文詩詞，爲嶺南有數之艮才。

弟有信，乾隆七年壬戌進士，由庶常授編修，累官冀寧道。

金　甡

浙江仁和人（今杭縣），字雨叔，號海住，康熙四十一年生。初以舉人爲國子監學正，嗣任七品小京官。乾隆七年壬戌會試殿試皆第一，授修撰。九年五月，充廣東鄉試正考官，旋擢贊善。十六年七月，爲平定金川方略纂修官，十二月，爲江西鄉試副考官。十七年六月，大考翰詹，升調庶子。十八年七月，充山西鄉試正考官，尋改侍讀學士。二十二年十二月，在南書房辦事，擢詹事府詹事。三十年九月，以內閣學士提督江西學政。三十一年三月，授內閣學士，入京任事。三十二年正月，遷禮部左侍郎，三十四年三月，知會試貢舉，三十八年九月，高宗幸熱河，甡方入直，遘疾遽仆，大學士劉統勳以聞，命予假，旋以疾乞休，乃得南歸，四十七年卒，年八十有一。甡值講席，十有七年，諸皇子皇孫，俱愛重之，生平廉潔儉樸，正直端方，爲世所重。高宗萬壽節，公貢萊石菊花一枚，號曰東籬壽友，同事有誚其弇陋者，公曰，天子富有四海，何所不備，吾輩措大，所獻者聯君臣之情耳，人尤服之。

錢維城

江蘇武進人，字宗磐，號茶山，一字幼安，又號稼軒，康熙五十九年生，乾隆十年乙丑殿試一甲一名，授修撰。遷右中允，十四年九月，在南書房行走，轉侍讀學士，十五年十一月，充日講起居注官，十六年擢內閣學士兼禮部侍郎銜，十九年三月，爲會試副考官，五月，教習庶吉士，二十二年正月，遷工部左侍郎，九月，爲武會試正考官，二十四年閏六月，爲江西鄉試正考官，二十六年二月，改刑部，三月，兼管順天府事，二十七年九月，提督浙江學政，三十四年命偕內閣學士富察善會湖廣總督吳達善，按治咸寧知州劉標虧帑，巡撫艮卿，前巡撫方世儁等均坐譴，三十五年古州苗香要爲亂，復偕吳達善，及巡撫兆麟督剿，而敉平之。三十七年二月，以丁父憂解任回籍，斯歲十二月卒於家，年五十有三歲，贈尚書，謚文敏。維城少年巍科，選爲清書翰林，以清文易學，不甚留心，散館竟曳白，高宗大怒曰，錢維誠以國語（朝廷以清文爲國語）爲不足學耶？乃敢違抗定制，將置之法。傅文忠公代請曰，錢某漢文優長，尚可原貸。高宗召至階下，立命題試之。維城依礎石揮毫，頃刻輒就，高宗異其才，遂命南書房供奉，洊升卿貳，寵信甚篤，為官清愼廉正，嘗疏申明律例事主殺盜賊移尸，有司輒置勿論本律，科移尸罪，及至流徙，請凡殺人律得勿論者，仍用本律，奸殺之獄，奸夫拒捕，有司輒用鬬殺律定讞，殺奸殺拒捕者，反重於殺不拒捕者，請用殺拒捕罪人，律勿論，下部議行。工文翰，畫山水幽深沈厚，書法蘇軾，盡得元文筆意，落筆蒼潤，秀骨天成，均見重於時。有茶山集。

梁國治

浙江會稽人（今紹興），字階平，號瑤峯，又號豐山，雍正元年生，乾隆十三年戊辰殿試一甲一名，授修撰。十七年七月，充日講起居注官，遷國子監司業，二十一年五月，為廣東鄉試正考官，復命稱旨，以道員發廣東，旋授惠嘉潮道，移署督糧，二十六年十一月，大計卓異，擢左副都御史，二十七年六月，為江西鄉試正考官，九月，提督安徽學政，十二月，改吏部右侍郎，仍留學政任，三十年正月，提督江蘇學政，嗣被論署粵糧道時，失察家人舞弊奪職，旋起山西冀寧道，三十三年九月，遷江寧布政使，三十四年八月，擢湖北巡撫，命署湖廣總督，兼荊州將軍，三十六年九月，移湖南巡撫，三十八年十一月，召回京師，在軍機處行走，並直南書房，十二月，署戶部左侍郎，三十九年六月實授，管理錢法堂事務，十二月，署經筵官，四十二年二月，充四庫全書舘副總裁，八月，為順天鄉試正考官，十一月，擢戶部尚書，四十六年閏五月，教習庶吉士，四十七年八月，加太子少傅銜，四十八年七月，協辦大學士，四十九年九月，剿辦甘肅回匪有功，著年功加三級，五十年六月，晉東閣大學士，兼戶部尚書，五十一年十二月，卒於官，年六十有四，加太子太保，諡文定。嘉慶三年七月，入祀賢良祠。國治以巍科敭歷內外，在軍機凡十有三年，治事敬愼縝密，生平無急言厲色，但摒絕私人干求。性好學愛才，所至之處，名士如歸，用經術勤於吏治，淸儉不名一錢，俸入隨手輒盡，用之以濟助貧苦，有敬思堂文集。

吳　鴻

浙江仁和人（今杭縣），字顓雲，號雪巖，乾隆十二年丁卯解元，十六年辛未殿試一甲一名，授修撰。十一月充廣東鄉試正考官。十八年二月爲會試同考官。二十一年五月，爲湖南鄉試正考官。二十二年正月，歷右春坊右中允，以侍讀提督廣東學政。二十四年九月，改任湖南學政，二十七年任滿，仍供職如故，未幾，卒於任。鴻督學湖南，勤課諸生，二十七年壬午，嘉定錢大昕，韓城王杰。典試湖南，錢王皆衡文名臣。眼見諸生出闈，各將闈文呈鴻閱覽，鴻最賞丁甡、丁正心、張德安、石鴻翥、陳聖清五人之文，曰，此五人如失其一，吾今後便將不再論文。發榜之日，鴻遣人探視，在第六名以下，僅陳聖清榜上有名。此時鴻心中旁皇莫釋，有頃，五魁報到，二丁及張石四生，已冠其曹，一時湘中傳爲佳話，亦可見鴻衡文能力之高強矣。

秦大士

江蘇江寧人，字魯一，一字磵泉，號秋田老人，康熙五十四年生，乾隆十七年壬申恩科殿試一甲一名，授修撰。十八年八月，爲順天鄉試同考官，二十二年十月，在上書房行走，二十三年三月，大考一等，擢侍講學士，二十四年四月，京察一等，十月，爲順天鄉試副考官，十二月，命不必在上書房行走，二十七年閏五月，爲福建鄉試正考官，書法直逼歐柳，晚歲兼擅繪事，名譟一時，四十二年卒，年六十三歲。大士未貴時，賣字以自給，求者踵至，篆隸行草，無所不精，客有知其貧以厚幣請者，微察其有德色，遽還之，客謝罪至再，終不許；又嘗遊淮陽鹺幕，聞前輩箴規語，亟拂袖歸，閉門覓其學，志節如此，可云不負巍科，大魁後，一日召對，高宗笑問曰，聞卿爲秦檜之後，未知確否，大士立對曰，一朝天子一朝臣，高宗大加獎讚，其捷才實爲他人所難及。

子承恩，字芝軒，乾隆二十六年辛巳進士，由庶常授編修，累官刑部尚書。承業四十六年進士，官至侍講學士。

孫緗曾，承業子，嘉慶十年乙丑進士，累遷四品京卿。

莊培因

江蘇陽湖人（今武進），字本淳，乾隆十九年甲戌殿試一甲一名，授修撰。二十年三月，充日講起居注官，二十一年五月，爲福建鄉試正考官，二十三年二月，督學福建，旋以父憂回籍，服闋後，累遷侍講學士，方乾隆乙丑，其兄存與以第二人及第，培因猶未捷南宮，賦詩調之曰，他年令弟魁天下，始信人間有宋祁，後果獲中一甲一名，蓋其自信學問淵博不作第二人想也。擅古文，工詩詞，有虛一齋集。

父杜，字書石，號南村，雍正五年丁未進士，累官溫處道。
伯楷，字書田，康熙五十二年癸巳進士，由庶常授編修，累官國子監司業。
兄存與，乾隆十年乙丑榜眼，另有記。
侄通敏，存與子，乾隆三十七年壬辰進士，由庶常授編修，歷右春坊右中允。

蔡以臺

浙江嘉善人，字季實，乾隆二十二年丁丑會試殿試皆第一，授修撰。二十五年三月，爲會試同考官，二十六年五月，充日講起居注官，遷侍讀，屢典文衡。以臺早歲赤貧至孝，無以爲養，將鬻其妻，夫人不忍拂其意，請行，抵富家白其故，乞改執爨役，主人感動，遂允之，一日，以臺以墨客應富家召入書齋，適與夫人遇，相對泣，主人駭詰之，知客即以臺，乃送夫人還，未幾，即連捷成會狀。以臺激勵寒畯，每現身說法，初不以此事爲諱，其敦篤樸實者如此。

畢沅

江蘇鎮洋人（今太倉），原籍休寧，遷鎮洋，遂入籍焉。字纕蘅，一字秋帆，號靈巖山人，雍正八年生，初以乾隆十八年癸酉順天舉人，授內閣中書，充軍機處章京二十五年庚辰殿試一甲一名，授修撰。遷庶子，擢侍讀，三十年四月，署日講起居注官，三十一年十月，實授，旋充甘肅鞏秦階道，調安肅道，三十五年十二月，擢陝西按察使，三十六年十月遷布政，三十八年正月，授巡撫，四十一年三月，署理陝甘總督，旋回原任，四十四年十二月，丁母憂解職，四十五年十月，署理陝撫，四十六年回亂敉平，論功賜一品頂戴，甘肅冒賑事發，降爲三品頂戴，仍留陝撫之任，四十八年正月復原品，實授巡撫，四十九年甘肅鹽茶廳回田五復亂，遣兵分道搜捕，並治軍需，五十年二月，調河南巡撫，五十一年六月，授湖廣總督，賜黃馬褂，旋以督捕不力，仍回河南原任，五十三年七月，復授湖廣總督，五十九年陝西四川邪教並起，稱傳自湖北，八月降補山東巡撫，六十年正月，再督湖廣，嘉慶二年赴辰州勦辦回亂，七月疾作，手足不仁，卒於軍，年六十八，贈太子太保，四年追論教案初起，失察貽悞，濫用軍需帑項，奪二等輕車都尉世職，並籍其家。沅在陝服官最久，平日致力與修水利，墾闢荒地，及治豫魯湖廣，舉辦倉社賑卹，亦多仁政；好讀書，經史小學金石地理之學，無所不通，嘗謂經義當宗漢儒，說文當宗許氏，編年之史，莫善於涑水，因有傳經表，經典辨正，續資治通鑑之作，其他著述，有山海經，晉書地理志校註，關中勝跡圖記，關中中州山左金石諸記，靈巖山人詩文集，陝西省志，夏小正考註，老子道德經考異，墨子校註，王隱晉書地道記，晉太康三年地記，音同義異辨，樂遊聯唱集，說文舊音，呂氏春秋校註，晏子春秋音義，硯山怡雲集，三山攬勝集，白門訪古集，渡江燕台集，蓮池吟草，石湖載酒集，吟香集，聽雨樓存稿，萍心漫草，隴頭吟，崆峒山房集，秋月吟茄集，苦花亭草，青門集，培遠堂詩集，圍爐，嵩陽吟館集，自訂經訓堂集，繪聲漫稿，采芑集，史籍考，海岱驂鸞集，五谿籌筆集，終南仙館，培遠堂詩集，湖廣通志。沅愛才下士，時彥洪稚存、孫星衍、盧文弨等均遊其幕，實爲有清中葉有數之學者，其有功於學術，洵非淺鮮，然不擅治軍，又易爲屬吏所蔽，功名遂不克終。

王杰

陝西韓城人，字偉人，號惺園，雍正三年生，初以拔貢考銓藍田教諭，未任遭父喪，貧甚，爲書記以養母。歷任江督尹繼善、蘇撫陳宏謀幕，乾隆二十四年己卯，鄉試中副車，庚寅舉人，二十六年辛巳殿試，進呈卷列第三，高宗熟視字體如素識，以昔爲尹繼善繕疏，曾邀宸賞，詢知人品，且以陝西百餘年來，尚無狀元，遂拔置第一，授修撰。直南書房，二十七年閏五月，爲湖南鄉試副考官，二十九年十月，提督福建學政，三十年八月，留任福建，歷侍讀、侍講學士，三十四年九月，爲武會試副考官，署日講起居注官，旋擢少詹事，三十六年四月，遷內閣學士，兼禮部侍郎銜，三十九年九月，署理工部右侍郎，十二月，授刑部右侍郎，四十年三月，充會試副考官，四十一年正月，提督浙江學政，四十二年六月，教習庶吉士，在南書房行走，爲江西鄉試正考官，九月，提督浙江學政，十月，改吏部右侍郎，爲四庫全書館玉通館副總裁，四十三年三月，爲會試副考官，四十四年二月，改左侍郎，六月，爲浙江鄉試正考官，十二月，充武英殿總裁、國史館副總裁，四十五年三月，再督浙江學政，四十七年四月，擢左都御史，八月，充四庫全書館副總裁，旋丁憂回籍。四十九年三月，轉刑部尚書，仍着在籍守制。五十年九月，服闋，十月，充三通館總裁，十一月，充經筵講官，五十一年十二月，爲軍機大臣，上書房總師傅，五十二年正月，授大學士，管理禮部，旋爲東閣大學士，兼禮部尚書，三月，爲會試正考官，五十四年三月，再爲會試正考官，圖形紫光閣，五十五年三月，三典會試，十一月，加太子太保，五十六年正月，爲上書房總師傅，十一月，總裁石經，六十年四月爲殿試讀卷官，嘉慶元年十月，以足疾乞辭南書房，軍機處，及禮部事務，允之，二年閏六月，命不必在軍機處行走，旋復召入軍機，隨扈熱河，杰爲宰輔，遇事持大體，竭誠進諫，仁宗頗優禮之，五年，許扶杖入朝，六年四月，爲殿試讀卷官，九月，爲順天鄉試正考官，充會典館總裁，七年七月，以年老，一再固請致仕，始允之，晉太子太傅，在籍食俸，八年，瀕行上疏，略謂各省虧空之弊，起於乾隆四十年以後，州縣營求饋送，以國帑爲夤緣，上司受其挾制，彌補無期，至嘉慶四年以後，大吏尚知廉節，州縣仍形拮据，由於苦樂不均，賢否不分，宜求整飭之法，又舊制驛丞專司驛運，無可誅求，自裁歸州縣，濫支苛派，官民俱病，宜先清驛站，以杜虧空，今值軍務告竣，朝廷勤求治理，無大於此二者，請睿裁獨斷，以挽積重之勢，仁宗嘉納之，陛辭日，賜高宗御用玉鳩杖，御製詩二章，以寵其行，內有直道一身立廟廊，清風兩袖返韓城之句，時論謂足盡其生平，九年杰與妻程，並年八十，仁宗命巡撫方維甸賚御製詩額珍物於生日送其家，十二月杰詣闕叩謝，十年正月卒於京邸，贈太子太師，諡文端，祀賢良祠。杰體不踰中人，和藹近情，而持守剛正，耿直清介，持文柄凡十有二次，人不敢干以私，歷事兩朝，每議政畢，輒默然獨坐。在廷樞凡十餘年，時和珅勢方張，事多擅決，同列隱忍不言，杰遇不可，輒力爭之，一日和坤戲執其手曰，何柔荑乃爾，杰正色曰，王杰手雖好，但不能要錢耳。彼時珅勢傾天下，炙手可熱，獨杰不假詞色，守正不阿，有足多矣。有葆醇閣集，惺園易說。

孫篤，字實甫，號厚齋，道光六年丙戌進士，由庶常授編修，歷御史，知汀州府事，遷廣東督糧道，轉鹽運使，擢山東布政使，署理巡撫。

秦大成

江蘇嘉定人，字澄叙，號簪園，乾隆二十一年乙卯，舉於鄉，二十八年癸未殿試一甲一名，授修撰。大成會試已落卷，經搜補張書勳者，竟獲大魁。大成幼失怙，事母至孝，少時貌奇寢，質實無文，合巹之夕，新婦悶坐垂涕，大成詢之曰，余雖不才，忝列庠序，家雖不豐，尚可溫飽，今日吉期，何爲若此情狀？新婦曰，幼已字有壻，家母嫌其貧，遂寒初盟，大成詰以何人，新婦爲述其姓氏，乃同窗友也。大成立即趨出，並遣人招同學友至，告其故，並謝悞娶之罪，幸未成婚，即以己之洞房，爲學友之洞房，次日將奩飾衣物悉贈其友，而送之歸。

張書勳

江蘇吳縣人，字酉峯，乾隆三十一年丙戌殿試一甲一名，授修撰。三十三年爲順天鄉試同考官，三十九年十二月，署日講起居注官，遷右中允，四十二年六月，爲湖北鄉試正考官。書勳家貧力學，孝行素著，會試時已以舉人就挑知縣，行將捧檄出都，及會試獲雋，廷對竟獲大魁，人稱奇遇。書勳績學工文章書法，丁憂歸，一日方爲人書屏幛，擲筆而逝。

陳初哲　江蘇元和人（今吳縣），字在初，號永齋，乾隆三十四年己丑殿試一甲一名，授修撰。歷侍讀，四十二年六月，爲陝西鄉試正考官，明年，充會試同考官，旋遷湖北荊宜施道，丁艱歸，一日忽遭雷殛，成殮後，雷復震其屍，時稱異事。

黃　軒　安徽休寧人，字日駕，一字小華，乾隆三十六年辛卯恩科殿試一甲一名，授修撰。四十二年七月，爲山東鄉試副考官，四十三年爲會試同考官，四十八年正月，以候補洗馬在南書房行走，旋授洗馬，四十九年九月，爲日講起居注官，累遷四川川東道。

金　榜　安徽歙縣人，字輔之，一字蕊中，晚號檠齋，雍正十三年生，乾隆二十九年召試舉人，授內閣中書，軍機處章京，三十七年壬辰殿試一甲一名，授修撰。四十二年七月，爲山西鄉試副考官，四十三年爲會試同考官，後以病不復出，嘉慶六年卒於家，年六十有七歲。榜性淡泊，師事江永，友戴震，治禮最尊康成，然博稽而深思，愼求而能斷，嘗援鄭志答趙商云，不信亦非，悉信亦非，斯言也敢以爲治經之大法，故鄭義所未衷者，必糾正之，於鄭氏家法，不敢誣也。有禮箋，周易考古。兄曦達，字筠若，號斗槎，乾隆二十六年辛巳恩科進士，累遷禮科給事中。

吳錫齡　安徽休寧人，字純甫，乾隆十七年生，四十年乙未殿試一甲一名，授修撰。次年卒於官，年二十五歲。

戴衢亨

江西大庾人，字荷之，號蓮士，乾隆二十年生，年十七，舉於鄉，四十一年召試，授內閣中書，充軍機章京，乾隆四十三年戊戌殿試一甲一名，授修撰。年才二十有三，旋爲安徽學政，四十四年六月，典試湖北，尋命仍直軍機，四十八年六月，爲江南鄉試副考官，四十九年八月，督學山西，五十二年二月，坐山西學政任內失察武生裴泰祥戕斃多命一案，從寬革職留任。五十七年七月，爲湖南鄉試正考官，八月，提督廣東學政，旋遷詹事，嘉慶二年六月，命隨軍機大臣學習行走，以秩卑特加三品京卿銜，三年正月，擢內閣學士兼禮部侍郎銜，二月遷禮部右侍郎，七月，調戶部右侍郎，四年正月，仁宗親政，病假假滿，署吏部右侍郎，十二月，轉左侍郎，兼署吏部左侍郎，五年正月，總裁武英殿，二月，充經筵講官，在軍機處行走，五月，教習庶吉士，六年二月，以生擒王廷詔功，賞軍功一級，兼管順天府事，並兼戶部三庫事，七年七月，擢兵部尚書，兼順天府府尹事，充國史館副總裁官，七年十二月，加太子少保銜，賞給雲騎尉世職，八年六月，改工部尚書，詔嘉其知無不言，言無不盡，克盡忠悃，加太子少保，並予雲騎尉世職，十年正月，轉戶部尚書，三月，爲會試正考官，五月，兼直南書房，十一年十一月，署翰林院掌院學士，十二年正月，協辦大學士，兼翰林院掌院學士，八月，典試順天，旋與大學士長麟視南河，遂與長麟三疏陳治河要義，仁宗深韙其說，命嗣後考核河工，以爲標準，十四年正月，晉太子少師，四月，爲殿試讀卷官，旋爲給事中花杰所劾，以令部員劉承澍在園寓具稿，致遭物議，予薄譴鐫級留任，坐杰誣蔑，因於七月改工部，十五年五月，拜體仁閣大學士，管理工部，兼掌翰林院如故，十六年春，扈蹕五台，至正定以寒疾先回，道中悞服人參，四月初一卒於官，年五十七歲，距大魁之年，凡三十三載，溫詔優卹，稱其謹飭清愼，實爲國家得力大臣，親臨弔奠，贈太子太師，謚文端，入祀賢良祠。衢亨性清通，無聲色之好，初與叔均元，兄心亨均居館職，嗣直樞廷三十年，仁宗嗣位後，凡大典禮諸巨製，悉出其手，柄政既久，仁宗推心任之，雖遭劾議，僅予薄譴。

父第元，乾隆二十二年丁丑進士，由庶常授編修，累官太僕寺卿。

叔均元，乾隆四十年乙未進士，由庶常授編修，歷御史、學政，累遷至文淵閣大學士，太子太保，加太子太師，卒年九十有五。

兄心亨，乾隆四十年乙未與叔均元同榜成進士，由庶常授編修。

衢亨叔侄，同居館職，復相繼爲樞相，家門鼎盛，時稱江西四戴，亦科場之佳話也。

汪如洋

浙江秀水人（今嘉興），字潤民，號雲壑，乾隆二十年生，四十五年庚子恩科會元，殿試一甲一名，授修撰。五十一年閏七月，爲山西鄉試正考官，五十二年九月，督學雲南，五十九年，再度提督雲南學政，卒於任，年四十歲。如洋工詩，有葆沖書屋集。

父孟銷，字康古，乾隆三十二年丙戌進士，官吏部主事。

兄如藻，字念孫，乾隆四十年乙未進士，由庶常授編修，累官湖北督糧道。

從弟如淵，嘉慶四年己未進士，由庶常授編修，累遷廣東布政使。

子世樽，字寅禾，道光三年癸未進士，由庶常授編修。

錢棨

江蘇長洲人（今吳縣），初名起，因避前代名賢姓名始改名棨，字振威，一字湘舲，乾隆四十六年辛丑殿試一甲一名，授修撰。先是棨年二十有八，始補長洲庠生，縣、府、院試，均獲案首，有小三元之目，六試鄉闈，庚子得解元於江南，及會試，獲會元，殿試又奪魁，爲清初三元及第之第一人，天下榮之，高宗特製三元詩記瑞，座主贈詩，並有「千古以來第七人」之句，（清代三元及第者得二人，一爲棨，一爲臨桂陳繼昌，嘉慶二十五年庚辰狀元，在昔科舉時代，三元及第，引爲盛事，有明一代，僅得商輅一人，自輅之迄棨獲中，凡三百三十六年，始得一人，故高宗作詩記之），授修撰。入直上書房，五十四年三月，坐書房曠班不到，降三級留任，五十九年五月，爲廣東鄉試副考官，歷侍讀學士於嘉慶三年五月，爲雲南鄉試正考官，七月，提督雲南學政，四年三月，擢內閣學士，兼禮部侍郎銜，拔擢一秉至公，卒於官。棨幼以孝聞，其母高太夫人病篤，劃臂肉和藥以進，應手而愈；大魁後，以修撰直上書房，敬恭匪懈，值和珅當事，欲羅致之，堅不爲奪，故詩文楷法並精，屢司文柄，而終無由進一階，及珅敗，仁宗始連擢至內閣學士，時諸近侍黨於和者，皆有所罣礙，棨獨翛然事外，亮風大節，時論高之。

祖中諧，字宮聲，順治十五年戊戌進士，康熙十八年召試博學鴻詞，取列一等，授編修。

茹棻　浙江會稽人（今紹興），字稚葵，號古香，乾隆二十年生，四十九年癸卯恩科殿試一甲一名，授修撰。五十四年八月，提督山西學政，歷贊善於嘉慶五年七月，爲山西鄉試正考官，六年二月，提督湖北學政，遷侍講，十一年四月，署日講起居注官，旋改少詹，十六年七月，擢內閣學士，十七年十二月，遷工部右侍郎，十八年三月，改左侍郎，六月，爲江南鄉試正考官，十九年八月，擢左都御史，二十一年正月，署經筵講官，五月，坐失察降二級調用，閏六月，補內閣學士，七月，遷吏部右侍郎，九月，充國史館副總裁，二十一年十一月，擢工部尚書，二十四年八月，爲順天鄉試正考官，二十五年九月，轉兵部尚書，道光元年八月，卒於官。有使兗、使晉、使楚、使南、使瀋等詩草。

史致光　浙江山陰人（今紹興），原名步雲，字郯師，號漁村，又號葆甫。乾隆五十二年丁未殿試一甲一名，授修撰。歷雲南鹽法道於嘉慶十九年五月，授雲南按察使，六月調貴州按察使，十一月遷貴州布政使，廿二年五月，遷福建巡撫，二十四年五月，調雲南巡撫，二十五年二月擢雲貴總督，賞帶花翎。道光二年八月，入京陛見，三年正月，授左都御史，四年二月，以疾乞休回籍，八年二月卒。

胡長齡

江蘇通州人（今南通），字西庚，乾隆五十四年巳酉恩科殿試一甲一名，授修撰。五十六年二月，大考二等，擢侍講學士，五十八年九月，爲武會試副考官，嘉慶三年六月，以祭酒爲山東鄉試正考官，八月，提督山東學政，六年八月，由順天府丞改奉天府丞兼學政，十一年十月，遷光祿寺卿，十二年二月，轉太常寺卿，六月，爲江西鄉試正考官，十四年七月，改左副都御史，仍督廣東學政，十五年十二月，遷兵部右侍郎，十六年三月，爲會試副考官，十七年二月，轉禮部左侍郎，十八年正月，充經筵講官，九月，擢禮部尚書，十月，署工部尚書，十九年八月，以疾乞休，尋卒。長齡會試，出和珅門下，因重氣節，諗知和不法狀，竟不趨謁，和遂銜之，長齡亦不與往返，迨和事敗，籍其家，朝臣中僅長齡無片紙隻字，於是爲帝（仁宗）所重。

石韞玉

江蘇吳縣人，字執如，號琢堂，乾隆二十一年生，五十五年庚戌殿試一甲一名，授修撰。五十七年五月，爲福建鄉試正考官，八月，提督湖南學政，嘉慶三年三月，在上書房行走，大考名列三等，罰俸一年，四月，爲日講起居注官，累遷於十一年五月，由潼商道遷山東按察使，署理布政使，十二年六月，坐事降調，後佐勒保軍幕，剿戡川楚教匪之亂，多所策劃，定分兵策，兼用堅壁清野之法，賊勢漸衰，叛亂諸酋次第就戮，厥功至偉，勒保因戡亂建功，封一等侯，韞玉亦因軍功洊升督臬。韞玉早歲以諸生七應鄉試不售，治學益勤，以文章伏一世，其律身清謹，實不愧道學中人，未達時見淫詞小說，輒拉襍摧毀之，收燬幾達萬卷。晚尤嚴正，嘗主講蘇州紫陽書院，年近八旬精神矍鑠，健談豪飲，常如五十許人，道光十七年卒，年八十有二。著有獨學廬詩文稿。

潘世恩

江蘇吳縣人，字槐堂，號芝軒，乾隆三十四年生，年十六，舉於鄉，五十八年癸丑殿試一甲一名，授修撰。嘉慶二年三月，大考一等，擢侍讀，仁宗親政，一歲三遷，歷侍讀學士，四年六月，以少詹擢詹事，八月，提督雲南學政，九月，擢內閣學士，兼禮部侍郎銜，六年正月，授禮部右侍郎，七年七月，改兵部右侍郎，八年七月，教習庶吉士，九年六月，改左侍郎，爲浙江鄉試正考官，七月，改戶部左侍郎，八月，提督浙江學政，十一年五月，改吏部右侍郎，六月，轉左侍郎，十二年九月，教習庶吉士，十三年三月，署翰林院掌院學士，四月，爲殿試讀卷官，五月，爲國史館總裁，署戶部右侍郎，八月，爲順天鄉試副考官，十五年八月，督學江西，十七年十二月，擢工部尚書，十八年九月，轉戶部尚書，十九年六月，丁母憂解職南歸，二十一年十月因子登鄉舉，具疏坐謝，及奏請終養未親詣京師，降補侍郎終養，家居十載，道光七年五月，父喪服闋，補戶部左侍郎，十月，遷左都御史，八年八月，署吏部尚書，十月，爲順天武鄉試正考官，尋署禮部尙書，十二月，充經筵講官，九年十二月，再署禮部，十年九月，再授工部尙書，十一年五月，改吏部尙書，十二年正月，兼署工部尙書，三月，爲會試正考官，九月，兼署工部尙書，十月，教習庶吉士，十三年四月，拜體仁閣大學士，管理戶部，同月，爲國史館總裁，六月，教習庶吉士，十四年正月，在軍機大臣上行走，十二月，兼翰林院掌院學士，稽察欽奉上諭事件處，充日講起居注官，十五年二月，晉東閣大學士，調管工部，四月，爲殿試讀卷官，十六年正月，充上書房總師傅，三月，爲會試正考官，十七年二月，加太子太保，十八年五月，爲武英殿大學士，十二月，賞戴花翎，十九年八月，爲順天鄉試正考官，二十年三月，爲會試正考官，四月，爲殿試讀卷官，二十四年四月，爲殿試讀卷官，五月，教習庶吉士，二十七年三月，再典會試，二十八年正月，加太傅，二十九年二月，童福承派充師傅獲咎，撤免上書房師傅，四月丁巳，硃諭本日又獲甘霖，地面一定濕滑，潘世恩可毋庸進愼德堂，雖有扶掖之資，難紓眷念之意，諸卿於登下扁舟，亦當特予在意，七月，久病乞解任，仍賞假二月，三十年文宗即位，三月，因病賞假，六月予告，食全祿，咸豐二年四月，在京重宴鹿鳴，十一月以明年重與恩榮筵，賞御書額曰瓊林人瑞，四年四月卒，壽八十六歲，諡文恭，入祀賢良祠。世恩大魁天下，年方二十有五，年青上第，頗有才望，和珅欲招致之，謝不與通，以次當遷，和珅抑本不上，仁宗親政，始予遷擢，先後歷事四朝，迭掌文衡，備叨恩遇，筦部務，安靜持大體，在樞廷十七年，益見愼密，有所列論，終不告人，子孫科第踵武，極人爵之榮。有思補堂集。

叔奕藻，字思質，乾隆四十九年甲辰進士，官刑部郎中。

從弟世璜，乾隆六十年乙卯探花，另有記。

子曾瑩，字申甫，號星齋，道光二十一年辛丑進士，由庶常授編修，累遷吏部左侍郎。

孫祖蔭，字伯寅，咸豐二年壬子探花，另有記。

孫祖同，字譜琴，咸豐六年賞給進士，一體殿試。

從孫昌煦，字曲笙，光緒二十四年戊戌進士。

王以銜

浙江歸安人（今吳興），字鳳丹，號勿庵，一字署冰，乾隆二十六年生，六十年乙卯恩科殿試一甲一名，授修撰。先是會試榜發，以銜以第二名與會元王以鋙（以銜異母弟）同列榜首，儼然兄弟，高宗疑總裁竇光鼐有私，命大臣覆試，以銜名列二等第四，以鋙名列三等七十一名，詔准以銜殿試，以鋙停考一次，（後於嘉慶四年成進士，）嘉慶五年，爲順天鄉試同考官，六年十月，爲順天武鄉試副考官，七年九月，充日講起居注官，十二年六月，爲江西鄉試副考官，旋遷右春坊右庶子，十四年五月，在南書房行走，十二月，改上書房行走，歷侍讀，少詹，十九年閏二月，擢詹事，尋提督江蘇學政，擢內閣學士，兼禮部侍郎銜，仍督江蘇學政，八月，遷工部右侍郎，仍留學政原任，二十一年十二月，在上書房行走，二十二年三月，爲會典館副總裁，四月，爲殿試讀卷官，二十三年六月，爲江西鄉試正考官，二十四年八月，爲順天鄉試副考官，旋改左侍郎，二十五年四月，爲殿試讀卷官，道光元年八月，兼署禮部右侍郎，十月，爲順天武鄉試正考官，十二月，改禮部右侍郎，二年三月，以奉勘裕陵工程未周，降一級留任，三年正月，以失察承修工程員司，降二級留任。十二月，以病乞休，尋卒，年六十二歲。以衛生平不言人過，視天下人無一非君子，宅地敦厚，時稱長者。

趙文楷

安徽太湖人，字逸書，一字介山，嘉慶元年丙辰殿試一甲一名，授修撰。四年六月，充正使與內閣中書李鼎元，册封琉球國王尙穆孫溫襲爵，尋還，五年正月，加封天后垂慈篤祜神號，命賚往福建致祭，累遷山西雁平道，山西按察使。

姚文田

浙江歸安人（今吳興），字秋農，號梅漪，乾隆二十三年生，五十九年，高宗幸天津，召試第一，授內閣中書，充軍機章京，嘉慶四年己未殿試一甲一名，授修撰。五年五月，爲廣東鄉試正考官，六年五月，爲福建鄉試正考官，八月，提督廣東學政，十一年十一月，署日講起居注官，十二年七月，爲山東鄉試正考官，遷右春坊右中允，十五年八月，提督河南學政，累遷國子監祭酒，十八年十月，在南書房行走，擢詹事，十九年閏二月，授內閣學士，二十年四月，改兵部右侍郎，六月，轉戶部左侍郎，二十二年三月，遷右侍郎，爲會試副考官，二十四年八月，提督江蘇學政，九月，改左侍郎。道光四年七月，擢左都御史，六年三月，署工部尚書，七年七月，遷禮部尚書，九月，卒於官，年七十歲，謚文僖。文田通達治體，不爲激亢之行，議論尤平易近人；道光初祚，江浙督撫孫玉庭等議禁漕務浮收，明定八折折實，許其加二一案，文田疏陳積弊，持議最得其平，疏入，詔禁浮收，裁革運丁陋規，八折之議遂寢，小民受惠良多，督學時改除陋例，斥僞體，拔眞才，號稱得士，論學推崇宋儒，而尤潛心漢學，兼諳天文，有易原、春秋日月表、說文聲系、說文考異、邃雅堂文集。

顧　皐

江蘇金匱人（今無錫），字晴芬，一字緘石，號歕齋，乾隆二十六年生，六十年乙卯舉人，嘉慶六年辛酉恩科殿試一甲一名，授修撰。九年八月，提督貴州學政，擢國子監司業，歷侍讀，十五年九月，充日講起居注官，改右庶子，十九年七月，署日講起居注官，二十一年六月，以左春坊左庶子，爲陝西鄉試正考官，遷侍讀學士，二十三年二月，在上書房行走，甚被仁宗眷注，扈蹕熱河，仁宗崩逝時，御筆擢詹事，二十五年七月，擢詹事，道光元年，遷內閣學士，兼禮部侍郎銜，八月，爲順天鄉試副考官，十二月，遷工部右侍郎，兼管錢法堂事務，二年四月，爲殿試讀卷官，六月，爲浙江鄉試正考官，十一月，命退出上書房，三年正月，知貢舉，十二月，改戶部，兼管錢法堂事務，五年八月，署兵部左侍郎，六年坐率准民人開挖銀鑛，降一級留任，七年七月，管理國子監事務，尋轉左侍郎，十二月，充經筵講官，九年三月，兼署錢法堂事務，四月，因病解任，十年十月，以失察假照，降四品頂戴休致，十三年卒，年七十。皋在貴州，釐剔時弊，奏改學額，任職戶部，考覈利弊，愼稽出納，不涉於私，嘗曰學期見諸實用，吾久迴翔於文學侍從，及任經世理物之責，未能一志專慮，以求職稱為自愧耳，詩文書畫，皆澤古而得自然之趣，尤擅蘭竹，時稱名筆。

吳廷琛

江蘇元和人（今吳縣），字震南，號棣華，乾隆三十八年生，嘉慶七年壬戌會試殿試皆第一，授修撰。九年，提督湖南學政，十五年八月，授金華府知府，歷侍讀，遷清河道，道光二年十二月，擢雲南按察使，權藩篆，六年八月，召還京，七年正月，命以四品京卿候補，九年五月，為湖南鄉試正考官，八月，提督湖南學政，二十四年卒，年七十有二。廷琛居官清廉，滇省銅政，歷來弊竇叢生，不肖者視為利藪，廷琛抵滇後，清釐銅庫，嚴杜中飽，並禁走私，積弊全除，銅政大起，有歸田集。

彭　浚

湖南衡山人，字寶臣，嘉慶十年乙丑殿試一甲一名，授修撰。十六年二月，為會試同考官，十八年十月，署日講起居注官，二十三年二月大考三等，改用員外郎，旋補戶部，道光元年五月，為福建鄉試正考官，尋改太僕寺少卿，三年五月，遷奉天府府丞，兼提督學政，四年五月解任，旋丁憂回籍，七年十二月服闋，赴奉天府府丞，兼督學政原官，八年八月改江西學政。

吳信中　江蘇吳縣人，字閱甫，號藹人，嘉慶十三年戊辰殿試一甲一名，授修撰。十五年七月，爲河南鄉試正考官，二十一年六月，爲廣東鄉試正考官，二十三年二月，在南書房行走，大考一等，遷右春坊右庶子，爲日講起居注官，二十四年六月，爲湖北鄉試正考官，二十五年十二月，以侍讀學士，充文淵閣直閣事，旋乞養歸，卒年五十有六。信中原爲粵人，幼爲給諫玉崧公所收養，給諫視如己出，既及第歸，乃告之，遂迎生母至蘇奉養。著有玉樹樓集。父雲，字玉崧，號潤之，乾隆五十八年進士，累官彰德府知府。弟恩韶，字春甫，號訥人，嘉慶十三年戊辰進士，與兄同榜獲捷，士林稱羨，選庶常，累遷吏科掌印給事中，頗著直聲。

洪　瑩　安徽歙縣人，字賓華，嘉慶十四年己巳恩科殿試一甲一名，授修撰。遭給事中花杰誣劾，謂戴衢亨相與交結情密，故引援爲一甲一名，仁宗特派滿洲軍機章京將瑩帶至上書房，命二阿哥監視，令其默寫試策，核與原卷相符，稱爲眞才實學，並以其橫被誣詆，賞紗二件，以示獎異，仍着供職如故，十八年八月，爲順天鄉試同考官，二十五年三月二十日爲柏裔治呈控在籍買有夫之女爲妾，經江蘇巡撫韓文綺查明奏參，道光三年三月革職。

蔣立鏞　湖北天門人，字笙陔，嘉慶十六年辛未殿試一甲一名，授修撰。十八年七月，爲河南鄉試副考官，二十四年五月，爲廣西鄉試正考官，歷侍讀，侍讀學士，少詹事，道光十五年十二月，充文淵閣直閣事，十六年三月，擢內閣學士，兼禮部侍郎銜。

父祥稺，字盈階，號丹林，乾隆五十五年庚戌進士，由庶常授編修，歷祭酒累遷左副都御史，嘉慶二十三年降鴻臚寺卿。

子元溥，字譽侯，道光十三年癸巳探花，另有記。

孫啓勳，元溥子，字揆生，咸豐十年庚申進士，歷衡永郴道。

曾孫傳燮，字和卿，光緒十二年丙戌進士，雅安知縣。

龍汝言

安徽桐城人，字錦珊，一字子嘉，嘉慶十九年甲戌殿試一甲一名，授修撰。汝言未第時，以廩生館某都統家，適逢仁宗萬壽，都統倩汝言作祝詞，乃集熙乾二朝御製詩百韻以進，仁宗詢都統，知係汝言之筆，以南方士子，往往不屑讀先皇詩，今汝言熟讀如此，具見愛君之誠，十五年三月，召試一等，立賞舉人，一體會試，次年春闈下第，總裁復命，大受申斥，謂今科闈墨不佳，然是科闈墨固甚優，錄取實多佳士，嗣經探悉因汝言落第，不愜仁宗之意耳，次科甲戌，主司入場，即將龍取中，仁宗見題名錄大喜，及殿試，又以一甲一名擬進，仁宗私拆彌縫窺視無悞，復封之，唱臚時，仁宗喜爲侍臣曰，朕所賞果不謬也，二十一年六月，爲湖北鄉試正考官，差畢命在南書房行走，充實錄館纂修，賞賚稠疊，舉朝羨之，二十四年五月初六，忽奉旨曰，龍汝言精神不周，辦事粗忽，無庸交部議處，着即革職回籍，但猶未忍宣其罪狀，及仁宗崩，汝言哭臨，哀痛逾恒，宣宗聞之，謂其頗有良心，特賞內閣中書，道光十八年戊戌，充會試同考官，尋卒。有賜硯齋集。相傳汝言之獲譴經過，緣寶笈館一日遣吏將石渠寶笈續篇送請汝言校閱，適汝言與妻返目，避居友家，未歸，龍妻受而置之，越日吏來取，妻予之，汝言固未知悉，內中高宗純皇帝之帝字脫落，未曾校出，汝言雖未過目，而恭校黃籤固龍名也，仁宗見之大駭，連謂龍某福薄，惋惜良久，始下前諭，因其夙被眷寵，僅予革職，如在他人，則大不敬之罪恐難免矣。（外傳汝言革職，係因高宗實錄，未將純皇帝之純誤書絕字校出獲譴，史書無此記載）

吳其濬

河南固始人，字瀹齋，初以舉人納貲爲內閣中書，嘉慶二十二年丁丑殿試一甲一名，授修撰。二十四年五月，爲廣東鄉試正考官，道光十一年七月，入直南房，翼年二月，督學湖北，十四年九月，仍在南書房行走。歷洗馬，鴻臚寺卿，通政副使，十六年八月，擢內閣學士，兼禮部侍郎銜，十一月充玉牒館副總裁，十七年六月，爲浙江鄉試正考官，八月，改兵部左侍郎，提督江西學政，十二月，調戶部右侍郎，兼管錢法堂事務，十九年九月，轉左侍郎，二十年欽命與侍郎奎麟，赴湖北按事，湖廣總督周天爵，論褫職，戍伊犂，巡撫伍長華以下降黜有差，十一月，命署湖廣總督，同月，授湖南巡撫，二十二年敉平逆匪鍾文杰叛亂有功，予優敍。二十三年五月，調撫浙江，未行，七月，改雲南，二十四年十一月，兼署雲貴總督，二十五年四月，移福建巡撫，八月，調山西，兼管鹽政，二十六年十二月，以病歸，尋卒，贈太子少保，照例予卹，二十九年三月，復以其右山西裁革鹽規，潔己奉公，特賜其子承恩、洪恩，孫樽讓舉人，一體會試，以彰清節。其濬除經術外，精於植物學，有關植物之著作多種，植物名實圖考，最著稱於世。

祖延瑞，乾隆三十一年丙戌進士，累官廣東督糧道。

父烜，字旭臨，乾隆五十一年丁未進士，由庶常授編修，累官禮部右侍郎。

兄其彥，字美存，嘉慶四年己未進士，由庶常授編修，累官兵部右侍郎。三世進士，父子兄弟翰林，科名之盛，豫省無可比倫。

陳沆

湖北蘄水人，字太初，號秋舫，乾隆五十年生，嘉慶二十四年己卯殿試一甲一名，授修撰。道光元年五月，爲廣東鄉試正考官，歷侍讀，累遷侍講學士，六年以覆車驚悸而卒。沆工詩，沖夷平淡，雅近韋柳，兼治宋儒心性之學，有近思錄補注、詩比興箋、簡學齋詩存、白石山館遺稿。

弟澐，字北愚，號大雲，嘉慶二十二年丁丑進士由庶常授編修，歷陝西道監察御史。

陳繼昌

廣西臨桂人，原名守壡，字蓮史。嘉慶十八年癸酉解元，二十五年庚辰會試殿試皆第一，爲有清一代三元及第之第二人，授修撰。道光二年六月，充陝甘鄉試副考官，遷侍讀，直上書房，屢典文衡，提督學政，道光十五年二月，以直隸通永道，授江西按察使，十七年正月，遷山西布政使，五月，調直隸布政使，七月，因病乞假，二十三年十二月病痊，補甘肅布政使，越三日，改江寧布政使，二十四年十二月，署理江蘇巡撫，二十五年十二月，復因疾解任，不復出。繼昌屢任藩臬，年四十一歲，所至清正有聲。早歲應縣考府考及學院考試，均獲第一，故事稱小三元，尤爲科場中所罕見。

戴蘭芬　安徽天長人，字畹香，號湘圃，道光二年壬午恩科一甲一名，授修撰。八年五月，爲福建鄉試正考官，十年六月，提督陝甘學政，十一年八月任滿，諭命留任，歷侍讀，累遷侍讀學士。

高祖宏謀，字汝咨，雍正元年癸卯恩科進士，由庶常授檢討，累遷吏部尚書，協辦大學士，東閣大學士，太子太傅，乾隆三十六年卒，謚文恭。

林召棠　廣東吳川人，字芾南，道光三年癸未殿試一甲一名，授修撰。十一年六月，爲陝西鄉試正考官。

朱昌頤　浙江海鹽人，字吉求，號朵山，別號芷甫，初以選拔充小京官，升用主事，道光六年丙戌殿試一甲一名，授修撰。遷贊善，旋緣事降謫爲光祿寺署正。十三年九月，捐復主事，擢升戶部員外郎。二十四年四月，奉派爲雲南鄉試副考官，未幾，遷御史，復干吏議，鐫級歸里，主講敷文書院，鄉望甚隆，學者奉爲楷模，文宗踐祚，詔告天下，起用廢員，賞給主事，命入京供職，但因年事已高，不勝舟車勞頓，未能成行，旋卒於里。著有鶴天鯨海集。

伯方增，字虹舫，號壽川，嘉慶六年辛酉進士，由庶常授編修，累遷內閣學士兼禮部侍郎銜。

李振鈞 安徽太湖人，以字行，道光九年己丑殿試一甲一名，授修撰。十三年七月，大考翰詹，名列三等，罰俸二年，十七年八月，為順天鄉試同考官。

吳鍾駿 江蘇吳縣人，字吹聲，道光十二年壬辰恩科殿試一甲一名，授修撰。十四年五月，為福建鄉試正考官，十五年六月，為湖南鄉試正考官，十六年三月，在上書房行走，授端郡王奕誌讀，十七年八月，提督福建學政，遷侍讀，二十一年十月，署日講起居注官，歷司經局洗馬，侍讀學士，國子監祭酒，二十三年五月，擢詹事，六月，轉內閣學士，兼禮部侍郎銜，八月，督學浙江，二十四年三月，遷禮部右侍郎，仍留學政任，二十七年三月，署戶部右侍郎，兼管錢法堂事，四月，為殿試讀卷官，十一月，兼署兵部左侍郎，二十八年三月，再署戶部右侍郎，兼管錢法堂事務，九月，兼署戶部左侍郎，管三庫事，二十九年正月，改左侍郎，五月，仍署倉場侍郎，八月，提督浙江學政，咸豐元年，嘗疏請慎選州縣，以清吏治，勸立義學，造就人才，所言均中肯綮，二年八月，調任福建學政，三年七月，卒於任，年五十五歲，賜葬祭。鍾駿器度渾厚，生平無他好，惟喜聚書，至借貧以購，居常手抄弗輟，壬辰春試，遂得脫穎而出，通顯後，猶家無餘貲，清廉爲人所不及云。

父頤，嘉慶辛酉進士，官戶曹，軍機處行走。

汪鳴相　江西彭澤人，字佩珩，道光十三年癸巳殿試一甲一名，授修撰。十五年六月爲廣西鄉試正考官。

劉　繹　江西永豐人，字詹巖，道光十五年乙未殿試一甲一名，授修撰。十七年七月，在南書房行走，八月，提督山果學政，二十年七月，命入京，八月，命仍在南書房行走，旋告病回籍，咸豐元年三月，協辦大學士戶部尚書祁雋藻保奏才堪簡用，因病家住，十年五月，賞三品京卿，充江西督辦團練大臣，十一年七月，丁憂請解職，命仍督辦團練事宜，十一月，以學優品端，諭著於服闋即行入京，聽候簡用，尋以年老衰頹，毋須入京，主講吉安鷺洲書院，崇向正學，培植人才甚衆，洵足爲後學模楷，光緒四年卒，年八十有二。

林鴻年　福建侯官人，字勿村，道光十六年丙申恩科殿試一甲一名，授修撰。十九年，爲册封故琉球國王尚灝世子育襲爵正使，二十年七月，爲山東鄉試副考官，同治二年三月，以雲南臨安知府擢按察使，十一月，授布政使，三年八月，擢巡撫，五年正月，因畏葸無能，逗留川境，延不赴省，縱弁滋擾，貽害地方革職，回閩後掌教鰲峰書院，歷二十餘年，頗多造就，光緒八年六月，以其教崇正學，成就多士，賞三品京卿銜，十三年卒。

鈕福保　浙江烏程人（今吳興），字右申，號松泉，道光十八年戊戌殿試一甲一名，授修撰。十九年六月，奉派爲江南鄉試副考官。二十年六月，爲江西鄉試副考官，八月，提督廣西學政，二十五年爲會試同考官，未幾，遷中允。二十七年五月，大考翰詹，續優擢侍讀，九月，署日講起居注官，調任洗馬，二十八年三月，授起居注官，二十九年校對皇清開國方略，三十年正月，擢升少詹，在上書房行走，咸豐元年，授鍾郡王讀，二年五月，大考名列三等，左遷庶子，仍在上書房行走。

李承霖　江蘇丹徒人（今鎮江），字果亭，道光二十年庚子恩科殿試一甲一名，授修撰。二十三年六月，爲廣西鄉試正考官，八月，提督廣西學政，二十七年五月，遷侍讀，旋改司經局洗馬，二十八年三月，爲日講起居注官，二十九年九月，校對皇清開國方略，十月，在上書房行走，累遷侍講學士，咸豐元年七月，署日講起居注官。

龍啓瑞　廣西臨桂人，字輯五，一字翰臣，嘉慶十九年生，道光二十一年辛丑恩科殿試一甲一名，授修撰。二十四年五月，充廣東鄉試副考官，二十七年五月大考翰詹，二等七名，遷侍講，九月，提督湖北學政，二十九年八月，仍留任，三十年丁父憂回籍。咸豐元年，廣西巡撫鄒鳴鶴奏辦廣西團練，以啓瑞總其事。二年七月，省城解圍，守城有功，擢侍講學士，賞戴花翎，六年四月，授通政副使，十一月，督學江西，七年三月，遷江西布政使，八年九月，卒於官，年四十五歲，十一年七月，入祀名宦祠。啓瑞督學湖北時，著經籍舉要一書，以示學子，平日切劘經義，尤講究音韻之學，貫通於顧苗段王孔張劉江諸家之書，而成古韻通說二十卷，其論本音，論通韻，論轉音皆確有依據，而以論通說總之，故以名其全書，另著爾雅經注集證三卷，經德堂文內外集十二卷，小學高德補正，是君是臣錄，班書識小錄，通鑑識小錄，諸子精言，莊子字註。子朝言，光緒二年丙子進士，選庶常。

孫毓溎

山東濟寧人，字梧江，道光二十四年甲辰殿試一甲一名，授修撰。二十六年十二月，提督雲南學政，嗣遷江西吉安知府，未赴任，三十年十月，授山西按察使，咸豐元年八月，調浙江按察使，二年十月，因病乞休，不復出。三年二月，命與前山西巡撫梁萼涵、蘇藩李璋煜、豫藩王簡、湘臬王允中、川臬劉耀春等，辦理山東團練事宜。

祖玉庭，乾隆四十年乙未進士，歷山西河東道，廣西鹽法道，按察使，湖南、安徽、湖北布政使，廣西、廣東、雲南、浙江巡撫，雲貴、湖廣、兩江總督，協辦大學士，體仁閣大學士，太子太保，年八十二卒。

叔瑞珍，道光三年癸未進士，累官戶部尚書，卒贈太子太保，謚文定。

從弟毓汶，咸豐六年丙辰榜眼，另有記。

子楫，字子舟，咸豐二年壬子進士，由庶常授編修，累官順天府府尹。孫氏四世並列清要，家門之盛，北方士族，無與比埒。

蕭錦忠　湖南茶陵人，寄籍湘鄉，原名衡，字史樓，道光二十五年乙巳恩科殿試一甲一名，授修撰。曾任奉天府府丞，順天學政，一日醉坐，倦甚，足踏炭火上，竟不自覺而焚死。

張之萬　直隸南皮人，字子青，嘉慶十六年生，道光二十七年丁未殿試一甲一名，授修撰。二十九年六月，爲湖北鄉試副考官，咸豐元年七月，爲河南鄉試正考官，二年八月，提督河南學政，俄召還，入直南書房，授鍾郡王讀，歷侍讀累遷侍讀學士，十年七月，命馳驛回籍，辦理團練，十一年四月，遷詹事，十一月，授內閣學士，同治元年三月，擢禮部右侍郎，六月，改左侍郎，兼署工部，九月，赴河南查辦事件，十一月，署理河南巡撫，二年正月實授，四年四月，轉河道總督，以僧格林沁戰歿曹州，督兵大臣均獲譴，革職留任，九月，賞還二品頂戴，移督河東河道，五年八月，改漕運總督，六年，因平賴捻文光之捷，賜頭品頂戴，七年七月，在上書房行走，九月閏十月，調江蘇巡撫，十年九月，遷閩浙總督，旋以母老歸養，光緒八年二月，服闋，授兵部尚書，九年正月，改刑部，三月，爲會試副考官，十年二月，入軍機處行走，兼署吏部，九月，充上書房總師傅，十二月協辦大學士事，十二年三月，賞穿黃馬褂，四月，教習庶吉士，十月，充會典館總裁官，十五年正月，爲大學士，授體仁閣大學士，加太子太保，賜雙眼花翎，十八年八月，管理吏部事務，轉東閣大學士，二十年十月免直軍機，二十二年九月，以病致仕，二十三年五月卒，年八十七歲，贈太保，諡文達。之萬嘗奉詔與太常寺卿許壽彭等彙輯前代帝王及垂簾事跡，賜名治平寶鑑，敭歷內外，胸無町畦，寬仁容衆，政無不舉，其官河督時，鈐小印曰二品教官，風趣可想，書法雄駿，畫得王時敏神髓，榮華壽考，與吳縣潘世恩相伯仲，同爲有清之最。

從弟之洞，同治二年癸亥探花，另有記。

陸增祥

江蘇太倉人，字魁仲，號星巖，嘉慶二十一年生，道光二十四年與兄增福同舉於鄉，三十年庚戌殿試一甲一名，授修撰。咸豐元年丁艱歸，三年，青浦土寇犯太邑，以守城拒寇功，賞五品銜，即補贊善，十一年十月，改廣西慶遠府知府，道經長沙，湘撫毛鴻賓重其才，奏留之，以道員用，歷署糧儲，鹽法，長寶諸道，積功加布政使銜，光緒二年授湖南辰永沅靖道，五年省墓歸，八年六月，卒於家，年六十有七歲。增祥在官不廢學，於經史之外，雅好金石，嘗匯青浦王昶金石萃編，輯成八瓊軒金石補正百二十卷，凡三千五百餘通，爲晚清金石巨著，又作甌錄一卷，其所訂正金石款識名物，何紹基服其精縝。另有楚辭疑異補證、紅鱗魚寶詩存，刊行於世。（金石萃編，青浦王昶所輯，共二百卷，嘉慶十年，刊刻一百六十卷，餘四十卷未刊行，遂付缺如。）

章　鋆　浙江鄞縣人，字酡芝，號泉南，咸豐二年壬子恩科殿試一甲一名，授修撰。五年五月，爲四川鄉試正考官，九年三月，在上書房行走，同治元年二月，京察一等，以道員記名，爲日講起居注官，七月，爲廣西鄉試正考官，十二月，以國子監祭酒，提督福建學政，三年八月，任滿留任，尋命回京，六年八月，授奕詳、奕詢讀，旋任國子監祭酒，十二年八月，提督廣東學政，光緒元年五月，卒於官。鋆生平服膺宋五子，能通朱陸之郵，督學福建時，集先儒事跡，作閩儒學則一書，鋟版流布，又著治平寶鑑、望雲山館詩文稿。

孫如僅　山東濟寧人，字亦何，號松坪，咸豐三年癸丑殿試一甲一名，授修撰。五年八月，提督陝甘學政，九年九月，遷侍讀，十一年正月，署日講起居注官，歷侍讀學士，同治元年六月，以內閣學士，兼禮部侍郎銜，提督雲南學政，未赴任，尋改江蘇學政。

翁同龢　江蘇常熟人，字叔平，號松禪，晚號瓶庵居士，道光六年生，咸豐六年丙辰殿試一甲一名，授修撰。八年六月，爲陝甘鄉試副考官，八月，提督陝甘學政，同治元年，遷贊善，七月，爲山西鄉試正考官，十一月，丁父憂解職，服闋，四年正月，補右中允，旋於十一月，在弘德殿行走，五年八月，充日講起居注官，十二月，賞四品銜，累遷內閣學士，旋丁母艱，服闋，起故官，爲國子監祭酒，居講席，每以憂勤惕勵，啓沃聖心，八年，武英殿之災，疏言變不虛生，遇災而懼，宜停不急之工（指修圓明園事），惜無名之費，開直臣忠諫之路，杜小人倖進之門，帝覽奏動容，九年六月，遷太僕寺卿，十年七月，轉內閣學士，十三年六月，在弘德殿行走，十一月，賞戴花翎，十二月，補內閣學士。光緒元年八月，署刑部右侍郎，十月，爲順天武鄉試正考官，十二月，德宗典學毓慶宮，命授讀，再辭不允，二年正月，遷戶部右侍郎，充經筵講官，四年五月，擢左都御史，五年正月，遷刑部尚書，四月，改工部，六年三月，爲會試副考官，十一月，管理國子監事務，七年九月，加太子少保銜，八年十一月，在軍機大臣上行走，九年四月，教習庶吉士，十年二月，革職留任，退出軍機處，仍在毓慶宮行走，十一年八月，爲順天鄉試副考官，十一月，遷戶部尚書，十二年十月，充會典館副總裁，十四年八月，再爲順天鄉試副考官，兩蒙賜壽，十五年五月，加太子太保，賜雙眼花翎，七月，請假回籍修墓，傳旨海上風險，命馳驛回京，恩眷至篤，十八年三月，爲會試正考官，四月，爲殿式讀卷官，閏六月，爲會典館正總裁，十九年八月，爲順天鄉試正考官，二十年四月，教習庶吉士，再爲軍機大臣，善伺德宗之意，故能遇事進言，時德宗親政已久，英爽非復常度，裁決精當，每事必問龢，眷依尤重，十一月充方略館總裁，中日失和，既搆釁，我海陸軍俱敗績，日方苛索，除償兵費，闢商埠外，堅持割臺澎，同龢非其議，主修和稿，寧增賠款，必不可割地，德宗頗韙之，曰，臺灣去，則人心皆去，朕何以爲天下主，然格於時勢，雖經欽差李鴻章多方折衷，終未可挽全，約遂成，二十一年六月，在總理各國事務衙門行走，七月，管理同文館事務，二十三年八月，以戶部尚書協辦大學士事，二十四年四月，以辦事多不允協，漸露攬權狂悖情狀，着即開缺回籍，以示保全，八月政變，慈禧復訓政，十月又奉硃諭，翁同龢授讀以來，輔導無方，往往巧藉事端，刺探朕意，至甲午中東之役，信口侈陳，任意慫恿，辦理諸務，種種乖謬，以致不可收拾，今春力陳變法，濫保非人，罪無可逭，事後追維，深堪痛恨，前令其開缺回籍，實不足以蔽辜，翁同龢著革職，永不敍用，交地方官嚴加管束，三十年卒，年七十五歲，宣統元年，詔復原官，追謚文恭。同龢久侍講幃，參與機務，力贊德宗變法自強，大逆慈禧及其左右之意，平日氣度稍涉偏仄，不無門戶之嫌，遂致以攬權狂悖為詞，罷逐以終。詩文皆簡重有度，其書法以董趙意，而參以平原，自成一家，氣魄足繼劉墉，亦擅繪事，均為世所珍重。有松禪尺牘、瓶庵詩稿、詩鈔日記、手札傳於世。

父心存，字二銘，號邃庵，道光二年壬午進士，官至體仁閣大學士，贈太保，謚文端，入賢良祠。

兄同書，字祖庚，道光二十年庚子進士，官至安徽巡撫，謚文勤。

姪曾源，字仲淵，同治二年癸亥殿試一甲一名，授修撰，另有記。

侄孫斌，光緒三年丁丑進士，累官直隸按察使。

孫家鼐

四世翰林，父子宰輔，叔侄狀元，令人稱仰。

安徽壽州人（今壽縣）字燮臣，道光六年生，咸豐九年乙未殿試一甲一名，授修撰。十一年七月，爲山西鄉試正考官，同治三年三月，提督湖南學政，八月，任滿留任，歷侍讀，七年九月，入直上書房，光緒二年九月，擢侍講學士，仍在上書房行走，四年二月，在毓慶宮行走，與侍郎翁同龢同授德宗讀，五年三月，遷內閣學士，署工部左侍郎，六年八月，實授，八年二月，兼署吏部左侍郎，六月，改戶部右侍郎，兼管錢法堂事務，八月，爲順天鄉試副考官，十三年正月轉兵部右侍郎，十五年正月，改吏部右侍郎，賞頭品頂戴，十六年十一月，授左都御史，十八年三月，署戶部尚書，八月遷工部尚書，兼管順天府事務。二十年中日啓釁，力主不可戰，二十二年十月，轉禮部尚書，十一月兼署工部，二十三年七月，遷吏部尚書，二十四年三月，爲會試正考官，五月爲會典館總裁官，協辦大學士，尋受命爲管學大臣，兼管大學堂事務，凡所建議，類皆能持大體，及議廢立，則獨持不可，雖忤旨亦所不惜，二十五年十一月，因病乞罷，遂解任，二十六年拳匪亂作，八國聯軍攻北京，兩宮西狩，召赴行在，十月，起禮部尚書，兼翰林院掌院學士，十一月爲經筵講官，二十七年二月，改吏部尚書，十二月，授體仁閣大學士，二十九年八月，轉東閣，三十一年六月，改文淵閣大學士，三十三年五月，改授武英殿大學士，充學務大臣，裁度規章，折衷中外，嚴定宗旨，一以敦行實學爲主，學風爲之一靖，嗣與慶親王奕劻，軍機大臣瞿鴻禨，總核新官制頒行，八月與貝子溥倫同任資政院總裁，三十四年二月，重宴鹿鳴，賞太子太保，歷蒙厚賜，恩遇優渥，宣統元年五疏乞病，溫語慰留，十月卒，年八十有二，贈太傅，諡文正。家鼐簡約歛退，生平無疾言厲色，雖貴與諸生鈞禮，閉門齋居，襆賓遠跡，權勢若怯，嘗督湖北學政，典試山西，再典順天鄉試，總裁會試，屢充讀卷大臣，獨無偏私，拔取公正，其後力舉劾其有失國體之編修劉廷琛爲御史，並謂曩以大義見責，知忠鯁必不負國，器量恢弘，世皆稱之。

鍾駿聲

浙江仁和人（今杭縣），字雨辰，一字雨人，號亦谿，咸豐十年庚申恩科殿試一甲一名，授修撰。同治六年六月，爲湖北鄉試副考官，八月提督四川學政，光緒元年五月，大考二等，以中允升用，二年七月，充山東鄉試正考官，累遷侍讀學士。有養自然齋詩話。

父世耀，原名榮，字笑溪，道光二十一年辛丑進士，選庶常，除兵部主事，殉節死，贈郎中。

徐郙

江蘇嘉定人，字頌閣，同治元年壬戌殿試一甲一名，授修撰。二年五月，在南書房行走，六年八月，提督江西學政，九年十二月，仍命在南書房行走，十年十二月，以侍講署日講起居注官，十一年八月，校閱方略詳慎加一級，遷右庶子，十三年五月，爲日講起居注官，旋以侍講學士於光緒元年五月改少詹，爲甘肅鄉試正考官，還京仍令直南書房，五年九月，擢詹事，七年五月，授內閣學士，六月，署工部右侍郎，八月，轉兵部右侍郎，仍兼署工部事，八年八月，提督安徽學政，九年十月，改禮部左侍郎，十一年正月，再直南書房，十二年九月，爲武會試副考官，十三年十二月，命與嵩申續修景運門等處工程。十四年八月，兼署刑部左侍郎，十六年十月，監修西陵，十一月，改吏部右侍郎，十七年四月，派修東陵工程，十八年六月，轉左侍郎，八月，擢左都御史，九月，爲會試正考官，二十年正月，加太子少保銜，賞戴花翎，三月，爲會試副考官，八月，爲順天鄉試副考官，二十一年六月，遷兵部尚書，二十四年五月，管理國子監事務，七月，教習庶吉士，二十五年十一月，改吏部尚書，仍管國子監事務，二十七年三月，以吏部尚書協辦大學士事，四月，改禮部尚書，十二月坐私函囑託，革職留任，二十九年正月，署兵部尚書，三十年十二月，開復協辦大學士禮部尚書原職，三十二年正月休致。

翁曾源

江蘇常熟人，字仲淵，國子監生，咸豐六年宣宗實錄告成，以祖吏部尚書心存有功，賞給舉人，一體會試，歷己未、庚申、壬戌三科，適心存亡故，同治元年兩宮篤念勳勞，賞給進士，一體殿試，二年癸亥恩科殿試一甲一名，授修撰。曾源先以納貲入監，繼則兩蒙恩賜，大魁天下，其幸遇實科場中所罕見，因患痼疾（羊癇），未出仕，光緒十三年七月卒。年五十一歲。

父同書，子斌，均進士。

崇綺

蒙古正藍旗人，字文山，初爲工部主事。坐其父出師無功褫職，咸豐四年粵寇謀犯北京，充督練騎兵處文案，事平敍兵部七品筆貼式，旋擢主事，遷員外郎，同治四年乙丑殿試一甲一名，授修撰，蒙滿人士試漢文獲狀元者，崇綺一人耳，士論榮之。九年七月，爲河南鄉試正考官，旋遷侍讀，爲日講起居注官，十一年其女册立爲皇后，賜三等承恩公，九月，爲候補內閣學士，十二年四月，補實缺，十月，遷戶部右侍郎，十三年七月，改吏部右侍郎，管錢法堂事，光緒元年八月，爲順天鄉試副考官，二年三月，爲會試副考官，補鑲黃漢軍副都統，三年八月，派赴河南查辦荒旱，四年十月，署吉林將軍，五年五月，充熱河都統，七年七月，調盛京將軍，九年，以病歸，十年十一月，授戶部尚書，兼署吏部，馳往江西查辦事件，十一年九月，爲武英殿總裁官，十一月，遷吏部尚書，十二年正月，復因病乞休，二十五年十二月，管理禮部事務，越三日，淸廷立溥儁爲阿哥嗣穆宗，二十六年正月，爲翰林院掌院學士，賞戴花翎，在弘德殿行走，三月，爲正紅旗漢軍都統，頗得慈禧恩眷，未幾，義和團起，朝貴崇奉者什之七八，綺亦信仰之，六月，爲戶部尚書，八月，命爲留京辦事大臣，事敗，與榮祿倉皇出京走保定，八月初二日自縊於蓮池書院，謚文節，入祀賢良祠。妻瓜爾佳氏，先於京師陷落時，預掘深坑，率子散秩大臣葆初，孫員外郎廉定，筆貼式廉容、廉密，監生廉宏，分別男女，入坑生瘗，闔門殉難，死事極爲壯烈，各獎卹有差。

洪鈞

江蘇吳縣人，字文卿，道光十九年生，同治七年戊辰殿試一甲一名，授修撰。九年八月，提督湖北學政，光緒二年六月，爲陝西鄉試正考官，五年七月，爲山東鄉試正考官，旋遷侍講，六年二月，提督江西學政，八年七月，遷侍讀學士，九年三月，擢詹事，七月擢內閣學士，兼禮部侍郎銜，十年六月，丁母艱解任，十三年五月，服闋，起故官，旋出使俄羅斯、德意志、奧地利、比利時四國大臣，十六年二月回國，授兵部左侍郎，十七年十一月，在總理各國事務衙門行走，十九年八月，卒於官，年五十五歲，詔予優恤，鈞於邊疆劃界事，備受大理寺少卿延茂所劾，責其貽悞，但鈞熟於西北輿地，附言自譯中俄界圖，知烏知別里以南，東西橫亙，皆是帕地喀約，所謂中國界線，應介乎其間，今日俄人爭帕，早種因喀城定約之年，劉錦棠添設蘇卡，意在拓邊，無如喀約俱在，成事難說，唯依界圖南北經度線，自烏知別里徑南，尚可得地少半，尋按故址，已稍擴張，俄阿交鬨，揣阿必敗，俟俄退兵，可與議界，當更與疆臣，合力經營，爭得一分，即獲一分之益，德宗嘉納之。鈞嗜學，博通經史，對元史尤有研究，嘗撰元史譯文證補，取材域外，爲世所重。其出使歐洲，攜妾傅彩雲與俱，彩雲絕色尤物，周旋王公貴族之間，外人多以狀元夫人稱之，艷跡傳海外，及鈞歿，行爲尤多失檢，頗爲鈞盛德之累。

梁燿樞　廣東順德人，字斗南，同治十年辛未殿試一甲一名，授修撰，光緒元年五月，爲湖南鄉試正考官，二年八月，提督湖北學政，遷中允，八年二月，在南書房行走，十年遷侍讀，十月，賞給四品銜，十一年擢侍講學士，遷侍讀學士，十二年十二月，提督山東學政，旋遷少詹，十四年八月，以少詹擢詹事。

陸潤庠　江蘇元和人（今吳縣），字鳳石，道光二十一年生，同治十二年癸酉拔貢，十三年甲戌殿試一甲一名，授修撰，光緒二年六月，爲湖南鄉試副考官，五年七月，爲陝西鄉試副考官，八年三月，入直南書房，遷侍讀，十一年八月，提督山東學政，尋以丁父憂解任，十四年服闋，爲司經局洗馬，十月，加四品銜，十五年二月，命仍在南書房行走，遷國子監祭酒，二十年正月，加三品銜，賞戴花翎，六月，爲江西鄉試正考官，二十一年五月，以母疾乞歸養，二十四年起補祭酒，二十五年三月，擢內閣學士，署工部左侍郎，二十六年二月，仍在南書房行走，旋赴西安行在，九月，授禮部右侍郎，仍署工部左侍郎如故，旋充經筵講官，二十七年十二月，擢左都御史，二十八年八月，爲順天府鄉試正考官，二十九年三月，爲會試副考官，三十二年十二月，由工部尚書改任農工商部，兼領順天府尹事，三十三年五月，授吏部尚書，參預政務大臣，宣統元年九月，以協辦大學士授體仁閣大學士，二年七月充禁煙大臣，八月改東閣大學士，充弼德院院長，三年六月，改弼德院顧問大臣，民國四年卒，年七十五歲，清宮予謚文瑞。潤庠性和易接物，無崖岸，雖貴，服用無逾諸生時，嘗謂捐例開，仕途襍，膺民社者，或不通曉文義，因訂道府以下試驗章程，不及格者停其分發，設仕學館教習之；又陳釐改官制，宜保存台諫一職，說者謂既有國會，不須復有言官，豈知議員職在立法，言官職在擊邪，且台諫隨時可以陳言，行政裁判，係定斷於事後，言官則舉發於事前，朝廷欲開通耳目，則諫院不可裁；又嘗奏進陸贄文案，參以時事，大意謂成規未可墨守，而新法亦須斟酌行之，若不研究國內歷史，以爲變通，必致窒礙難行，且有變本加厲之害；復言游學諸生，於實業等事，學成而歸者寥寥可數，而又用非所學，其最多者惟法政一種，法政各國歧異，悉就其本國人情風俗以爲制，今諸生根柢未深，而前古聖賢經傳，曾未誦悉，道德風尚，極未聞知，襲人皮毛，妄言改革，朝廷銳意變法，非重用學生，不足稱旨，久必動搖國本，塗炭生靈。以上所言，均頗允當中肯。至其所言財用枯竭，請酌停新政，停辦鎮兵，停辦巡警，停辦審判，停辦國會，停辦中小學堂諸事，思想迂腐，昧於潮流，則無足取矣。

曹鴻勳

山東濰縣人，字仲銘，光緒元年舉於鄉，二年丙子恩科殿試一甲一名，授修撰。五年五月，爲湖南鄉試副考官，八年八月，提督湖南學政，十三年四月，入直上書房，十五年正月，賞五品銜，授載潤讀，六月，爲陝西鄉試正考官，旋改江西副考官，十九年仍命在上書房行走，二十年正月，賞四品銜，二月，京察一等，記名以道府用，二十七年，授貴州按察使，二十九年四月，以貴州布政使護理巡撫，三十年四月，改護為署，三十一年正月，遷陝西巡撫，三十三年召入京，十二月，協理開辦資政院事務，旋卒。

王仁堪

福建閩縣人（今福州），字可莊，道光二十八年生，光緒三年丁丑殿試一甲一名，授修撰，六年十一月，提督山西學政，十一年四月，為貴州鄉試副考官，十三年四月，入直上書房，十四年六月，為江南鄉試副考官，差竣返京，再入上書房，十五年賞五品銜，五月，為廣東鄉試副考官，差畢，授鎮江知府，下車未久，適丹陽教案事起，百姓在天主教堂發現孩屍，仁堪親往檢驗，得孩屍七十餘具，以教堂不應有孩骨，即兼育嬰，不應無活嬰兒，禍由教堂自召，請曲貸愚民之罪；鎮屬徒陽金溧四縣，地勢高阜，岡巒起伏，易成旱災，仁堪以水利農產所繫，特令開浚渠塘，不欲擾民，捐廉為倡，馳書乞諸親舊商富，而輸助得三萬緡，開塘二千三百有奇，溝渠閘壩，數以百計，十八年夏，丹陽大旱，農民無以為活，紛紛賣牛，仁堪瓶辦牛賑，借官錢於民，使勿出賣耕牛，以免影響耕作；又以工代賑，疏浚太平港、沙腰河、練湖、越瀆、香草、簡瀆之屬，凡二十餘所，支溝別渠，二百三十有奇，又築塘四千六百，以蓄高原之水，百姓全活無算，特在里莊橋建立生祠，以酬其德。郡屬鄉僻之處，陋不知學，特立榛思文社以教之，又出私錢於府衙右側，建南濡學舍，在任二年有餘，致力於興學育材造林水利諸端，莫不悉力以赴，十九年二月以循聲懋著傳旨嘉奬，六月，秩滿，改知蘇州，時值炎夏，舟經之處，郡民沿河設案餞送者如櫛比，其感人之深，為空前所未有，蒞蘇甫三閱月，十月二十四日，遽以疾卒，享年四十有五，時論惜之。鎮郡士民韓弼元等舉其政跡，籲請大吏上聞，謂治獄懲奸，講求水利，賑恤災黎，振興文教，以實心行實政，一以扶植善良，培養元氣為任，卓然有古循吏之風，二十年三月，詔以王仁堪於地方一切要政，實心經理，遺愛在民，加恩着准其宜付史舘立傳，以表循良，而昭激勸。仁堪嘗與曹鴻勳應詔陳言，極論時政，請罷頤和園工程，司度支者謂工程費不動正款，夫出之筦庫，何非小民膏血，計臣可執未動正款之說以告，朝廷何能執未動正款之說，以謝天下，言極切直，未幾，遂有出知鎮江之命。仁堪性耿介狷傲，未嘗事權貴，工古文詩詞，書法為晚清館閣第一，頗為世所珍視。

黃思永

祖慶雲，字雁汀，道光九年己丑進士，由庶常授編修，累官兩廣總督。工部尙書，謚文勤。江蘇江寧人，字愼之，光緒元年舉於鄉，六年庚辰殿試一甲一名，授修撰。十二月，為會試同考官，十九年九月，以辦理山西賑務，馳驅邊徼，交部從優議敍，嗣為國子監司業，二十年二月，京察一等，着交軍機處存記，以道府用，旋遷詹事府右春坊右中允，改左中允，甲午之後，賠款過鉅，國用支絀，思永於二十四年正月嘗奏請發行昭信債票，依議施行，又奏口岸鐵路礦產三事，均如所奏辦理，遷侍讀，旋擢侍讀學士，入直上書房，充日講起居注官，改國子監祭酒，庚子八國聯軍攻入北京，美兵官聞思永名，欲任以官，不受，力籌擁護主權之策，遂倡議以紳董名義，劃界設公所，籌濟民生，保護閭閻，措置裕如。德軍以其公使被戕，聲言復仇，迫令居民懸德旗，黃所主持順治門大街以西地區，無一懸黃旗者，凡所誅求，悉拒之。二十八年因案革職，三十年三月，刱辦工藝局，著有成效，開復三品銜，翰林院侍讀學士原官。宣統二年，任江寧商業學堂監督，宣統三年五月，以南洋勸業會勞績，賞加二品頂戴。民國後被推為南京商會會長，對於地方，多所保全。

陳　冕　順天宛平人，字冠生，原籍浙江，光緒元年舉於鄉，九年癸未殿試一甲一名，授修撰。十五年五月，為湖南鄉試副考官，十九年八月，卒於官。

趙以烱　貴州貴筑人，字鶴仙，光緒十二年丙戌殿試一甲一名，授修撰。十四年五月，為四川鄉試副考官，十七年八月，提督廣西學政。

張建勳　廣西臨桂人，字季瑞，光緒十五年己丑殿試一甲一名，授修撰。二十年二月，大考翰詹，名列四等，罰俸半年，五月，為雲南鄉試正考官，歷侍讀、雲南學政，於宣統二年七月為黑龍江提學使兼民政使。

吳　魯　福建晉江人，字肅堂，道光二十五年七月生，先以拔貢充七品小京官、軍機章京，光緒十六年庚寅恩科殿試一甲一名，授修撰。十七年六月，為陝西鄉試副考官，八月，提督安徽學政，二十八年四月，督學雲南。三十二年，署理吉林提學使，旋調學部參丞。三十四年充圖書館總校，教習庶吉士，閏六月，謝職出京，明年二月，由滬航海回閩，八月二十八日卒，年六十八歲。有讀禮纂錄、百哀詩、紙讀、宋五子粹言、蒙學習編。

劉福姚　廣西臨桂人，字伯棠，光緒八年舉於鄉，十八年壬辰殿試一甲一名，授修撰。十九年五月，爲貴州鄉試正考官，二十三年五月，爲廣東鄉試副考官，二十六年六月，爲浙江鄉試副考官。

張　謇　江蘇通州人（今南通），字季直，咸豐三年生，光緒二十年甲午恩科殿試一甲一名，授修撰。謇爲諸生時，自光緒二年即在吳長慶處作幕友，十一年中式順天鄉試，先任開封知府孫雲錦幕賓，其後歷充贛榆、太倉、崇明各書院山長，大魁後，時值中日戰事新敗，有識之士，莫不以興辦實業，爲強國富民之要圖，會丁艱，即歸故里，二十五年奉派在滬設立商務總局，並在籍經營實業，墾殖棉花，剏設紗廠，其後又先後組設榨油、麵粉、冶鐵、輪船、鹽墾、蠶絲、漁牧、電燈、電話、火柴、釀造諸公司，復設江淮實業銀行，以輔助各事業之發展，一面以經營實業所獲盈餘之一部份，作振興教育之用，先後在籍創辦師範學校、女子師範學校、農業學校、商業學校、醫學專門學校、紡織專門學校，以養成師資，及各項專門人才，復設蠶桑講習所，以改進絲綢，兼以推廣女子職業，他如建立公園，設立盲啞學校、伶工學社、博物館、圖書館、養老院、育嬰堂、貧民工廠、濟艮所，莫不成效昭著，三十年三月，加三品銜，充商部頭等顧問官，三十二年奏派江蘇鐵路公司協理，宣統元年，各省設立諮議局，被選爲江蘇省諮議局議長，三年五月，中央教育會開會，由學部奏請派爲會長，九月，授農工商部大臣，民國元年一月，中華民國臨時政府在南京成立，任實業部總長，二年十二月，任全國水利局總裁、農商部總長，爲欲造就水利專門人才，以作興修全國水利之用，特在南京設立河海工程專門學校，亦著成效，後任運河水利工程督辦，十五年八月卒，年七十三歲。謇出身寒微，力學成名，於經史之外，頗能留心實業，故自丁憂辭官南歸，即以剏辦實業，振興教育爲職志，生平淡於仕進，視大臣總長如草芥，民國四年，袁世凱帝制自爲，封爲嵩山四友，亦不受，而庚子八國聯軍之役，江督劉坤一、湖督張之洞剏議東南互保，拒絕矯詔，維持中立，地方未遭糜爛，實係謇所策動，保全地方，其功尤偉。有季子詩文錄。

駱成驤

四川資州人（今資中），字公驌，光緒二十一年乙未殿試一甲一名，授修撰。廿六年五月，爲貴州鄉試正考官，歷廣西鄉試正考官、京師大學堂提調，宣統二年三月，授山西提學使，民國三年充國史館纂修，旋任四川高等學校校長。

夏同龢

貴州麻哈人（今麻江），字用卿，光緒二十四年戊戌殿試一甲一名，授修撰。二十八年五月，爲湖南鄉試副考官，歷任廣東法政學堂監督、江西省實業廳廳長。

王壽彭　山東濰縣人，字公籛，同治十三年生，光緒二十九年癸卯正恩合科殿試一甲一名，授修撰。宣統二年八月爲湖北提學使，民國後，任財政部秘書、山東省教育廳廳長兼山東大學校長。十八年卒，年五十六歲。壽彭幼貧寒，父以勞力收入，供其膏火，力學成名。

劉春霖　直隸肅寧人，字潤琴，光緒三十年甲辰恩科殿試一甲一名，授修撰。歷福建提學使、直隸法政學堂提調、北洋女子師範學堂監督，民國後，任總統府秘書、中央農事試驗所所長、直隸教育廳廳長。

麻勒吉　姓瓜爾佳，滿洲正黃旗人，字艮峯，順治九年壬辰，滿漢分榜，麻勒吉以翻譯舉人，會試第一，殿試一甲一名，授修撰。十年，世祖以其兼通滿漢文字，氣度老成，擢弘文殿侍講學士，十一年擢學士，充日講官，教習庶吉士，爲經筵講官，十五年以禮部侍郎兼武英殿學士，旋遷禮部右侍郎，十六年，雲南初定，發帑金三十萬，命麻勒吉與尙書伊圖、左都御史能圖往振，並按大將軍貝勒尙善，縱兵擾民狀，麻勒吉爲奏辦，尋安親王岳樂覆勘，尙善兵入永昌，掠民婦事實，麻勒吉坐徇庇奪職，十八年命以原銜入直，世祖薨，麻勒吉遵遺詔將事，旋授秘書院學士。康熙五年五月，擢刑部右侍郎，六年三月，改左侍郎，十二月，授江南江西總督，與蘇撫瑪祜疏濬吳淞江及劉河，以減蘇松各屬水患，並請免准揚被水冲沒田地歲賦，十年四月，京口將軍李顯貴以鎭江知府劉元輔被劾侵冒錢糧，坐不先舉發械繫至京候勘，尋命降二級復任，李劉處斬。十二年大計，左遷兵部督捕理事官，十六年，赴簡親王喇布軍，招撫吳三桂叛部，十七年四月，與侍郎石圖，前往雲南與平西王吳三桂面商機宜，七月為按固山貝子尙善一案，罪情多不相符革職，十八年六月，爲內秘書院學士。十二月，兼署廣西巡撫，招撫流亡，令歸故業，葺學宮，振興文教，最著效績。二十一年還京，二十三年，授步軍統領，二十八年卒。三十七年，兵部奏明黃明爲貴州參將上官斌等所擒，麻勒吉坐妄報奪官，江南人民以麻勒吉治績昭彰，功在地方，特在雨花臺立碑記績，祀名宦祠。

圖爾宸

滿洲正白旗人，字自中，順治十二年乙未殿試滿榜一甲一名，授修撰。累遷於康熙二十二年由陝西布政使，授內閣學士，二十五年二月，遷甘肅布政使，四月，擢陝西巡撫，二十六年正月，改禮部右侍郎，三月，調盛京工部侍郎，三十年十一月，授工部右侍郎，三十一年二月，改左侍郎，三十七年四月休致，尋卒。

第四卷　榜眼

呂纘祖　直隸滄州人（今河北滄縣），字伯承，順治三年丙戌殿試一甲二名，授編修。累遷侍讀學士。

程芳朝　江南桐城人（今安徽桐城），字其相，順治四年丁亥殿試一甲二名，授編修。歷內翰林國史院修撰、湖廣提學道、湖廣布政司右參議、左春坊左諭德，十年六月提督順天學政，十三年十一月，爲弘文院侍讀學士，十四年十月爲少詹兼侍講學士，康熙三年五月，爲諭祭安南國王黎維禔正使，與副使禮部郎中張易賁偕往安南。尋還，七年正月，擢太常寺卿。

熊伯龍　湖廣漢陽人（今湖北漢陽），字次侯，晚號鍾陵，順治五年戊子舉人，六年己丑殿試一甲二名，授編修。十三年正月，爲通鑑全書纂修官，歷侍讀，十六年提督直隸學政，十八年充武會試副考官，累遷內閣學士，兼禮部侍郎銜。伯龍屢司文柄，皆能得士，典試浙江，一榜得三狀元，乙未史大成、甲辰嚴我斯、庚戌蔡啓僔，士林榮之。其制舉文，雄渾雅健，與劉子壯齊名，時稱熊劉，古文亦樸茂，有貽穀堂詩文集。

張永祺　順天大興籍，江南宜興人（今江蘇宜興），字爾成，順治五年戊子舉人，九年壬辰殿試一甲三名，授編修。十二年，爲會試同考官，十三年正月爲通鑑全書纂修官，五月，爲國子監司業，十四年二月，爲內翰林國史院侍讀，累遷大理寺少卿。十七年為杜立德與胡兆龍訐奏一案，輒行疏辯，意存阿附，顯爲偏私，降三級調補山東登萊道參政，改江西按察使僉事，分巡湖東道。

戴王綸 直隸滄州人（今河北滄縣），字經碧，順治十二年乙未殿試一甲二名，授編修。累遷江西布政使司參議，督糧道。

父明說，崇禎四年辛未進士，官至戶部尚書。

弟王縉，順治十五年戊戌進士，官御史。

孫一致 江南鹽城人，字唯一，順治十五年戊戌殿試一甲二名，授編修。十六年爲會試同考官，累遷侍讀學士。

華亦祥 江南無錫人，字纘表，順治十四年丁酉舉人，十六年己亥殿試一甲二名，授編修。十八年爲會試同考官，累遷弘文院侍讀學士，旋卒。亦祥事親至孝，內行純備，歿時無以殮，其同年崑山徐元文、葉方藹爲之經紀喪葬。

李仙根 四川遂寧人，字子靜，順治十八年辛丑殿試一甲二名，授編修。康熙三年爲會試同考官，遷侍讀，七年，充安南宣諭使，八年六月還，九年九月，以翰林院侍講學士爲武會試副考官，十年正月，改侍讀學士，爲經筵講官，十一年七月，擢內閣學士兼禮部侍郎銜，十二年七月，爲太宗實錄纂修官，十三年吳三桂反，命赴荆州督理糧餉，十九年十月遷都察院左副都御史，二十年二月，改戶部右侍郎，二十三年七月，坐管理錢法失察，鐫四級去職。仙根工書法，贍文詞，有安南使事紀要。父石如，崇禎十六年癸未進士，官長洲知縣。

李元振　河南柘城人，字孟貞，崇禎十年生，順治十八年，捷會試，康熙三年甲辰殿試一甲二名，授編修。八年八月，爲順天鄉試正考官，歷左贊善，二十三年三月，爲日講起居注官，十月，爲順天武鄉試正考官，二十九年十月，以左通政遷太僕寺卿，旋改太常寺卿，三十年二月，改左副都御史，三十一年二月，遷工部右侍郎，尋改左侍郎，十月，轉兵部左侍郎，三十六年九月，以省親疏乞准假。四十年十二月，改兵部侍郎，四十一年六月，轉左侍郎，四十三年二月，坐內河外河分司侵蝕錢糧未經查出案，革職留任，四十六年七月，衰病乞休，五十八年卒於家，年八十四歲。元振在任時，釐剔積弊，人莫能欺，性好學，老猶不休，生平不干進，不苟得，不飾僞以釣名，不挾詐以御物。

張玉裁　江南丹徒人（今鎭江），字禮存，康熙六年丁未殿試一甲二名，授編修。九年爲會試同考官。玉裁九歲通五經，崇禎壬午領鄉薦、殿試對策，直刺部院督撫陋弊，極爲聖祖所賞識，讀卷者歎曰，此長沙痛哭書也。遂及第。父九徵，順治二年解元，十二年乙未進士，官河南僉事。弟玉書，字素存，順治十八年丁亥進士，由庶常授編修，累官文華殿大學士，卒贈太子太保，謚文貞。仕可，康熙十五年丙辰進士，累官辰沅靖道。恕可，康熙二十七年戊辰進士，杭州府知府。

侄逸少，字天門，玉書子，康熙三十三年甲戌進士，由庶常改知縣，遷知秦州，改編修，擢侍講學士。

孫在豐

浙江德清人，字屺瞻，順治元年生，康熙九年庚辰殿試一甲二名，授編修。十一年九月，爲順天武鄉試正考官，十二年二月，爲會試同考官，歷侍讀、翰林院侍講學士，二十年二月，爲日講起居注官，二十一年六月，充明史總裁官，九月，爲武會試副考官，二十二年二月，爲太祖高皇帝實錄纂修官，九月，擢內閣學士兼禮部侍郎銜，十一月，爲翰林院掌院學士，兼禮部侍郎，充經筵講官，二十三年一月，爲起居注官，教習庶吉士，二十四年二月，爲會試同考官，二十五年三月，改工部右侍郎，七月，督修下河，二十六年十一月，轉左侍郎，二十七年三月，坐前後言不讐，左遷侍讀學士，二十八年五月擢內閣學士兼禮部侍郎，八月卒。年四十有六。有扈從筆記、東巡日記、下河集思錄、學道堂詩文。

王度心

江南婁縣人（析置金山縣後，列爲金山），改名鴻緒，字季友，號橫雲，順治二年生，康熙十二年癸丑殿試一甲二名，授編修。十四年爲順天鄉試副考官，充日講起居注官，遷侍講，十八年十二月，爲明史纂修官，十九年五月，加侍讀學士銜，二十一年六月，充明史總裁，二十二年十二月，以左春坊左庶子，擢內閣學士兼禮部侍郎銜，旋授戶部右侍郎，二十四年二月遷戶部左侍郎，五月，充政治典訓副總裁官，九月，爲會試正考官，二十六年三月，擢左都御史，旋丁艱，三十八年九月休致。三十八年五月，召授工部尙書，四十二年十月，充日講起居注官。四十三年二月，坐內河外河分司侵蝕錢糧未經查出案革職留任，十二月，命准開復。四十七年五月，調戶部尙書，四十八年正月，以奏保儲貳，謀舉允禩，詔切責之，遂奉諭以原品致仕。五十三年三月，疏晉在籍所校訂前充明史總裁時撰擬之列傳二百〇八篇，奉諭宣付史館，以備修纂明史參考。五十七年十一月，復召入京修書，充省方盛典承修總裁官，在職又歷數年，雍正元年九月卒，年七十九歲，予祭葬。鴻緒邃於史學，張廷玉等所修明史，列傳多係依其原晉手稿增損而成，精於醫術，尤擅外科，有賜金園集、橫雲山人集、鴻緒外科等書，傳之於世。

父廣心，順治六年己丑進士，官御吏。

兄頊齡，字顓士，康熙十五年丙辰進士，十八年己未，召試博學鴻詞，取列一等，授編修。洊遷工部尙書、武英殿大學士、太子少保，雍正元年癸卯，重宴鹿鳴。晉太子太傅，三年卒，諡文恭。

弟九齡，字子武，康熙二十一年壬戌進士，由庶常授編修，累遷都察院左都御史，四十九年卒。

侄圖炳，字麐照，齡項子，康熙五十一年壬辰欽賜進士，授編修，累官禮部左侍郎。

孫興吾，字宗之，雍正五年丁未進士，由庶常授編修，累官吏部右侍郎。祖庚，雍正進士，累遷光祿寺卿。

曾孫紹曾，字衣聞，祖庚子，乾隆二十二年丁丑進士，由庶常授編修，累遷寧波府知府。顯曾，字周謹，紹曾弟，乾隆二十五年庚辰進士，累遷禮科給事中。姪曾孫嘉曾，字漢儀，圖炳孫，乾隆三十一年丙戌進士，由庶常授編修。錫奎，字文一，項齡孫興堯子，乾隆四十九年甲辰進士，由庶常授編修累遷潁州府知府。達，字達人，項齡曾孫，嘉慶六年辛酉進士，由庶常改郎縣知縣。

胡會恩

浙江德清人，字孟倫，號茗山，康熙十五年丙辰殿試一甲二名，授編修。二十五年三月，爲一統志纂修官，二十六年三月，以右中允充日講起居注官、大理寺少卿，三十七年授內閣學士，兼禮部侍郎銜，三十九年七月，擢兵部右侍郎，四十一年四月，改左侍郎，四十三年四月，遷禮部右侍郎管左侍郎事，四十八年二月，充經筵講官，九月，爲武會試正考官，五十年八月，轉吏部左侍郎管右侍郎事，十一月，改左侍郎，五十一年四月，擢刑部尚書，五十二年五月，乞休遷葬，五十四年十月卒。會恩大儒渭之從子，幼從渭學，深得精奥，生平以勤愼稱，有清芬堂集。

孫卓

安徽宣城人，字子立，康熙十八年己未殿試一甲二名，授編修。二十一年正月，因安南復入貢，與禮制司郎中周燦同往該國，册封黎維禎爲國王，仍賜御書忠孝守邦扁額，尋還。歷侍讀、侍讀學士、通政使兼太常寺卿，於雍正五年十一月，授禮部右侍郎，七年五月，自陳年老乞休，奉諭孫卓在太常寺年久，諸事尚爲熟練，着降補太常寺卿。十年五月，坐案解職。

吳　涵

浙江石門人（今崇德），字容大，號非崖，康熙二十一年壬戌殿試一甲二名，授編修。二十四年二月，爲會試同考官，二十七年七月，充日講起居注官、一統志纂修官，三十六年八月，以左通政授太僕寺卿，三十七年七月，遷左副都御史，三十八年九月，轉工部右侍郎，三十九年十一月，改刑部右侍郎，四十一年六月，遷吏部右侍郎，兼翰林院掌院學士，四十二年二月，爲會試副考官，四月，充日講起居注官，教習庶吉士，四十三年九月，充經筵講官，十月，擢左都御史，仍兼翰林院掌院學士，教習庶吉士如故，四十五年三月，因病乞休，四十八年十月卒。涵嘗疏請禁止湖南加派，安插四川流民，官吏部時，釐清銓法，吏不得上下其手，裨益吏治，殊非淺鮮。子關杰，字見山，康熙四十五年丙戌進士，由庶常授檢討，累遷鴻臚寺少卿。

陳元龍

浙江海寧人，字廣陵，號簡齋，康熙二十四年乙丑殿試一甲二名，授編修。二十五年五月，遷侍讀，充日講起居注官，二十七年爲會試同考官，二十八年九月，休致回籍，旋改右春坊右庶子，三十八年閏七月，爲陝西鄉試正考官，擢侍讀學士，四十二年十月，遷少詹，爲經筵講官，四十三年五月，請假省親，尋擢詹事，四十九年四月，爲翰林院掌院學士，兼禮部右侍郎，充日講起居注官，九月，爲經筵講官，十月教習庶吉士，五十年二月，改吏部右侍郎，仍管翰林院事，四月轉左侍郎，八月，授廣西巡撫，在桂七年，吏畏民懷，所建陡河石堤及三十六陡門，盡復漢馬援、唐李渤故績。五十七年九月，授工部尙書，六十年十二月，改禮部尙書，六十一年二月，教習庶吉士，十二月，遷兵部尙書，雍正七年正月，由禮部尙書命爲額外大學士，尋授文華殿大學士，兼禮部尙書。十一年七月予告，加太子太傅。乾隆元年十一月卒。謚文簡，有愛日堂文集。元龍嘗於己未應會試，因乃岳長洲宋文恪公充總裁，迴避不與試，事聞聖祖，曰翁壻何迴避之有，可趣令入試，時已亭午，奉旨特送入場，傳爲科場佳話，卒以避嫌屏斥。叔祖之遴，字素菴，崇禎進士，入清累官弘文院大學士，加少保，兼太子太保，有浮雲集。

從兄論，字謝浮，康熙三年甲辰進士，選庶常，累官刑部右侍郎。

從弟世倌，字秉之，康熙四十二年癸未進士，由庶常授編修，累官文淵閣大學士、太子太保，謚文勤。世𠌫，世倌兄，康熙四十五年丙戌進士，官至建昌府知府。世侃，字闇齋，世倌弟，康熙五十二年癸巳進士，由庶常授檢討。世臣，世倌弟，康熙五十四年乙未進士，由庶常授檢討。

子邦直，康熙五十四年乙未進士，由庶常授編修。

姪邦彥，康熙四十二年進士，累官禮部右侍郎。

查嗣韓

浙江海寧人，字荊州，康熙二十六年順天鄉試，以五經中式，特賜舉人，二十七年戊辰殿試一甲二名，授編修。三十年爲會試同考官，三十八年九月，充順天武鄉試副考官。

弟嗣瑮，字德尹，號查浦，康熙三十九年庚辰進士，由庶常授編修，遷右中允，歷侍講，提督順天學政。

從弟嗣璉，字夏重，更名愼行，改字悔餘，康熙四十二年癸未進士，由庶常授編修。

嗣庭，字橫浦，嗣璉弟，康熙四十五年丙戌進士，由庶常授編修，累遷少詹、禮部左侍郎，雍正四年九月，爲典試江西鄉試出題被議譏刺時事，在獄病故，戮尸示衆。

吳昺

安徽全椒人，字永年，康熙三十年辛未殿試一甲二名，授編修。充滿漢書教習，四十五年爲會試同考官，遷侍講，四十九年十月，提督湖廣學政。

父國龍，崇禎十六年癸未進士，官禮科給事中。

伯國對，順治十五年戊戌探花，另有記。國鼎，崇禎十六年癸未進士，官內閣中書。國縉，崇禎十年丁丑進士，江寧府教授。

兄晟，康熙十五年丙辰進士，官寧化縣知縣。

顧圖河　江蘇江都人，字書宣，順治十二年生，康熙三十三年甲戌殿試一甲二名，授編修。四十四年六月，爲日講起居注官，直南書房，十二月，提督湖廣學政，四十五年爲會試同考官，五十五年春，卒於任，抵任才三月耳，年五十二歲。圖河淹治經史，工詩，書法得虞褚風格，嘗與修一統志皇輿表，考核精詳，同館推爲鉅手，有雄雉齊集。

嚴虞惇　江蘇華亭人，字寶成，號思菴，順治七年生，康熙三十六年丁丑殿試一甲二名，授編修。幼能背誦九經三史，既入翰林，館閣文字，多出其手，三十八年科場獄興，虞惇子姪是科獲雋，考官李蟠、姜宸英，皆同年友，涉嫌鐫級，閒居數年，五十年五月，以大理寺寺丞，充四川鄉試副考官，尋起大理寺少卿，平反內務府殺人移獄被誣者，遷太僕寺少卿，五十一年十二月，充湖廣鄉試正考官，五十二年卒於官，年六十四歲。乾隆二十九年十二月，入祀賢良祠。著讀詩質疑，折衷毛朱，有功史學，爲文與歐曾相近，江南人士彙刻其文曰嚴太僕集，以繼有明歸太僕有光云。

季　愈　江蘇寶應人，字退如，康熙三十九年庚辰殿試一甲二名，授編修。四十五年爲會試同考官，遷右中允。四十七年十月充順天武鄉試正考官，四十八年二月提督廣西學政。

趙　晉　福建閩縣人，字晝三，一字二令，康熙四十二年癸未殿試一甲二名，授編修。四十四年六月，爲江西鄉試正考官，十二月提督陝西學政，五十年六月，充江南鄉試副考官，五十一年五月，爲吳泌等賄賣舉人被劾，革職論斬，五十三年二月，在揚州府監內自縊而死，乃成疑案，牽涉多人，嗣經查明未死一節，實係傳言，五十五年二月，始行結案。

呂葆中

浙江石門人（今崇德），字無黨，康熙四十五年丙戌殿試一甲二名，授編修。以一念和尚逆案株連，憂懼而卒。雍正七年五月，湖南靖州人曾靜案發，葆中及其父晚村俱已先卒，詔皆剖棺剉尸梟示，弟毅中等皆斬，沈在寬則凌遲處死。

戴名世

安徽桐城人，字田有，順治十年生，康熙四十八年己丑會試第一殿試一甲二名，授編修。時年五十有七歲，生而才辯儁逸，課徒自給，以制舉業食廩，考得貢補正藍旗教習，授知縣，棄不就，往來燕趙齊魯河洛間，賣文爲活，留心有明一代史事，網羅放失，時訪明季遺老，考求故事，常著文以自抒湮鬱氣，逸發不可控御，巨公貴人畏其口，尤嫉忌之。時詔修明史已數十年，而館臣採錄遺書，率多忌諱，致屢裁稿而未告成，名世心竊痛之，因著孑遺錄以見其概。又與其門人金生書，謂以弘光之帝南京，隆武之帝閩越，永曆之帝西南，地方數千里，歷時十數年曾不得如昭烈之在蜀，帝昺之在厓，史家猶得以備書其事，近日方寬文字之禁，而天下所以避忌諱者萬端，終明之世，三百年無史，豈不可歎，書中又引學士方孝標所著滇黔記聞，稱其考據確覈，載入南山集中，五十年，左都御史趙申嚮劾之，遂與大獄，五十二年，名世與門人尤雲鶚俱論死，年六十一歲，株連獲譴者，凡三百餘人，爲清代文字巨獄之一。名世爲文善敍事，著述皆燬禁，久乃始傳於世。

沈樹本

浙江歸安人（今吳興），字厚餘，號操堂，晚號鯩翁，康熙五十一年壬辰殿試一甲二名，授編修。樹本生平恬澹，無意仕進，乃乞養歸，久主安定書院，以獎掖後學爲己任，有鯩翁詩集、德本錄。

父三曾，字尹斌，康熙十五年丙辰進士，由庶常授編修，遷右贊善。

子榮仁，字勉之，雍正元年癸卯進士，由庶常授編修。榮光，字葆之，乾隆元年丙辰進士，由庶常授編修。

任蘭枝

江蘇溧陽人，字香谷，號隨齋，康熙十六年生，五十二年癸巳殿試一甲二名，授編修。雍正元年二月，爲江西鄉試副考官，四月充日講起居注官，直南書房，九月，提督四川學政，五年二月，以侍讀學士爲會試同考官，四月，以少詹遷內閣學士，與安南定界，偕左副都御史杭奕祿詔宣諭，使還，遷戶部左侍郎。七年七月，爲浙江鄉試正考官，八年二月，爲會試副考官，六月，教習庶吉士，九年正月，轉兵部右侍郎，二月，兼內閣學士行走，並暫署刑部侍郎事，十二月，改吏部右侍郎，十年二月，辦理刑部侍郎事，十月，轉左侍郎，諭命與左都御史吳士玉將賢良祠王大臣事跡立傳擬稿進呈，十一年二月，充經筵講官，並爲會試副考官，四月充一統志總裁官，六月，教習庶吉士，十三年九月，充世宗實錄館副總裁。十月，擢禮部尚書，乾隆三年十月，改戶部，四年正月，復任禮部尚書，七年正月，改兵部尚書，七月，調禮部，十年十月，以年老乞休，十一年卒，年七十歲。

弟芝發，字香山，雍正元年癸卯進士，官戶部主事。

子端書，字搢思，乾隆二年丁巳恩科探花，另有記。

定界詔曰，朕前令守土各官，清釐疆界，未及於安南也。總督高其倬，職任封疆，考志乘，訪輿論，知開化府與安南分界，當在逢春里之賭咒河，乃奏聞設汛。王疏陳，復命總督鄂爾泰秉公辦理，鄂爾泰體朕懷遠之心，定界於鉛山下小河。縮地八十里，誠爲仁至義盡，此皆地方大臣職分所當爲。朕統馭寰區，凡屬臣服之邦，皆隸版籍，安南既列藩封，尺地莫非吾土，何必較論此區區四十里之地，若王以至情懇求，朕何難開恩錫與，祇以兩督臣定界時，王激切奏請，過於觖望，失事上之禮，朕亦無從施惠。頃鄂爾泰本章呈奏，詞意虔恭，王既知臣禮，朕自可加恩將此地仍賜王世守，並遣大臣前往宣諭恩德，王其知朕意。

繆曰藻

江蘇吳縣人，字文子，號南有居士，康熙二十一年生，五十四年乙未殿試一甲二名，授編修。雍正四年十月，以司經局洗馬，署日講起居注官，八年二月，爲會試同考官，十年十一月，提督廣東肇高學政，以失察所屬鐫級，高宗登極，詔復原官，以母老辭，遂不復出。曰藻性孝友，善鑑別書畫，有寓意錄，乾隆二十六年卒，年八十歲。
父彤，康熙六年丁未狀元，另有記。
弟曰芑，字武子，雍正元年癸卯進士，由庶常授編修。
子敦仁，字義之，乾隆四年己未進士，選庶常。遵義，乾隆二年丁巳恩科進士，官知縣。

張廷璐

安徽桐城人，字寶臣，康熙五十七年戊戌殿試一甲二名，授編修。歷中允，雍正元年正月，爲福建鄉試正考官，四月，充日講起居注官，直南書房，遷侍讀學士，九月，提督河南學政，坐事奪職，改國子監祭酒，尋起侍講，遷詹事，四年十月，爲順天鄉試正考官，七年十月，提督江蘇學政，十年二月，以吏部右侍郎辦理刑部侍郎事。閏六月，爲浙江鄉試正考官，提督江蘇學政，十一月任滿留任，十一年六月，擢禮部右侍郎，仍留江蘇學政，九月，改左侍郎，留督學任如故，十三年十月，仍留江蘇學政，明年九月，回部辦事，先後在禮部十二年，屢典會試，充知貢舉，乾隆四年九月，爲武會試副考官，六年六月，爲江西鄉試正考官，七年二月，充會試知貢舉，九年三月休致。廷璐爲學原本經史，工詩及古文，有詠花軒詩集。
父英，字敦復，康熙六年進士，由庶常授編修，累官文華殿大學士、太子太保，卒加少保，諡文端，入祀賢良祠。
兄廷瓚，字卣城，康熙十八年己未進士，由庶常授編修，累官侍讀學士。廷玉，字衡臣，康熙三十九年庚辰進士，由庶常授檢討，累官保和殿大學士、太子太保、三等勤宣伯，加太保，諡文和，配饗太廟，入祀賢良祠。
弟廷瑑，字桓臣，雍正元年癸卯恩科進士，由庶常授編修，累官工部左侍郎。
子若需，字樹彤，乾隆二年丁巳恩科進士，由庶常授編修，累官侍講學士。
侄若靄，廷玉長子，雍正十一年癸丑進士，由庶常授編修，累官內閣學士、禮部侍郎銜，襲伯爵。若潭，乾隆元年丙辰進士，由庶常授檢討。若澄，字鏡壑，廷玉次子，乾隆十年乙丑進士，由庶常授編修，累官內閣學士，兼禮部侍郎銜。
孫曾敞，字愷似，若需子，乾隆十六年辛未進士，由庶常授編修，累官詹事府少詹。
曾孫元宰，嘉慶七年壬戌進士，由庶常授編修。
玄孫聰賢，字燮濤，嘉慶十年乙丑進士，選庶常，改甘泉知縣、潼關廳同知。
張氏於清初一百三十餘年間，六世翰林，父子宰輔，一門翰林十二人，科名之盛，世無倫匹，天下羡稱，歎爲異數。

吳文煥

福建長樂人，字觀侯，號劍虹，康熙六十年辛丑殿試一甲二名，授編修。雍正十年六月，充陝西鄉試正考官，乾隆三年五月，記名以御史用，累遷湖廣道監察御史。旋引疾歸，不復出。

戴　瀚　江蘇上元人（今江寧），字巨川，號雪村，雍正元年癸卯恩科殿試一甲二名，授編修。遷右庶子，在南書房行走，二年二月，爲會試同考官，十二月署日講起居注官，四年四月，充貴州鄉試副考官，七年七月，以左春坊左庶子，提督福建學政，遷翰林院侍講學士，十三年六月，充日講起居注官，八月，以侍講學士，充順天府鄉試副考官，因解元許秉智舞弊案革職，並依律杖一百，徒三年，後謫居吳江，善畫馬，性愛梅，常放櫂太湖，徜徉鄧尉，恣意探討，工詩詞古文，有探梅集、雪村詩稿。

王安國　江蘇高郵人，字書城，號春圃，康熙三十三年生，雍正二年甲辰會元，殿試一甲二名，授編修。遷侍講，十年閏五月，充福建鄉試正考官，十一年三月，擢國子監司業，充日講起居注官，十三年八月提督廣東肇高學政，乾隆四年五月，由左僉都御史，轉左副都御史，十一月，遷刑部右侍郎，五年三月，改左侍郎，九月，擢左都御史，十月，兼管廣東巡撫，署理兩廣總督，九年正月，遷兵部尚書，尋丁父憂開缺，十年十一月，以服制將滿，補授禮部尚書，命服闋赴部辦事，十一年二月，署日講起居注官，十二年二月，充會典總裁官，三月，充日講起居注官，十五年正月，充經筵講官，二十年五月，轉吏部尚書，明年十一月，疏乞假爲父母改葬，高宗以開年將南巡，諭俟期扈行，是年冬病作，二十二年二月卒，年六十四歲，謚文肅，賜白金五百兩治喪。安國起家寒素，初入仕，謁大學士朱軾，軾戒之曰，學人通籍後，惟留得本來面目爲難。安國誦其語，終身衣食器用，不改於舊，官京師時，每登早朝，家不舉火，常懷餅餌數枚充飢而已，其貧窶如斯，履懿親王與之善，嘗資助之，公辭不受，曰，忝九列，不敢與王私交也，生平深研經籍，不雜世事。

鄧啓元　福建德化人，字幼常，號允庭，雍正五年丁未殿試一甲二名，授編修。十年六月充湖北鄉試副考官，旋卒。

子念孫，字懷祖，乾隆四十年乙未進士，選庶常，累官永定河道。有詩文集。孫引之，字伯申，嘉慶四年己未探花，另有記。

沈昌宇　浙江秀水人（今嘉興），字泰叔，號定巖，康熙三十九年生，雍正八年庚戌會元，殿試一甲二名，授編修。十三年五月，爲廣西鄉試正考官，乾隆元年七月爲河南鄉試副考官，三年七月，爲山西鄉試正考官，十一月，督學廣東肇高，列讀書規則以教多士，時謂惠士奇後一人，使還，乾隆九年卒，年四十五歲。兄昌寅，雍正八年同榜進士，官工部主事。

田志勤　順天大興人，字崇廣，雍正十一年癸丑殿試一甲二名，授編修。遷侍講。乾隆九年四月，充貴州鄉試正考官。

黃孫懋　山東曲阜人，字訓昭，乾隆元年丙辰殿試一甲二名，授編修。五月，南書房行走，旋遷侍讀，五年七月，充日講起居注官，六年五月，由少詹擢詹事，六月，遷內閣學士，兼禮部侍郎銜。

林枝春

福建福清人，閩縣籍，字繼仁，一字青圃，乾隆二年丁巳恩科殿試一甲二名，授編修。遷侍講，六年十二月，提督河南學政，改右通政，仍任學政，後丁憂卸任，十二年六月，起右通政原官，十月，提督江西學政，十三年四月，轉左通政（自此左通政改爲通政副使）。未幾鐫級去職。

涂逢震

江西南昌人，字鶩百，號石溪，乾隆四年己未殿試一甲二名，授編修。六年五月，爲湖南鄉試正考官，七年二月，爲會試同考官，八年二月，充淮徐揚海四府州宣諭化導使，九年擢侍讀學士，十年四月，在上書房行走，五月，遷內閣學士，兼禮部侍郎，九月，爲武會試正考官，十二月，授工部左侍郎，十三年五月，坐大行皇后册寶一事，並不敬謹，因循玩忽，降四級調用，旋左遷太常寺少卿，改通政司副使，二十二年十月，爲蔣炳黨庇楊灝一案，降一級留任。逢震自編修至卿貳，時僅五載，儒臣遭遇之隆，莫與爲比。

楊述曾

江蘇陽湖人（今武進），字二思，號企山，乾隆七年壬戌殿試一甲二名，授編修，十年二月，爲會試同考官，十二年四月，爲雲南鄉試副考官，十五年五月，爲廣東鄉試副考官，十六年十二月，爲陝西鄉試副考官，十七年六月，大考一等，遷侍讀，二十三年三月，大考翰詹，名列四等，降編修，三十六年六月，以侍讀爲陝西鄉試正考官，三十一年四月，署日講起居注官，預修通鑑輯覽，垂成而卒，贈侍讀學士。

曾祖廷鑑，崇禎十六年癸未狀元。

祖大鶴，字九皐，號芝田，康熙十八年己未進士由庶常授編修，有春秋屬釋比事、史漢注辨悞、二十一史姓氏考、詩文稿。

伯祖大鯤，字陶雲，一字九搏，順治十六年己亥進士，選庶常，累官山東按察使。

父椿，字農先，康熙五十七年戊戌進士，由庶常授檢討，累遷侍讀學士，有孟鄰堂集、古周易尚書定本、詩經釋辨、春秋類考、周禮訂疑、明史賸稿長篇、稽古錄、水經注廣釋、古今類纂。

莊存與

江蘇武進人，字方耕，康熙五十八年生，乾隆十年乙丑殿試一甲二名，授編修。十三年五月，教習期滿，再留館三年，十六年十二月，爲湖北鄉試副考官，十七年六月，大考一等擢侍講，在南書房行走，十八年六月，以侍讀學士爲湖北鄉試正考官，遷少詹，九月，提督湖南學政，二十年六月遷內閣學士，兼禮部侍郎銜，二十一年六月爲浙江鄉試正考官，九月，督學直隸，二十三年二月，因考旗生喧鬧一案革職，旋以所錄尚屬秉公，着改革職仍留內閣學士之任，四月，擢禮部右侍郎，二十七年正月改內閣學士，旋丁憂，服闋，三十三年十月，在上書房行走，三十六年三月，爲會試副考官，六月，爲浙江鄉試正考官，三十七年七月，教習庶吉士，三十八年九月，轉禮部右侍郎，三十九年九月，充山東學政，尋調河南，四十一年六月，丁憂解任，四十四年六月，服闋，起任故官，四十七年正月，上書房行走，四十九年二月，改左侍郎，三月，爲會試知貢舉，五十一年正月乞休，允之。五十三年卒，年七十歲。存與久任禮部，屢典鄉會，性廉鯁，典試浙江時，巡撫饋以金，不受，遺以二品服，受之。及塗，從者以告曰，冠頂眞珊瑚也，値千金，存與聞之，責其何不早白，馳千餘里還之。通六經，尤長於書，有易說、毛詩說、周官說、尙書說、尙書既見、周官記、春秋正辭、樂說、四書說、算法約言、味經齋文稿等書。

弟培因，乾隆十九年甲戌狀元，另有記。

子通敏，乾隆三十七年壬辰進士，由庶常授編修，歷右春坊中允。

陳　桝

浙江仁和人（今杭縣），字東麓，號春齋，原籍上虞，乾隆十三年戊辰殿試一甲二名，授編修。

饒學曙

江西廣昌人，字䞮南，號雲浦，又號筠圃，乾隆十六年辛未殿試一甲二名，授編修。十八年八月，爲順天鄉試同考官，二十年五月因胡中藻案，降三級調用，從寬留編修任，累遷右中允，二十五年四月，充雲南鄉試副考官，轉侍讀。二十七年十月，爲順天武鄉試副考官，二十八年二月，充日講起居注官。五月，大考翰詹，名列三等，降補編修，三十三年四月，大考名列二等，九月，充日講起居注官。

范棫士　江蘇華亭人（今松江），字祖年，號芃野，乾隆十七年壬申恩科殿試一甲二名，授編修。二十一年爲順天鄉試同考官，改御史，遷工科掌印給事中。

王鳴盛　江蘇嘉定人，字鳳喈，號西莊，一字禮堂，晚號西沚，康熙六十一年生。乾隆十九年甲戌殿試一甲二名，授編修。二十三年大考翰詹第一，擢翰林院侍讀學士，爲福建鄉試主考官，二十四年三月，爲日講起居注官，四月，京察一等，六月，爲福建鄉試正考官，七月，授內閣學士，兼禮部侍郎銜，十二月，坐濫支驛馬，二十五年四月，左遷光祿寺卿，旋丁內艱，遂不復出，居蘇三十年，鍵戶讀書，嘉慶二年卒，年七十六歲。鳴盛幼從長洲沈德潛受詩後，又從惠棟問經義，遂通漢學，性儉素，無聲色玩好之娛，晏坐一室，咿唔如寒士，著有尚書後案三十卷，專述鄭康成之學，周禮軍賦說四卷，發明鄭氏之旨，十七史商榷一百卷，於一史中紀念表傳，互相稽考，因而得其異同，證其舛誤，蛾術篇一百卷，其目凡十，說錄，說字，說地，說制，說人，說物，說集，說刻，說通，說系，蓋仿王應麟、顧炎武之意，而引援尤博，詩以才輔學，以韻達情，古文用歐曾之法，闡許鄭之義，有耕養齋集、西沚居士集四十卷。

梅立本　安徽宣城人，字秋竣，一字望園，乾隆二十二年丁丑殿試一甲二名，授編修。二十六年五月，補行散館，二十七年六月，爲江西鄉試副考官，二十八年二月，爲會試同考官，三十年，提督廣西學政。三十三年六月，因逼索供應，凌辱陸川知縣楊褳，忿恨自刎一案，革職拿問，交該撫審訊，定擬趕入本年秋審情實，以昭炯戒。

父予援，乾隆七年壬戌進士，官徐州府教授。

諸重光　浙江餘姚人，字申之，號桐嶼，先以舉人任內閣中書，二十四年四月，京察一等，加一級，乾隆二十五年庚辰殿試一甲二名，授編修。二十七年十一月，爲山東鄉試正考官，明年二月，爲會試同考官，累遷辰州府知府，三十一年七月，因辦災不力，玩視民瘼，革職。

胡高望　浙江仁和人（今杭縣），字希昌，號崑圃，又號豫堂，以內閣中書，預乾隆二十六年辛巳恩科殿試一甲二名，授編修。三十三年四月大考翰詹，遷侍讀，五月，充日講起居注官，三十四年二月，以左春坊左庶子在上書房行走，三十六年七月，爲山東鄉試正考官，三十九年九月，督學湖北，四十年十月，擢詹事，十一月轉內閣學士，四十三年九月，爲武會試正考官，四十四年二月，爲四庫全書館總閱，七月，爲山東鄉試正考官，十二月，遷工部右侍郎，四十五年三月，爲會試副考官，八月，提督江西學政，四十七年四月，轉左侍郎，四十九年三月，爲會試副考官。七月，坐督學江西任內，未將各屬鎗冒等弊具奏，降二級留任，十二月，改署內閣學士，五十年三月，充文淵閣直閣事。五十一年三月，轉內閣學士，八月，爲順天鄉試副考官，五十三年六月，爲江南鄉試正考官，五十四年三月，坐上書房曠班不到，降三級留任。六月，再任江南鄉試正考官，八月，提督江蘇學政，五十五年三月，爲會試副考官，五十七年八月，任滿留任。五十五年七月，改兵部右侍郎，六十年八月，調吏部右侍郎，嘉慶元年正月，改左侍郎，充經筵講官，在南書房行走，四月，爲殿試讀卷官，二年八月，授左都御史，三年二月卒於官。五年二月，以高望久直上書房，又曾在南書房行走，均屬勤愼，補予卹典，四月，謚文恪，入祀鄉賢祠。

沈初

浙江平湖人，字景初，號雲椒，雍正十三年生，乾隆二十七年三月，高宗南巡，召試特賜舉人，授內閣中書，二十八年癸未殿試一甲二名，授編修。三十二年入直懋勤殿，三十三年九月，署日講起居注官，旋擢侍講，三十六年六月，直南書房，九月，提督河南學政，未到任，丁祖母承重憂，三十九年九月，服闋，遷右庶子，歷少詹，四十一年正月，擢詹事，授禮部右侍郎，九月，充四庫全書處副總裁，明年八月，提督福建學政，尋丁本生父憂，四十五年九月服闋，起任兵部右侍郎，四十六年二月，充三通館總裁，三月，爲會試副考官，四十七年五月，以母病乞假歸里終養。五十年五月服闋，起補兵部右侍郎，提督直隸學政，五十一年，改督江蘇學政，五十二年二月，轉左侍郎，五十四年四月，爲殿試讀卷官，十二月，充經筵講官，五十五年在江蘇任滿回京，七月，改吏部左侍郎，五十六年十一月，校勘石經，五十七年八月，提督江西學政，續編石渠寶笈、秘殿珠林，嘉慶元年三月，知貢舉，四月，爲殿試讀卷官，六月，擢左都御史，十月，在軍機處學習行走，同月，遷兵部尙書，二年二月，改吏部尙書，八月，轉戶部，三年八月，爲順天鄉試正考官，四年正月，以年老免在軍機處並無庸在南書房行走，三月，卒於任，年六十五歲，諡文恪，入祀賢良祠，有蘭韻堂集。

姚　頤

江西泰和人，字震初，號雪門，乾隆三十一年丙戌殿試一甲二名，授編修。三十五年五月，爲貴州鄉試正考官，旋擢侍講，四十二年九月，督學湖南，四十八年正月，以陝西督糧道擢湖南按察使，五十二年十月，在上書房行走，三月，改甘肅按察使。

徐天柱

浙江德清人，字擎士，乾隆三十四年己丑殿試一甲二名，授編修。

太高祖倬，字方虎，號蘋村，康熙十二年癸丑進士，由庶常授編修。累官禮部左侍郎，年九十卒。

高祖元正，字子貞，號靜園，康熙二十四年乙丑進士，由庶常授編修，累官工部尙書。

祖以升，字階五，號恕齋，雍正元年癸卯恩科進士，由庶常授編修，累官廣東按察使。

父開厚，字恭壽，乾隆十年乙丑進士，由庶常授編修。

兄天驥，字德上，乾隆二十六年辛巳進士。

王　增　浙江會稽人（今紹興），字方川，一字巳亭，號西霞，乾隆三十六年辛卯殿試一甲二名，授編修。改祥符縣知縣

孫辰東　浙江歸安人（今吳興），原名宸，字楓培，號遲舟，乾隆三十七年壬辰會元，殿試一甲二名，授編修。四十五年三月，充會試同考官，卒於簾中。子憲緒，乾隆六十年乙卯恩科進士，累官保定府知府。

汪　鏞　山東歷城人，字東序，號芝田，乾隆四十年乙未殿試一甲二名，授編修。四十四年五月，為廣東鄉試副考官，四十五年八月，提督陝西學政，旋因生員滋事，降調離任，四十七年三月，仍賞給編修，革職留任。五十六年二月，大考罰俸二年。歷御史、兵科給事中，遷順天府府丞。嘉慶八年十一月，改大理寺少卿，旋遷通政司參議，十二年八月，為陝甘學政，十三年六月，擢光祿寺卿，旋改順天府府丞，十八年二月，以年老著原品休致。鏞以傳臚未到，未受職先已罰俸，官編修幾三十年，垂老始改御史。

蔡廷衡　浙江仁和人（今杭縣），字小霞，一字咸一，乾隆四十三年戊戌殿試一甲二名，授編修。五十年二月，大考擢侍講，旋以道府分省甘肅，嘉慶八年十二月，以甘肅按察使，遷布政使，旋改陝西布政使。十二年六月，護理陝甘總督。子振武，字宜之，道光十六年丙申恩科進士，由庶常授編修。累官雲南布政使。

江德量　江蘇儀徵人，字成嘉，號秋史，乾隆十七年生，四十五年庚子恩科殿試一甲二名，

授編修。改江西道監察御史，五十八年卒，年四十二歲。德量幼承家學，及長與汪中友，勵志肄經，學益進，居朝多識舊聞，博通掌故，公暇鍵戶，以文籍自娛，精於小學，好藏碑帖名書畫古錢，著古泉志三十卷，又撰廣雅疏，未成而卒，時人惜之。

陳萬青　浙江石門人（今崇德），字遠山，乾隆四十六年辛丑殿試一甲二名，授編修。五十年二月，大考擢侍講，五十一年七月，爲江西鄉試正考官，五十六年二月，大考降編修。五十九年七月，爲山東鄉試副考官，六十年五月，爲廣東鄉試正考官，八月，提督陝甘學政。嘉慶五年七月，爲江南鄉試正考官。弟萬全，字畯羣，乾隆四十九年甲辰進士，由庶常授檢討，累遷於嘉慶五年授兵部左侍郎，七年正月，以病免。

邵　瑛　浙江餘姚人，字瑤圃，乾隆四十九年甲辰殿試一甲二名，授編修。五十六年二月，大考罰俸二年。

孫星衍　江蘇陽湖人（今武進），字淵如，一字伯淵，號季逑，乾隆十八年生，五十一年舉於鄉，五十二年丁未殿試一甲二名，授編修。充三通館校理，時和珅當國，知其才，欲一見，卒不往，五十四年散館，例可除員外郎，以不黨於和，改刑部主事，洊升郎中，六十年授兗沂曹濟道，嘉慶元年，權按察使凡七閱月，四年，丁內艱歸，浙江巡撫阮元，聘主詁經精舍，服闋入都，仍發山東，十年補督糧道，十二年權山東布政使，十六年引疾歸，二十三年卒，年六十六歲。星衍幼好學，年十四，能背誦全部文選，及長博極羣書，勤於著述，又好聚藏，聞人家藏善本，借鈔無虛日，金石文字，靡不考其原委，深究經史音訓之學，旁及諸子百家，文在六朝漢魏間，與同里洪亮吉齊名，書工隸篆，亦擅行草，累主鍾山書院，有尚書今古文注疏三十九卷，周易集解十卷，夏小正傳校正三卷，明堂考三卷，考注春秋別典十五卷，爾雅廣雅詁訓韻編五卷，魏三體石經殘字考一卷，孔子集語十七卷，晏子春秋音義二卷，史記天官書考證十卷，建立伏博士始末二卷，寰宇訪碑錄十二卷，平津館金石萃編二十卷，續古文苑二十卷，孫氏家藏書目內外編、問字堂、岱南閣、五松園、平津館文稿、芳茂山人詩錄二十五卷。並纂輯三水縣志、醴泉縣志。

汪廷珍

江蘇山陽人（今淮安），字瑟庵，一字玉粲，乾隆二十二年生，五十四年己酉恩科殿試一甲二名，授編修。五十六年二月，大考翰詹，名列二等，擢侍讀，尋遷國子監祭酒，十一月，校勘石經，六十年以忤旨降侍講，嘉慶元年十二月，入直上書房，三年三月，大考取列第四，擢侍講學士，旋丁內艱，服闋後，起原官，六年七月，署日講起居注官，七年八月，提督安徽學政，十一年十一月，提督江西學政，十二月，遷太僕寺卿，十二年四月，擢內閣學士兼禮部侍郎銜，留學政任。十六年五月，教習熙吉士，留任學政如故，十一月，遷禮部右侍郎，十七年二月，充武英殿總裁官，十一月，復直上書房，侍宣宗讀，十八年六月，爲浙江鄉試正考官，八月，督學浙江，九月，改左侍郎，留任學政，任滿還京，二十一年十二月，在上書房行走，二十二年三月，署翰林院掌院學士，兼教習庶吉士，尋擢左都御史，四月，充上書房總師傅，二十三年三月，改禮部尚書，八月，爲順天鄉試正考官，二十四年九月，坐自慶服色未經照例，降左侍郎，二十五年三月，再任左都御史，九月，充嘉慶實錄總裁官，復任禮部尚書，道光二年三月，爲會試副考官，教習庶吉士，八月，署戶部尚書，十二月，管理國子監事，兼署左都御史，三年二月，宣宗釋奠文廟禮成，臨辛辟雍，以廷珍蒙皇考簡用上書房師傅，朝夕講論非法不道，使朕通經義，辨邪正，受益良多，畀以尚書之任，盡心厥職，於師道臣道，可謂兼備，爲示崇儒重道，特加太子太保，用示崇儒道之意。三月，再爲會試副考官，四年七月，馳赴江南查看高堰漫口，五年六月，協辦大學士事，六年四月，教習庶吉士，七年六月，因病賞假，七月卒於官，優詔賜恤，贈太子太師，入祀賢良祠，謚文端。廷珍少孤，母程撫之成人，家道中落，歲凶饘粥或不給，不令人知，力學，屢應鄉試不售，歷十載，始獲雋，初爲祭酒，以師道自居，選成均課士錄教學者，及爲學政，作學約五則以訓士，曰辨塗，曰端本，曰敬業，曰裁僞，曰自立，與士語，諄諄如父兄之於子弟，所刻試牘，取易修辭之旨，曰立誠編，士風爲之一變，廷珍風裁嚴峻，立朝無所親附，出入內廷，寸止不失尺度，僚寀見之，莫不肅然。自言生平力戒刻薄，服用儉樸，凡貪冒諂諛，有不忍為，皆守母教，蘇人崇為鄉賢。有實事求是齋詩文集。

洪亮吉

江蘇陽湖人（今武進），字稚存，一字君直，號北江，晚號更生居士，乾隆十一年生，五十五年庚戌殿試一甲二名，授編修。未散館，分校順天鄉試，五十七年八月，督學貴州，以古學教士，地僻無書籍，令人於江浙購十四經、二十二史、資治通鑑、通典、通考、文選、文苑、英華玉海等書，置各府書院，黔士始治經史。任滿回京，入直上書房，授皇曾孫奕純讀，嘉慶三年，大考翰詹，試征邪疏，力言內外弊政，為時所忌，以弟喪陳情歸，仁宗親政後，起修高宗實錄，稿成，意有不樂，將告歸，上書軍機王大臣言事，成親王據以上聞，末有視朝稍宴，恐有俳優近習，熒惑聖聽等語，仁宗怒其語戇直，四年八月，革職交部議，照大不敬律，擬斬決，下廷臣會鞫，一面諭勿加刑，亮吉感泣引罪，擬大辟，免死戍伊犁，明年，京師大旱，仁宗詣壇祈禱，減軍流罪，仍不雨，詔赦直言獲罪，赦歸抵京，是日忽大雨。十四年卒，年六十四歲。亮吉少孤，家貧力學，孝事寡母，初佐安徽學政朱筠校文，繼入陝撫畢沅幕，為校刊古書，詞章考據，著稱於時，尤精研輿地，詩文有奇氣，少與黃景仁齊名江左，其後沈研經史，與同邑孫星衍論學相長，時稱孫洪，亮吉就逮時，西華門外都虞司、羣議洶洶，謂且以大不敬伏法，其友趙中書懷玉，見亮吉縲絏藉藁坐，大哭投於地，不能言，亮吉笑謂曰，味辛（趙字）今見稚存死耶，何悲也，其臨難不變如此。後仁宗謂其所論，實足啓沃朕心，故銘之座右，時常觀覽，勤政遠佞，警省朕躬，今特宣示亮吉原書，使內外諸臣，知朕非拒諫飾非之王，實爲可與言之君，諸臣遇可與言之君，而不與言，負朕求治苦心云云，亦可見其所言，實係出自公忠體國，而言人所不敢言者。景仁客死汾州，稚存千里奔其喪，彌篤友情，世有巨卿之目。所著詩文有卷施閣集，後又合其他遺著，輯爲洪北江全集，詩話，乾隆府廳州縣圖志，三國疆域志，東晉疆域志，南北朝疆域考，西夏國志，涇縣志，淳化縣志。

陳雲

順天宛平人，本姓萬，字遠雯，乾隆五十八年癸丑殿試一甲二名，授編修。改吏部主事，嘉慶五年五月，爲貴州鄉試副考官，累遷安徽太平府知府。

莫晉

浙江會稽人（今紹興），字錫三，號寶齋，乾隆二十六年生，六十年乙卯恩科殿試一甲二名，授編修。嘉慶三年三月，大考翰詹，擢侍講，五月，爲福建鄉試正考官，八月，提督山西學政，七年九月，以侍講學士爲武會試副考官，八年三月，充日講起居注官，遷通政副使，九年七月，改太僕寺卿，八月，爲順天鄉試副考官，九月，轉太常寺卿，十二月，提督江蘇學政，旋授左副都御史，十年五月，改通政司使，十三年六月，爲江西鄉試正考官，丁憂解任，服闋，再丁艱，二十一年十一月服闋，起原官，十二月，改倉場侍郎，道光二年五月，左遷候補內閣學士，道光三年五月，因病乞假回籍，六年卒，年六十六歲。晉嘗刻明儒學案，於陽明之學，頗有心得。

汪守和

江西樂平人，字惟衣，號巽泉，乾隆五十五年己酉拔貢，嘉慶元年丙辰恩科殿試一甲二名，授編修。五年八月，爲順天鄉試同考官，六年八月，署日講起居注官，左春坊左中允，歷侍讀，少詹，十五年八月，爲奉天府府丞兼督學政，二十一年四月，署日講起居注官，七月，爲山東鄉試正考官，旋擢內閣學士，兼禮部侍郎銜，二十二年五月，教習庶吉士，二十四年三月，知貢舉，八月，提督浙江學政，道光三年二月服闋，以候補內閣學士，爲內閣學士兼禮部侍郎銜，四年十一月，授禮部右侍郎，次月，改左侍郎，五年八月，提督安徽學政，九年四月，遷戶部左侍郎，九月，爲武會試正考官，十年十月，坐失察私辦假照，降二級留任，十一年五月，提督江蘇學政，八月，留任江蘇，十二年正月，擢禮部尙書，八月，署戶部尙書，十三年二月，兼署吏部尙書，十四年二月，遷工部尙書，八月，爲順天鄉試副考官，十一月，還任禮部，十五年三月，兼署左都御史，十六年五月，卒於官，贈太子太保。守和根柢實學，服官四十餘年，以謹恭聞。

蘇兆登

山東霑化人，字宴林，號樸園，嘉慶四年己未殿試一甲二名，授編修。五年五月，爲雲南鄉試正考官，七年八月，爲順天鄉試同考官，八年七月，記名御史，掌京畿道御史，改浙江道監察御史，旋改戶部員外郎。二十一年八月，提督陝甘學政，道光元年，補授江蘇淮揚道，擢福建按察使。

子敬衡，道光十六年丙申探花，另有記。

劉彬士　湖北黃陂人，字輔文，號筠圃，嘉慶六年辛酉殿試一甲二名，授編修。十二年八月，爲順天鄉試同考官，改巡倉御史，旋爲兵科給事中，十八年八月，提督湖南學政，遷大理寺少卿，二十二年四月，擢光祿寺卿，二十四年二月，署大理寺卿，道光元年六月，授大理寺卿，爲江西鄉試正考官，四年正月，改左副都御史，十二月，轉禮部右侍郎，五年六月，爲江南鄉試正考官，八月，提督安徽學政，六年正月，改刑部右侍郎，十一月，調署浙江巡撫，八年正月實授，十年十月，以辦事不能決斷，又復信用非人，調京以三四品京堂候補，十一年三月，授太僕寺卿，尋改光祿寺卿，八月，提督順天學政，十一月，遷左副都御史，仍爲學政，十二年正月，命來京署刑部左侍郎，二月，轉倉場侍郎，十三年五月，以病乞休，六月解任，十四年十一月，授吏部右侍郎，尋改刑部左侍郎，十二月，改兵部左侍郎，十七年八月，兼署吏部右侍郎，十二月，暫署刑部尚書，十八年二月，署理尚書，十八年閏四月，老病致仕，尋卒。彬士在浙撫任內，頗能注視水利，道光八年十月，以杭嘉湖三屬水利，以江蘇省吳淞江疏浚完工，疏請疏浚湖屬烏程、歸安之百名橋等港，北塘三十六港，碧浪湖，黃漾蕩，菜花涇，長興之運糧河，龍澤灣，六合港，二十二漊港，所費之款，除借用外，幷由各縣捐廉認辦。其杭嘉兩府屬各工程，亦甚努力。又修浙江西塘及海塘工事，均能實心做事，頗著成效。

李宗昉

江蘇山陽人（今淮安），字靜遠，號芝齡，乾隆四十四年生，嘉慶七年壬戌殿試一甲二名，授編修。九年六月，典陝甘鄉試，爲正考官，既歸，署日講起居注官，十八年八月，以大考名列二等，擢右春坊右贊善，提督貴州學政，累遷侍讀學士，二十一年八月，提督浙江學政，旋擢少詹，二十四年十二月，遷詹事，二十五年七月，轉內閣學士，兼禮部侍郎銜，道光元年七月，監臨順天鄉試，二年二月，授禮部左侍郎，三月，爲會試副考官，六月，爲江西鄉試主考官，八月，留任江西學政，四年十一月，調戶部左侍郎，留任江西，六年四月，爲殿試讀卷官，八月，改工部右侍郎，兼管錢法堂事務，九月，爲武會試正考官，七年七月，轉戶部右侍郎，兼管錢法堂事務，並兼管國子監及順天府尹事，十二月，充經筵講官，八年七月，管國子監事。八月，爲順天鄉試副考官，九年三月，爲會試副考官，四月，教習庶吉士，七月，署管理順天府尹事，十年九月，署吏部右侍郎，十一年八月，爲順天鄉試副考官，十二年四月，爲殿試讀卷官，六月，爲浙江鄉試正考官，次年二月，典會試，得士稱盛。十三年四月，遷吏部右侍郎，旋丁艱解職，十五年十月，署吏部右侍郎，服闋，十六年二月，補吏部左侍郎，五月，擢左都御史，十七年四月，又丁憂，二十年五月，服闋，署兵部尚書，二十二年九月，復任左都御史，二十四年二月，授禮部尚書，二十五年三月，兼署兵部，十月，以病乞休，二十六年四月卒，年六十有八歲，宗舫服官二朝，屢司文柄，專心任職，不以矯激沽名，不以艱巨卸責，有聞妙香室詩文集，黔記，致用叢書，刊行於世。

徐　頲

江蘇長洲人（今吳縣），字逃卿，號少鶴，嘉慶九年舉於鄉，十年乙丑殿試一甲二名，授編修。入直上書房。十四年三月，爲會試考官，十七年二月，大考一等，擢侍讀學士，旋署日講起居注官，四月，提督安徽學政，十九年七月眞除，充日講起居注官，與宣宗講論聖業。二十二年四月，在上書房行走。旋爲少詹，道光元年六月，擢詹事，七月，爲山東鄉試正考官，八月，命毋庸在上書房行走，二年正月，轉內閣學士，八月，提督安徽學政，三年十月，因病解任，旋卒，贈侍郎銜。頲博學工古文，爲姚姬傳入室弟子，又嘗從江聲游，聲傳惠氏學，尤精於說文，頲得其指授，有經進文及詩文。

謝階樹

江西宜黃人，字欣植，一字子玉，號向亭，嘉慶十三年戊辰殿試一甲二名，授編修。十五年八月，爲順天鄉試同考官，二十一年八月，提督湖南學政，歷司經局洗馬，二十五年十二月，爲日講起居注官，累遷侍講學士，道光四年八月，大考名列四等，降補侍講，有守約堂集。

廖金城

福建侯官人（今福州），改名鴻荃，字斯和，號鈺夫。嘉慶十四年己巳殿試一甲二名，授編修。歷侍講，二十一年五月，爲貴州鄉試副考官，二十四年八月，以右春坊右贊善，署日講起居注官。二十五年九月眞除。道光元年六月，爲陝西鄉試正考官，五年十月，以侍讀署日講起居注官，六年七月爲起居注官，旋遷少詹，十一年二月，遷內閣學士，兼禮部侍郎銜。十二年正月，提督江蘇學政，十三年三月，轉工部右侍郎，兼管錢法堂事務，仍留江蘇，十四年二月，改左侍郎，十二月，以病解職，十五年五月，署工部左侍郎。十一月，改兵部左侍郎，仍兼署工部事，十六年四月，爲殿試讀卷官，五月，轉工部右侍郎。十八年正月，署經筵講官，三月，爲會試副考官，五月，提督浙江學政，六月，調左侍郎，十二月，轉吏部右侍郎，仍留浙江學政，十九年三月，擢左都御史，四月，爲武英殿總裁官，十二月，充經筵講官，改工部尙書，時議改河道，朝命鴻荃履勘，請仍堵漫口，挽歸故道，二十年四月，爲殿試讀卷官，八月，爲順天鄉試副考官，二十二年九月，查辦江蘇河工，十一月，署理漕運總督，兼署江南河道總督，十二月召還，二十三年閏七月，命赴東河會同鍾祥督辦中牟大工，九月，督辦東河大工合龍事宜，十月甲寅，六十生辰，賞御書福壽字並珍玩文綺，二十四年正月，爲國史舘副總裁官，二月，坐中牟大工不力革職，以七品頂戴留工效力，旋復原官，加太子少保，三十年八月，以四品京堂候補，充實錄館總纂官，咸豐二年九月，由太僕寺卿授太常寺卿，十二月，以尙書銜休致，三年三月，命與前浙江提督李廷鈺等督辦福建團練事宜，七年八月，防禦省城出力，賞戴花翎，八年三月，鄉民擁至其家，財物搶劫一空，奉諭賞銀五百兩，並著該地方官時加存問，同治二年十二月，重宴鹿鳴，賞太子太保，四年正月卒，年七十七歲，謚文恪。兄鴻藻，字儀卿，嘉慶十四年己巳進士，選庶常，累官江西儲糧道。鴻苞，字竹臣，嘉慶二十二年丁丑進士，選庶常，遷蘇州府同知。

吳毓英

江蘇吳縣人，字菊仁，號菊人，嘉慶十六年辛未殿試一甲二名，授編修。改刑部主事，十八年七月，為山西鄉試正考官。

祝慶蕃

河南固始人，字蘅畦，嘉慶十六年辛未，與弟廣揚同榜舉人，十九年甲戌殿試一甲二名，授編修。二十四年四月，為貴州鄉試正考官，道光二年六月，為江西鄉試副考官，八月，提督廣西學政，七年十一月，以右春坊右贊善署日講起居注官，十一年二月，侍班不謹，降三級留任，十七年十月，為順天武鄉試副考官，十八年二月，擢光祿寺卿，九月，改太常寺卿，二十年二月，遷左副都御史，十月，為順天武鄉試正考官，二十二年八月，署刑部左侍郎，十一月，遷兵部右侍郎，署管理戶部三庫事，並兼署刑部左侍郎，二十三年十二月，改吏部右侍郎，越十日，轉左侍郎，二十四年正月，署經筵講官，二月，改戶部左侍郎，十二月，授左都御史，二十五年四月，坐兵部堂官違例派署掌印等罪，革職留任，十月，調禮部尚書，二十七年三月，為率請為廻避子弟另行考試，降二級，二十八年十月，補內閣學士，兼禮部侍郎銜，翌日，以年老休致回籍，咸豐三年二月，與在籍廣西巡撫周之琦等辦理河南團練事宜。

凌泰封　安徽定遠人，字瑞臻，嘉慶二十二年丁丑殿試一甲二名，授編修。道光元年，為仁宗實錄館編纂官，歷右春坊右中允，累遷浙江杭州府知府。

楊九畹　浙江慈谿人，字蘭畬，號余田，嘉慶二十四年己卯恩科殿試一甲二名，授編修。歷御史累官廣東廣南韶連道。

許乃普　浙江錢塘人（今杭縣），字滇生，嘉慶癸酉拔貢，丙子舉人，考授七品小京官，充軍機章京，嘉慶二十五年庚辰殿試一甲二名，授編修。道光元年，為仁宗實錄館編纂官，二年七月，為河南鄉試副考官，入直南書房，四年八月，大考二等，擢司經局洗馬，十二月，充日講起居注官，五年六月，為湖北鄉試正考官，八月，督學貴州，任滿回京，仍直南書房，遷侍讀，八年十一月，在南書房行走，十一年二月，侍班不謹，降二級留任，七月，為山東鄉試正考官，十三年七月，大考二等，擢侍講學士，十四年八月，提督江西學致，歷少詹，十七年十一月，仍在南書房行走，十二月，擢詹事。十八年二月，遷內閣學士，兼禮部侍郎銜，閏四月，署兵部右侍郎，五月，授刑部右侍郎，毋庸在南書房行走，十九年三月，轉吏部左侍郎，兼署戶部右侍郎，管錢法堂事務，二十年正月，充經筵講官，三月，兼署戶部左侍郎，十一月，改戶部左侍郎，二十一年閏三月，擢兵部尚書，二十三年八月，為順天鄉試副考官，二十四年三月，兼署工部尚書，二十五年三月，爲會試副考官，四月，坐兵部堂官違例派署掌印等罪鐫五級，補太常寺少卿，二十七年八月，遷光祿寺卿，三十年文宗御極，命在南書房行走，以禮部左侍郎，改戶部右侍郎，兼管錢法堂，咸豐二年五月，授內閣學士兼禮部侍郎銜，七月，爲山東鄉試正考官，十一月，署工部右侍郎，兼管錢法堂事務，十二月，充文淵閣直閣事，改兵部右侍郎，三年三月，兼署刑部右侍郎，旋實授，四月，爲殿試讀卷官，五月，授工部尚書，同月，改刑部尚書，四年二月，以刑部主事失察案，文宗責其迴護，降補內閣學士，並撤出上書房，四月，授禮部右侍郎，五月，轉左侍郎，九月，遷戶部右侍郎，兼管錢法堂事務，十月，改吏部右侍郎。十一月，授左都御史，六年十一月，遷工部尚書，八年四月，會辦五城團防事宜，九年三月，由吏部尚書着管戶部三庫事，十年文宗三十壽慶，加太子太保，九月，以病乞休，同治五年十月卒，謚文恪。乃普在朝凡三十年，再黜而起後，三任內閣學士，三任工部尚書，及刑兵吏三部尚書，嘗條陳卑幼犯尊，法乃曲宥，豈容避重就輕，奉諭着照所議，嗣後各省遇有毆死期功尊長之案，毋稍遷就開脫，裝點情節，指爲無心干犯，務得實情，以照平允。立言正直，有聲於時。

兄乃濟，嘉慶十四年己巳進士，由庶常授編修，累官太常寺卿。

弟乃釗，字貞恆，道光十五年乙未進士，由庶常授編修，累官內閣學士，江蘇巡撫。

子壽彭，字仁山，道光二十七年丁未會元，由庶常授編修，累官內閣學士，兼禮部侍郎銜。侄庚身，乃賡子，字星辰，同治元年壬戌進士，累官戶部尚書，太子太保，謚文愼。

鄭秉恬　江西上高人，字性和，道光二年壬午恩科殿試一甲二名，授編修。改山西五寨縣知縣，移曲沃。

王廣蔭　江蘇通州人（今南通），字燮堂，道光三年癸未殿試一甲二名，授編修。十一年七月，爲山西鄉試正考官，二十年四月，署日講起居注官，遷右春坊右庶子，二十二年十二月，爲日講起居注官，歷侍讀學士，二十三年七月，擢詹事，八月，提督順天學政，十二月，遷內閣學士，兼禮部侍郎銜，仍留順天學政，二十五年十二月，遷工部左侍郎，仍留順天學政，二十八年八月，兼署錢法堂事務，九月，偕協辦大學士耆英同往綏遠查辦協領將軍互相參揭控案，十一月，署倉場侍郎，二十九年七月，擢左都御史，八月，爲順天鄉試副考官，三十年六月，改工部尚書，九月爲武會試正考官，十二月，充經筵講官，咸豐元年恭送宣宗御容至瀋陽，積勞致疾，十二月，卒於官，謚文愼。廣蔭早歲家貧甚，屋三椽，破陋不蔽風雨，無几案，以三足椅支壁讀書，繩床外即釜鬵也。嘗應壬午恩科禮部試，落第歸，父叱之，不許入門，母以糲食啖之。命避舅家，得舅資助百金，勗曰，速赴京應明年會試，既抵京，閉戶謝客，日伏案讀，並致力楷書，遂得第二名及第，捷報至家，其母方支破釜作早炊，報者足觸釜，釜壞，母泣曰，斷吾炊矣。見泥金帖乃喜。

賈楨

山東黃縣人，字筠堂，道光六年丙戌殿試一甲二名，授編修。十一年四月，爲貴州鄉試正考官，十三年大考一等，擢侍講，七月，署日講起居注官，十六年十二月，入直上書房，十七年二月，署日講起居注官，三月實授。六月，爲湖北鄉試正考官，十八年閏四月，教六皇子讀，累遷侍講學士，二十年三月，以少詹擢內閣學士，兼禮部侍郎銜，八月，爲順天鄉試副考官，二十一年閏三月，授工部右侍郎，兼管錢法堂事務。二十三年七月，爲江南鄉試正考官，二十四年四月，爲殿試讀卷官，十二月，遷戶部右侍郎，兼管錢法堂事務，二十五年三月，爲會試副考官，四月，改左侍郎，兼管三庫事。十二月，爲經筵講官，二十七年三月，授左都御史，五月，遷禮部尚書，二十九年七月，改吏部尚書，三十年三月爲會試副考官，咸豐二年三月，署翰林院掌院學士，五月，教習庶吉士，九月，協辦大學士事，三年三月，加太子太保，四月，爲殿試讀卷官，十月，充上書總師傅，十二月，兼管順天府事，四年五月，兼翰林院掌院學士，十一月，晉大學士，十二月，充文淵閣領閣事，五年八月，爲順天鄉試正考官，十二月，兼管工部事務，改武英殿大學士，稽察欽奉上諭事件處，六年三月，爲武英殿總裁官，六月，丁母艱，給假六月，十一月，准予開缺，九年二月服闋，以大學士銜補吏部尚書，充上書房總師傅，三月，爲會試正考官，五月，命爲大學士兼管兵部，爲翰林院掌院學士，六月，授體仁閣大學士，十年，英法聯軍犯北京，充京城團防大臣，力阻外兵入城，十二月，爲國史館總裁官，復晉武英殿大學士，爲咸豐實錄總裁官，同治元年五月，教習庶吉士，八月，爲順天鄉試正考官，十一月，爲實錄館監修總裁官，三年，賞戴花翎，四年三月，爲會試正考官，六年八月，再爲順天鄉試正考官，十月，與侍郎胡家玉會辦五城練勇局務。七年正月，因病致仕，賞食全祿，仍管外城團練局事，十三年九月卒，年七十九歲，謚文端，贈太保，入祀賢良祠。楨持躬端謹，學問優長，歷事道光咸豐同治三朝，翊贊良多。父允升，字猷廷，乾隆六十年乙卯進士，由庶常授檢討，累官兵部左侍郎。弟樾，字仲翰，道光二十一年辛丑進士，由庶常授編修。

錢福昌

浙江平湖人，原名攀龍，字楞仙，號辰田，道光九年丙戌殿試一甲二名，授編修。十一年六月，爲江西鄉試副考官，八月，督學廣西，歷江西道御史，十七年八月，提督河南學政，遷侍讀，累官內閣學士。

朱鳳標

浙江蕭山人，字桐軒，號建霞，道光八年舉於鄉，十二年壬辰恩科殿試一甲二名，授編修。十七年七月，爲山東鄉試副考官，十九年五月，入直上書房，十二月，提督湖北學政，歷國子監司業，侍講，右庶子，二十四年二月，在上書房行走，四月，署日講起居注官，五月實授，二十五年四月，擢內閣學士，二十六年十二月，署戶部右侍郎，兼管錢法堂事務，二十七年三月，爲會試副考官，同月，授兵部右侍郎，仍署戶部右侍郎，兼管錢法堂事務，四月，爲殿試讀卷官，五月，改戶部右侍郎，二十八年正月，前往天津查驗海運漕糧，十一月會同大學士耆英，巡撫徐澤醇查辦山東鹽務，二十九年八月，教習庶吉士，三十年六月，轉左侍郎，兼管三庫，十月，爲實錄館副總裁，十二月，充經筵講官。咸豐元年五月，遷左都御史，十月，署工部尚書，二年正月，爲國史館副總裁官，三月，署刑部尚書，四月，爲殿試讀卷官，八月，爲順天鄉試副考官，九月，署工部尚書，三年三月，署戶部尚書，並管三庫事，七月，查辦河東鹽務，八月，爲順天鄉試正考官，九月，爲武會試正考官，十一月，爲實錄館副總裁，四年二月，授刑部尚書，五月，改戶部，五年十月，爲順天武鄉試正考官，六年六月，教習庶吉士，十月，加太子少保，十一月，調兵部尚書，八年八月，爲順天鄉試副考官，九月，改戶部尚書，九年二月，爲中式舉人平齡硃墨不符，被言官所劾解任，八月，命以翰林院侍講學士銜，值上書房，授醇郡王奕譞讀，歷大理寺少卿，十年五月，以通政使遷左副都御史署刑部侍郎，隨扈熱河，十年十二月，擢兵部尚書，十一年十月，改吏部尚書，充上書房總師傅，十一月，爲順天府鄉試正考官，十一月，兼署工部尚書，同治元年五月，兼署左都御史，七月，爲國史館副總裁，二年二月，兼署工部尚書，四月，教習庶吉士，三年九月，爲順天鄉試正考官，四年四月，與理藩院尚書存誠署兼三庫事，五月，兼署戶部尚書，七年正月，以吏部尚書協辦大學士事，兼翰林院掌院學士，並充國史館總裁官，三月，爲會試正考官，命爲大學士，四月，管理吏部事務，授體仁閣大學士，十二月，稽察欽奉上諭處，充文淵閣領閣事，八年六月，爲武英殿總裁官，十年三月，爲會試正考官，十一年六月，因病致仕，十二年閏六月卒，年七十有四，贈太子太保，謚文端。鳳標平日凝謹，應受有方，洪楊軍進逼河南，疏陳防剿事宜六條，北國遂獲粗安，生靈免於塗炭。戊午科場大獄，主考大學士柏葰論斬，鳳標因文宗知其無私，僅坐失察革職，亦云幸矣。

曹履泰

江西都昌人，字曙山，號樹珊，道光十三年癸巳正科殿試一甲二名，授編修。歷御史，給事中。累官廣東惠潮嘉道。

曹聯桂

江西新建人，字馨心，道光十五年乙未殿試一甲二名，授編修。累遷衡州府知府。父熊，嘉慶十四年巳已進士，官御史。弟聯陞，道光十五年乙未同榜進士，官睢南同知。

何冠英

福建閩縣人（今福州），字杰夫，道光十六年，丙申恩科殿試一甲二名，授編修。十七年七月，爲山西鄉試副考官，二十年六月，爲浙江鄉試副考官，歷御史累遷於咸豐十一年正月，以貴東道賞二品頂戴，署理貴州巡撫，八月，卒於官。

金國均　湖北黃陂人，字可亭，一字應三，道光十八年戊戌殿試一甲二名，授編修。歷中允，二十三年八月，提督陝甘學政，旋遷侍講，二十九年閏四月，充日講起居注官，咸豐元年六月，爲江南鄉試副考官，三年四月，在上書房行走，六月，授惇郡王讀。

父光杰，字伯英，號殿珊，嘉慶二十五年庚辰進士，由庶常授編修，改福建道監察御史，署理兵科給事中。

馮桂芬　江蘇吳縣人，字林一，號景亭，嘉慶十四年生，道光二十年庚子恩科殿試一甲二名，授編修。二十四年五月，爲廣西鄉試正考官，旋丁母憂，服闋，文宗御極，因大臣薦，蒙召見，元年六月，爲浙江鄉試副考官，二年八月，以庶子督學陝甘任滿，尋丁父憂，時洪楊軍勢初張，由湖北循江東下，掠陷九江、安慶、蕪湖、太平等處，清軍不能禦，金陵遂陷，蘇常富甲天下，清軍餉糈所繫，詔募丁壯團練於鄉，桂芬預其事，旋以克服松江府城功，晉五品銜，擢右中允，七年八月，着勿庸辦理省防局務。同治元年，以治團功，加四品銜，四年七月，着吏部帶領引見，亂定後，復以耆宿於九年十二月，經李鴻章奏請，以其品端學邃，體用兼賅，准著書裨治，加三品銜，十三年卒，年六十六歲。桂芬少工駢文，未仕時，已望重大江南北，中年後乃致力於古文辭，於書無所不覽，尤留意於天文、地輿、兵刑、鹽鐵、河漕諸端，嘗佐陶澍及李鴻章幕，立會防局，調和中外䘿處者，設廣方言館，求博通西學之才，儲以濟變。服官雖僅十年，家居遇事奮發，不避勞怨，凡濬河，建學，積穀諸政，條議皆出其手，先後主講上海，蘇州諸書院，與後進論學，昕夕忘倦，精研算學，嘗以意造定向尺，及反羅經，以步田繪圖，著說文解字段注考證，弧矢算術草圖解，西算新法直解，校邠廬抗議，顯志堂詩文集，使粵行紀，兩淮鹽法志，蘇州府志等書，都數十卷，其中校邠廬抗議，尤為世所重。

龔寶蓮

江蘇武進人，順天大興籍，字靜軒，道光二十一年辛丑恩科殿試一甲二名，授編修，二十三年五月，為雲南鄉試正考官，二十五年二月，為會試同考官，咸豐元年六月，為江西鄉試副考官，三年三月，遷侍讀，四月，在上書房行走，九月，授孚郡王讀，歷司經局洗馬，四年四月，署日講起居講官，五年三月，由侍讀學士擢詹事，八月，提督廣東學政。

父晃，道光六年丙戌進士，官江西宜春知縣。

周學濬

浙江烏程人（今吳興），字深甫，號縵雲，道光二十四年甲辰殿試一甲二名，授編修。二十六年八月，提督廣西學政，旋改御史，歷山東道監察御史，擢侍讀學士。

兄學源，字星海，咸豐二年壬子恩科進士，由庶常授編修，官至侍讀學士。

金鶴清　浙江桐鄉人，字翰臯，號稚穀，道光二十五年乙巳恩科殿試一甲二名，授編修。記名御史。二十六年四月，爲貴州鄉試正考官，二十九年九月，校對皇清開國方略，咸豐三年九月，在南書房行走。

袁績懋　江蘇陽湖人（今武進），宛平籍，字厚安，道光二十七年丁未殿試一甲二名，授編修。改刑部主事，旋丁父艱，服闋後，以道員分省福建，總督慶瑞委赴延平府會辦軍務，即令署延建邵道，會洪楊軍大股侵邵武，親率軍士夜撲其營，追斬悍酉數名，旋因衆寡不敵，退守順昌，相持數月，部衆僅數百人，有勸其棄順昌改守延平者，績懋爲屏障省垣，堅守如故，洪楊軍屢攻不逞，乃潛鑿隧道，通城內，實火藥爆炸，城破遂陷，績懋猶親刃敵數人，敵以騎突之仆地，引刀自殺不及被執，刀亂下臨而死，時咸豐八年九月十二日也，事聞，贈按察使，入祀忠烈祠，世襲騎都府，諡文節。績懋性通敏，書過目輒成誦，號稱淹雅，有諸經質疑十二卷，通鑑正悞十卷，漢碑篆額考異二卷，味梅齋詩草四卷。孫勵準，字珏孫，光緒二十四年戊戌進士，由庶常授編修。

許其光　廣東番禺人，字耀斗，一字懋昭，號涑文，道光三十年庚戌殿試一甲二名，授編修。咸豐二年六月，爲湖北鄉試副考官，同治五年五月，大考一等，擢侍講，旋改御史，累官清河道。

楊泗孫　江蘇常熟人，字鍾魯，咸豐二年壬子恩科殿試一甲二名，授編修。七年六月，爲湖南鄉試正考官，八年七月，在南書房行走，十年二月，為會試同考官，十一年正月，署日講起居注官，十月，仍在南書房行走，歷中允，侍講，同治元年二月，京察一等，以道府記名，七月為山東鄉試副考官，二年十一月，命在南書房行走，累官太常寺少卿。

吳鳳藻　伯希銓，字仲衡，嘉慶十六年辛未進士，由庶常授編修，累遷廣東惠州府知府。侄崇伊，字萃伯，光緒六年庚辰進士，由庶常編修，官漢中府知府，浙江候補道。

孫毓汶　浙江錢塘人（今杭縣），字實士，號丹山，咸豐三年癸丑會元，殿試一甲二名，授編修。五年五月，為福建鄉試副考官，歷監察御史，遷禮科給事中。

山東濟寧人，字萊山，咸豐六年丙辰殿試一甲二名，授編修。八年六月丁父憂，賞給翰林院侍讀銜，十年，在籍辦團抗捐，被劾革職論戍，同治元年，以輸餉復原官，五年五月，大考第一。由洗馬擢侍講學士，八月，署日講起居注官，六年五月，為四川鄉試正考官，十二月，以侍讀學士充日講起居注官，九年，提督福建學政，光緒元年丁母艱，四年服闋，起故官，五年三月，遷詹事，督學安徽，八月，擢內閣學士，七年二月，赴江南等省按事，既還，十二月，遷工部右侍郎，八年六月，改左侍郎，兼署倉場侍郎，十年正月，兼署刑部尚書，二月命赴湖北查辦事件，三月，入直軍機處大臣上學習行走，十一年六月，在總理各國事務衙門行走，十二年三月，賞穿黃馬掛，為會試副考官，並在軍機大臣上行走，十四年七月，轉吏部右侍郎，十五年七月，擢刑部尚書，賞太子少保銜，十九年八月，爲順天鄉試副考官，九月，調兵部尚書，加太子太保，二十年正月，賞黃馬掛雙眼花翎，紫韁，二十一年六月，以病乞休，二十五年三月卒，諡文恪。毓汶權奇饒智略，在軍機凡十年，與醇親王相結納，諭旨陳奏，皆由毓汶爲之轉達，權重一時，爲同列所不及，故賢者之責，亦所不免焉。

孫念祖　父瑞珍，字符卿，道光三年癸未進士，由庶常授編修，累官戶部尚書，諡文定。浙江會稽人（今紹興），字心農，號滌湖，咸豐九年己未殿試一甲二名，授編修。記名御史，同治元年七月，爲山西鄉試副考官，二年五月，提督湖北學政。

林彭年　廣東南海人，字龍基，亦字地山，號朝珊，咸豐十年庚申恩科殿試一甲二名，授編修。累遷山東道監察御史。

何金壽　湖北江夏人（今武昌），本名鑄，字鐵生，同治元年壬戌殿試一甲二名，授編修。九年八月提督河南學政，還充日講起居注官，光緒三年六月，疏劾郭嵩燾有二心於英國，欲中國臣事之，奉旨申飭，四年，爲經筵講官，値幾輔大旱，請免樞臣，直聲震一世，旋以忤朝貴謫知揚州府事，錄築堤功，賜三品服，八年秋，祈雨中暍卒，貧不能歸葬。金壽一生清廉，爲官勤愼，擅詩詞書畫，性剛強，故屢上諫章，不計功過也。

龔承鈞　湖南湘潭人，字春庭，號湘浦，同治三年癸亥恩科殿試一甲二名，授編修。累遷江南道監察御史，九年八月，提督山西學政，旋改御史。

于建章　廣西臨桂人，字健璋，同治四年乙丑殿試一甲二名，授編修。六年五月，爲貴州鄉試副考官，八月，提督山西學政，旋遷侍讀，提督山東學政。

黃自元　湖南安化人，字善長，號敬輿，又號覲虞，同治七年戊辰殿試一甲二名，授編修。九年八月，爲順天鄉試同考官，十二年閏六月，爲江南鄉試副考官，旋因禮部覆勘試卷議處，十三年正月，與正考官劉有銘，均降二級調用，光緒二年三月，以翰林院檢討補用，累遷寧夏府知府，二十年八月，命赴吳大澂軍營聽候任用。自元工書，善詩文。

高嶽崧　陝西長安人，字峻生，號幼潭，同治十年辛未殿試一甲二名，授編修。

譚宗浚　廣東南海人，字叔裕，道光二十六年生，同治十三年甲戌殿試一甲二名，授編修。光緒二年八月，提督四川學政，八年六月，爲江南鄉試副考官，累遷雲南鹽法道，署按察使，十四年卒於途，年四十歲。宗浚工詩文，熟於掌故，有遼史記事本末，希古堂詩文集。

王賡榮　山西朔州人（今朔縣），字向甫，光緒二年丙子恩科殿試一甲二名，授編修。官至潯州府知府。

余聯沅　湖北孝感人，字晉珊，光緒三年丁丑殿試一甲二名，授編修。遷御史，十九年改給事中，二十年二月京察一等，以道府用，旋授蘇松太道，二十六年八月，授江西按察使，九月，遷湖南布政使，十一月，以捐助陝賑鉅款賞頭品頂戴，十二月，署理浙江巡撫，二十七年三月，回任湖南布政使，二十八年六月卒。聯沅洞悉時務，方其任滬道之時，北方拳亂正殷，聯沅秉承江督兼南洋通商大臣劉坤一之命，與各國駐滬領事洽商，議訂東南保護條約，互相保衛，各不相犯，中外安寧，地方無恙，沿江各省，賴此以安。性廉儉，蘇松太道轄區富甲天下，兼管江海關務，尤為肥沃，關署循舊例餽銀八千兩，悉以撥充上海龍門書院經費，士林多之。

曹詒孫

湖南茶陵人，光緒六年庚辰殿試一甲二名，授編修。十七年七月，為山東鄉試副考官。

壽　耆

滿洲正藍旗人，字子年，號芝巖，光緒九年癸未殿試一甲二名，授編修。歷侍讀，十九年擢翰林院侍講學士，二十年二月，授詹事，七月，補內閣學士，二十四年四月，充殿試讀卷官，二十六年八月，遷理藩院左侍郎，九月為正白旗蒙古副都統，三十一年正月，改吏部右侍郎，六月，擢都察院左都御史，三十二年正月，授鑲紅旗蒙古都統，九月，遷理藩院尚書，宣統三年四月，理藩院改組理藩部，任理藩部大臣；九月解職。壽耆為清代科舉旗籍列名鼎甲之第二人，頗為士林所重。

鄒福保

江蘇元和人（今吳縣）。字詠春，光緒十二年丙戌殿試一甲二名，授編修。十九年六月，為江西鄉試副考官，二十年大考翰詹，以洗馬升用，五月為福建鄉試正考官，遷侍讀，入直上書房，累遷侍讀學士。

李盛鐸　江西德化人，字椒微，號木齋。光緒十五年己丑殿試一甲二名，授編修。十七年七月，爲江南鄉試副考官，歷江南道監察御史，侍讀學士，京師大學堂總辦，順天府府丞，二十六年八月，充出使日本國大臣，三十一年六月，改命出使比利時，九月，命與載澤，端方等前往各國考察政治，三年二月，以順天府丞擢山西按察使，民國後，歷任大總統府顧問，參政院參政、參議院議長，農商部總長，國政商榷會會長等職，民國二十六年二月卒於天津。

文廷式　江西萍鄉人，字芸閣，號道希，咸豐六年生，光緒八年舉於鄉，十六年庚寅恩科殿試一甲二名，授編修。先以舉人於十五年考中書，獲第一，及殿試，閱卷進呈，名列第二，德宗曰，此人有名，作得好，十九年六月，爲江南鄉試副考官，旋遷侍讀，二十年，大考翰詹，名列一等一名，超擢侍讀學士，六月，疏言捐納非經久之制，請概行停止，得旨，先行停止道府，嘗劾孫毓汶，詆訾過當，德宗予以寬容，但慈禧惡其逆己意，以其語涉荒誕，欲加整飭，二十一年四月，賞假三月回籍修墓，二十二年二月，奏言各省開辦礦務，疆臣任意遷延，或藉端阻撓，推原其故，皆由畏葸，旋爲楊崇伊參劾，當以廷式不孚衆望，遇事生風，並與文姓太監結爲兄弟，奏對狂妄，不知謹愼，革職永不錄用，並予驅逐回籍，不准在京逗留，二十四年八月，慈禧再垂簾，電令劉督坤一密飭訪拿未獲，廿六年九月，又着湘撫俞廉三嚴拿，務獲即行正法，於是流徙江湖，賫志以歿。廷式才華邁羣，工駢體，文詞挺拔有偉氣，意境尤高，詩備各體，勸帝變法維新圖強，頗為慈禧及守舊派所痛惡，斥革後，遂致潦倒而終，三十年卒，年四十有九歲，時人惜之，有雲起軒詩文錄、詞鈔。

吳士鑑　浙江錢塘人（今杭縣），字絅齋，光緒十八年壬辰殿試一甲二名，授編修。二十三年八月，入直南書房，二十三年二月京察一等，交軍機處存記，以道府用，六月，為湖北鄉試副考官，二十六年九月，提督江西學政，二十八年入京，仍在南書房行走，三十二年擢侍講，累官安徽提學使，宣統二年，充資政院議員，嗣改侍讀，鼎革後，任清史館纂修，清宮賞戴花翎，並給頭品頂戴。

尹銘綬　湖南茶陵人，字佩之，光緒二十年甲午恩科殿試一甲二名，授編修。二十八年，提督山東學政。

喻長霖　浙江黃巖人，字志韶，光緒二十一年乙未殿試一甲二名，授編修。宣統二年，以碩學通儒遴選為資政院議員，長霖苦寒有志節，具君子風。

夏壽田　湖南桂陽人，字午詒，光緒二十四年戊戌殿試一甲二名，授編修。民國後，任約法會議議員，大總統府秘書。

左　霈　漢軍正黃旗人，字雨荃，光緒二十九年癸卯正恩合科殿試一甲二名，授編修。歷翰林院秘書郎，雲南麗江府知府。

朱汝珍　廣東清遠人，字聘三，由拔貢充刑部主事，光緒三十年甲辰恩科殿試一甲二名，授編修，南書房行走。宣統二年六月，爲貴州考試官。

折庫訥　滿洲鑲藍旗人，順治九年壬辰殿試，滿榜一甲二名，授編修。

賈　勤　滿洲正紅旗人，順治十二年乙未殿試，滿榜一甲二名，授編修。

第五卷　探　花

李奭棠　順天大興人，字貳公，順治三年丙戌會元，殿試一甲三名，授編修。九年七月，以國子監司業遷祭酒，十年七月，擢少詹，兼侍講學士，十一年七月，擢詹事，十一月轉國史院學士，十二年正月。遷禮部右侍郎，十四年十二月，轉禮部左侍郎，十七年二月因病以原官致仕，康熙六年六月卒。

蔣　超　江南金壇人，字虎臣，號華陽山人，天啓四年生，順治四年丁亥殿試一甲三名，授編修。八年，典試浙江，拔取多佳士，遷修撰，刻苦攻讀，甚於諸生，康熙六年正月，提督順天學政，在仕二十餘年，後自史館以病請告，不過江南，附舟上駛，遍游南嶽及黃山、九華、匡廬、天台、武當諸名勝。康熙十二年正月，卒於峨嵋山之伏虎寺，年五十歲。超性恬靜廉正，不嗜名利，澹泊爲儕輩冠，其手錄書至數百卷，在蜀時曾與修四川通志，工書，有綏安集。

張天植　浙江秀水人，字次先，順治六年己丑殿試一甲三名，授編修。十一年十一月，爲父鳴玉，崇禎進士，官台州府推官，有舌存，圭約二書。河南布政司參議兼按察司僉事。提督學政，十四年正月，以左通政擢大理寺卿，二月，擢兵部右侍郎。十五年四月，坐考案論戍。

沈　荃　江南青浦人，字貞蕤，號繹堂，別號充齋，天啓四年生，順治九年壬辰殿試一甲三名，授編修。擢侍講，充日講起居注官，十一年五月，爲浙江鄉試正考官，十二年七月，爲太宗實錄館纂修官，十一月，充日講起居注官，十三年擢國子監祭酒，爲河南按察司副使分巡大梁道，十五年遷少詹，爲日講起居注官，十六年二月，擢詹事，兼翰林院侍讀學士，十九年五月，加禮部侍郎銜，康熙二十三年卒，年六十一歲，謚文恪。荃於民生利弊，時政人才得失，剴切詳言，略無瞻徇，經術湛深，爲人喜獎拔後進，工書，晚歲得力於米元章、董其昌至深，詩秀偉卓犖，其高者出入三唐，有充齋集。子宗敬，康熙二十七年戊辰進士，以庶常授編修，入直南書房，累官太常寺少卿。

秦　鉽　江南無錫人，長洲籍，字克繩，順治五年戊子舉人，十二年乙未會元，殿試一甲三名，授編修。先是殿試卷進呈，世祖閱至第三卷，知爲鉽所作，曰，此爲會元秦鉽所作，拆卷果然，世祖大悅，召見南海子，賜袍服比第一人，一時稱之，以爲異數，十五年八月，遷廣西布政司參議，分守北海道，十七年十二月，以浙江杭嚴道副使爲陝西布政司參政，分巡楡林東路兵備道。康熙三年八月，以陝西東路道，遷江西按察使。

吳國對　江南全椒人，字玉隨，一字默巖，萬曆四十四年生，順治十一年甲午，舉於鄉。

十五年戊戌殿試一甲三名，授編修。遷翰林院侍讀，康熙五年五月，爲福建鄉試正考官，十六年二月，提督順天學政，十九年卒，年六十五歲。國對才學優贍，工詩賦，善書，言論豐采，爲一時舘閣所推重，有賜書樓二十四卷，詩乘數十卷。

兄國鼎，崇禎十六年癸未進士，官內閣中書。國縉，字玉林，順治六年己丑進士，官江寧府教授，有詩韻更定。

弟國龍，崇禎十六年癸未進士，官禮科給事中。

葉方藹

江南崑山人，字子吉，號訒庵，順治十六年己亥殿試一甲三名，授編修。康熙三年爲會試同考官，江南奏銷案起，坐奪官，尋授上林苑蕃育署署丞，事白，還故官。康熙十二年四月，充日講起居注官，十四年十月，爲順天府武鄉試副考官，旋遷國子監司業，再遷侍講，聖祖宴瀛台，製八箴以獻，甚悅之，命撰太極圖，賜貂裘文綺。十五年，轉左庶子，再遷侍講學士，十六年，充孝經衍義館總裁。改侍讀學士，十七年五月，充經筵講官，鑑古輯覽皇輿表總裁，七月入直南書房，十二月，遷翰林院掌院學士，兼禮部侍郎，十八年二月，充會試副考官，五月，教習庶吉士，總裁明史舘，同年召試博學鴻詞，命爲閱卷，十九年五月，尚書講義成，加禮部尚書銜，二十年十一月，授刑部右侍郎，兼翰林院掌院學士，二十一年五月，方予告，卒，諡文敏。方藹文宗眉山，詩宗蘇陸，久侍講幄，啓沃勤勞，初以文章受知世祖，其後事聖祖，直內廷，眷遇優渥，生平廉樸純謹，其卒以板扉爲臥榻，支以四甓，布帳多補綴，無以爲殮，見者以爲難能。有讀書齋偶存稿，獨賞集。
父重華，崇禎元年戊辰進士，累官太常寺少卿。
兄方恒，順治十五年戊戌進士，累官山東僉事，濟寧河道。
子渟，康熙二十七年戊辰進士，由庶常授檢討。

吳光　浙江歸安人（今吳興），字廸前，號長庚，順治十八年辛丑殿試一甲三名，授編修。康熙元年，充會試同考官，五年奉命前往安南，冊封黎維禧爲安南國王，贈遺無所受，風節凜然，卒於官。有南山草堂集，使交集。

秦宏　江南無錫人，本姓周，字子重，康熙三年甲辰殿試一甲三名，授編修。歷侍講，入直上書房，累遷侍講學士。
弟宜振，康熙二十一年壬戌進士，官錢塘知縣。
子金簡，字大猷，號燕若，康熙五十一年壬辰進士，由庶常授編修。
侄金紳，乾隆四年己未進士，官新寧知縣。

董訥　山東平原人，字兹重，號默菴，康熙六年丁未殿試一甲三名，授編修。十一年五月，爲雲南鄉試正考官，十六年九月，以右中允右春坊充日講起居注官，歷侍講，十八年十一月，充明史纂修官，十九年五月，加侍講學士銜，於二十三年九月，以翰林院侍讀學士，超擢禮部右侍郎，十二月，爲經筵講官，二十四年正月，爲會試副考官，二月，改戶部右侍郎，旋轉左侍郎，五月，充政治典訓副總裁官，二十五年閏四月，轉戶部左侍郎，十月，擢左都御史，二十六年三月，改江南總督，二十七年三月，左遷兵部右侍郎，旋降爲侍讀學士，七月，改內閣學士兼禮部侍郎銜，尋充經筵講官，十月，改兵部右侍郎，二十八年三月，遷漕運總督，三十一年十二月，改左都御史，三十三年三月，坐附和于成龍，自行陳奏，巧爲掩飾革職，四十年十二月卒，詔復原官。訥掌漕運，設易知小單，剔弊釐奸，漕政肅清。有督漕疏草，柳村詩集。

徐乾學

江蘇崑山人，長洲籍，字原一，號健庵，崇禎四年生，康熙九年庚戌殿試一甲三名，授編修。十一年順天鄉試，充副考官，拔韓菼於遺卷中，明年大魁天下，坐副榜未取漢軍，與主考蔡啓僔並鐫級調用，旋復原官。遷左贊善，二十年二月，充日講起居注官，丁母憂解任，服闋起故官，二十一年六月，充明史總裁，累遷侍講學士，二十三年晉詹事，二十四年召試翰詹諸臣，擢爲第一，尋直南書房，三月，擢內閣學士兼禮部侍郎銜，五月，教習庶吉士，預修大清會典，六月、改禮部左侍郎，授內閣學士，充大清會典、一統志副總裁，專理館務，教習庶吉士，二十五年五月。授禮部右侍郎，旋轉左侍郎，會朝鮮使者鄭載嵩入朝，訴其國王受枉，語頗悖妄，劾其不敬，帝以此文有關國體，嘉之，二十六年六月，改禮部左侍郎，九月，遷左都御史，二十七年二月，改刑部尙書，五月，以病乞休，命原官解任，仍著留京充各館總裁，二十八年冬，以年老乞休，允給假回籍，仍暫留京，充各館總裁，並准將奉旨校讐之御選古文，會典，明史一統志諸書帶歸編輯，明春陛辭，賜御書光燄萬丈榜額，三十年四月，坐庇濰縣知縣朱敦厚加收火耗奪職，三十三年詔大學士舉長於文章學問超卓者，王熙、張玉書等薦乾學與王鴻緒，高士奇，命來京修書，時乾學已於斯年卒，年六十四歲，遺疏以所著一統志進，詔復原官。乾學勤於著述，嘗先後總裁一統志，會典，明史，鑑古輯覽，各館，輯纂古文淵鑑，讀禮通考，澹國文集，外集，詩集，虞浦集，詞館集，資治通鑑後編，班馬異同辯，輿地紀要諸書。藏書極富，有傳是樓書目行世。子五，樹穀，字藝初，康熙乙丑進士，官至山東道監察御史。炯，字章仲，康熙壬戌進士，典試福建，遷直隸巡道。樹敏，字師魯，康熙癸未進士，官安陽知縣。樹屏，字靜思，康熙壬辰進士，官至廣西提學僉事。駿，字觀卿，康熙癸巳進士，選庶吉士。

徐秉義　江蘇崑山人，字彥和，號果亭，乾學弟，元文兄，崇禎六年生，康熙十二年癸丑殿試一甲三名，授編修。十四年六月，爲浙江鄉試正考官，遷右中允，旋乞假歸。三十三年，兄乾學卒，召補原官，尋補少詹，三十六年十二月，充日講起居注官，三十八年二月，擢詹事，三十九年七月，授禮部左侍郎，仍管詹事府事，九月，充武會試正考官。十一月，改吏部右侍郎，仍兼管詹事府事，四十年十一月，充經筵講官，嘗偕刑部侍郎綏色克，如陝西讞糧道黃明受賄，失實不公，擬罪失當，四十一年六月，革去侍郎，仍留翰林官。尋授詹事，八月，爲順天鄉試正考官，四十二年十月，擢內閣學士，兼禮部侍郎。四十三年以年老乞休回籍。四十四年三月，聖祖南旋，賜御書恭謹老成榜額，五十年五月卒，年七十有九歲。有耘圃培林堂代言集。乾學，秉義，元文，兄弟鼎甲，俱有聲於時，世稱三徐。

翁叔元

江蘇常熟人，直隸永平衛籍，初名楄，字寶林，號鐵庵，崇禎六年生，康熙十五年丙辰殿試一甲三名，授編修。十七年八月，爲山東鄉試正考官，館試第一，擢右春坊右贊善，二十二年五月，爲日講起居注官，累遷國子監祭酒，二十六年五月，以侍講學士充日講起居注官，九月，擢內閣學士兼禮部侍郎銜，二十七年二月，遷吏部右侍郎，三月，充經筵講官，六月，改左侍郎，翌日遷工部尚書，二十八年五月，以事乞休，允之。三十一年八月，授刑部尚書，再充經筵講官，三十六年五月，因病予告，命原品休致，四十一年二月卒，年六十九歲。向例工部每有工事，先計其値上之，名曰料估，工完多冒破，所司不敢報聞，有十年不銷算者，大工至四十三案，叔元蒞部，甫半載，積牘一清，陋規盡革，在刑部時，平反全活甚衆，性寬厚平和，而義理所在，屹不可奪。愛才略嫌徧隘，或爲世人所誚。有鐵庵文稿，梵園詩集。祖憲祥，萬曆進士，累官湖廣巡撫。

茆薦馨　浙江長興人，字楚畹，康熙十八年己未殿試一甲三名，授編修。數月而卒。

彭寧求　江蘇長洲人（今吳縣），字文洽，康熙二十一年壬戌殿試一甲三名，授編修。二十四年爲會試同考官，充日講起居注官，累遷左中允，擢侍講，旋丁母憂歸里，服闋不起，後召補侍讀，直暢春苑，以勞卒於官，年五十歲。寧求服官勤於職守，有歷代山澤稅征記。

黃夢麟　江蘇溧陽人，字硯芝，號匏齋，康熙二十四年乙丑殿試一甲三名，授編修。累遷左中允。

父如瑾，順治十五年戊戌進士，累遷金華府知府。

張豫章　江蘇青浦人，原名翼，字旣亭，康熙二十七年戊辰殿試一甲三名，授編修。擢司經局洗馬。

黃叔琳　順天大興人，字崑圃，號宏獻，康熙十一年生，本歙縣程氏子，以父華蕃爲大興黃氏後，故爲大興籍。康熙三十年辛未殿試一甲三名，授編修，年甫二十。三十三年二月爲會試同考官，歷侍講，授鴻臚寺少卿，四十七年十月，提督山東學政，五十八年十月由左僉都御史，擢太常寺卿，六十一年十二月，擢內閣學士兼禮部侍郎銜，尋擢刑部右侍郎，雍正元年三月，充江南鄉試正考官，旋遷吏部左侍郎，命赴湖廣與總督楊宗仁議鹽價，革除陋規，剔釐積弊，二年二月，授浙江巡撫，八月坐徇庇鄉紳陳世侃杖斃民人賀懋芳等案解任，改命赴海塘效力。乾隆元年二月，授山東按察使，二年，遷布政使，四年八月，護理山東巡撫，旋丁母憂，七年服闋，起故官，五月，改詹事，兼翰林院侍讀學士，十二月，以在山東布政使任內，誤揭屬吏諱盜奪職，十六年辛未，重宴瓊林，給侍郞銜，二十一年卒，八十有五歲。叔琳少年巍科，工詩善文，嘗以文學政事，受知康熙、雍正、乾隆三朝，當代推為巨儒，世稱北平黃先生，撫浙之前，曾典江南鄉試，取捨一秉至公，聲譽至佳。有硯北易鈔，詩經統說，夏小正傳注，史通訓詁補註，文心雕龍輯法，顏氏家訓節錄，硯北襍錄，崑圃文集，周禮節訓諸書。

顧悅履

浙江海寧人，字丹誠，號培園，康熙三十三年甲戌殿試一甲三名，授編修。三十六年二月，為會試同考官，四十一年十一月，提督山東學政，歷侍讀，四十五年六月，充日講起居注官，四十七年六月，以左春坊左庶子，為陝西鄉試正考官，遷翰林院侍讀學士、四十八年三月，擢內閣學士兼禮部侍郞，五月教習庶吉士，五十一年，丁憂歸里，五十四年十二月，服闋，復任內閣學士，兼禮部侍郞銜，五十六年六月，卒於官，予祭葬。

弟周，康熙四十八年己丑進士，官廣東陽山縣知縣。

子五達，康熙四十八年己丑進士，選庶常。

姜宸英

浙江慈谿人，字西溟，崇禎元年生，康熙三十六年丁丑殿試一甲三名，授編修。年七十矣，明年副李蟠典試順天，同被劾，蟠遣戍，宸英事未白，三十八年死獄中，年七十二歲。宸英績學工文，辭閎雅博，早歲屢躓於有司，而名達禁中，聖祖目其及朱彝尊、嚴繩孫，為海內三布衣，十八年十二月，葉方藹總裁明史，宸英以監生應薦充纂修，食七品俸，二十五年三月，內閣學士徐乾學總一統志事，疏請宸英偕行，以儒生衣襆坐公卿之次，久之，始舉順天鄉試，殿試時，聖祖識其手書，親拔置第三。宸英精書法，行草尤入妙，得王鍾遺志，世頗重之，篤於問學，至老不懈，有湛園文稿，葦間詩集；江防總論，海防總論，西溟文鈔。

王　露　河南柘城人，字戒三，康熙三十九年庚辰會元，殿試一甲三名，授編修。四十二年為會試同考官。

錢名世　江蘇武進人，字亮工，號絅庵，康熙四十二年癸未殿試一甲三名，授編修。四十七年十月，充順天武鄉試副考官，歷侍講。五十年十一月革職，後起復，累遷翰林院侍講學士。雍正四年，坐投詩諂年羹堯奪職，發回原籍，以名教罪人四字榜其宅。並令在京現任官員由舉人進士出身者，倣詩人刺惡之意，各為詩文紀其劣跡，五月，着將諸臣所賦刺惡之詩，一併交其刊刻進呈，凡直省學校所在，各頒一部，以示鑑戒。名世夙負文譽，王世禎頗重其詩，王鴻緒延修明史，萬斯同任考核，付名世屬辭潤色之。有崇雅堂集。

賈國維　江蘇高郵人，字千仞，號奠坤，康熙四十五年丙戌殿試一甲三名，授編修。五十一年與王式丹等同革職。國維初以工書，侍內廷食俸，聖祖常以內翰林呼之，嗣舉順天鄉試，以冒籍被劾，聖祖南巡時，獻賦稱旨，取入內廷纂修，會試落第，蒙特賜進士，一體殿試，遂能以第三人及第云。

繆　沅

江蘇泰州人（今泰縣），字湘沚，號餘園，康熙十一年生，四十八年己丑殿試一甲三名，授編修。五十一年二月，爲會試同考官，五十六年九月，提督湖廣學政，旋改禮科給事中，歷侍讀，太僕寺少卿，右通政，通政使，於雍正六年四月，擢內閣學士，兼禮部侍郎，八月，遷工部左侍郎，九月，轉刑部左侍郎，八年二月，卒於官，年五十八歲。沅工詩善文，督學湖北，得人極盛，有餘園詩鈔。孫祖培，乾隆四十三年戊戌會元進士。

徐葆元

江蘇吳江人，徬姓潘，字亮直，號澄齋，康熙五十一年壬辰殿試一甲三名，授編修。五十七年六月，賜一品服，使琉球，敕封故王曾孫尚敬爲中山王，還撰中山傳信錄，述其風土，尋乞假歸，雍正初，以御史記名，旋卒，有二友齋集，海舶集。

魏廷珍

直隸景州人（今河北景縣）。字君璧，康熙七年生，初以舉人薦直內廷，在館充校對官，編樂歷淵源諸書，康熙五十二年癸巳殿試一甲三名，授編修。五十四年遷侍講，直南書房，五十五年四月，充日講起居注官，五十六年，轉侍讀，五十九年，七月，充江南鄉試正考官，九月擢詹事，十二月，遷內閣學士，六十一年，領兩淮鹽政，雍正元年正月，授湖南巡撫，二年六月緣命案失出，及撥綠旗兵餉未具題，召還京，九月，授盛京工部侍郎，三年八月，遷安徽巡撫，八年五月，調湖北巡撫，九年四月，召入京，五月授禮部尚書，十年二月，改漕運總督，兼署兩江總督，十一年四月，專任漕督，十二年十二月，授兵部尚書，十三年正月，充文穎館副總裁官，二月改禮部尚書，十三年五月，兼理工部尚書事務，乾隆元年，命以尚書銜，守護泰陵，三年十二月，授左都御史，四年三月，遷工部尚書，五年二月，坐因循懈怠奪職。十三年二月，高宗東巡過景州，廷珍迎謁，命還原職，賜以詩曰，皇祖栽培士，於今賸幾人，並書林泉耆碩榜賞之。十六年又賜詩，予其子廕生，二十一年三月卒，年八十有八，諡文簡。廷珍服官中外，歷數十年，浮沉宦海，一是以持祿保身為務，蓋通達世務而老於官場者流。

傅王露　浙江會稽人（今紹興），字良木，號玉笥，又號閬林，康熙五十四年乙未殿試一甲三名，授編修。六十年二月，為會試同考官，雍正七年，督學江西，累遷左中允左庶子，乞假歸里，不復出，乾隆二十六年十一月，入京獻册慶祝，賞贊善職銜。平生好學不倦，晚號信天翁，優游林下，以著述自娛，有玉笥山房集。

沈錫輅　浙江仁和人（今杭縣），字南指，康熙五十七年戊戌殿試一甲三名，授編修。雍正四年六月，提督山西學政。

程元章　河南上蔡人，字冠文，康熙六十年辛丑殿試一甲三名，授編修。雍正元年正月，為四川鄉試副考官，三年二月，為會試同考官，五月，署日講起居注官，四年二月，以少詹提督福建學政，七年七月，調署浙江布政使，十二月實授，八年五月，授安徽巡撫，十年七月，署浙江總督，仍兼浙撫，與直隸李衛會同通盤籌劃海塘事宜，十二年十月，詔省浙江總督缺，以總督銜專任浙江巡撫。十三年十月，塘工潰決，降一級留任，十二月解職，乾隆元年二月，授漕運總督，六月，調署禮部右侍郎，七月，暫署吏部右侍郎，十一月，署刑部右侍郎，二年三月實授，五六月，改吏部右侍郎，七月，改左侍郎，三年六月，以刑部侍郎署兵部侍郎，五年四月，坐不肯實心任事奪職。十五年九月，賞給侍郎銜休致。三十七年三月，高宗南巡，元章接駕，賞賜有加。元章撫皖時，疏濬廬州金牛河，引巢湖之水，灌溉農田，廬屬旱田萬千頃，盡成肥沃，農民生計，頗利賴之。

楊　炳

湖北鍾祥人，字蔚文，雍正元年癸卯恩科會元，殿試一甲三名，授編修。雍正二年二月，爲會試同考官，在南書房行走，歷侍讀，七年七月，爲江西鄉試正考官，九年四月，署講起居注官，九月實授，十年七月，爲順天鄉試副考官，累遷侍讀學士，十一月，提督福建學政，乾隆元年十一月，爲順天武鄉試正考官，二年五月，大考翰詹，名列四等，諭令不必在南書房行走。炳會試卷，呈覽奉硃批，卓識名言，不獨優於諸卷，即近代亦所不見，因獲貢士第一，及第後即奉召入內廷，賜廬圓明園左側，不世之遇也。

汪德容

浙江錢塘人（今杭縣），雍正二年甲辰殿試一甲三名，授編修。

馬宏琦　江蘇通州人（今南通），字景韓，雍正五年丁未殿試一甲三名，授編修。十三年二月，爲會試同考官，乾隆元年，改監察御史，爲順天鄉試同考官，累遷吏科給事中。

梁詩正　浙江錢塘人（今杭縣），字養仲，號薌林，康熙三十年生，雍正八年殿試一甲三名，授編修。初直上書房，獲侍高宗及誠和兩親王講讀，以舊學受知。十年七月，爲山東鄉試正考官，十二年九月，充日講起居注官，歷侍讀，累遷侍講學士，十三年丁母憂歸，高宗即位，於元年四月，召在南書房行走，以素服入直，照現任學士例給俸，兼直懋勤殿。三年服闋，補侍讀學士，七月，充日講起居注官，十月，爲順天武鄉試正考官，十二月，遷內閣學士，兼禮部侍郎銜，充經筵講官，四年正月，擢刑部右侍郎，五月，改戶部右侍郎，五年十一月，遷左侍郎，六年二月，爲文穎館副總裁，十月，兼理右侍郎，十年五月，授戶部尚書，十三年四月，改兵部尚書，十四年二月，加太子少師，兼刑部尚書，十一月，兼管翰林院掌院學士，十二月，充日講起居注官，尋命協辦大學士事，十五年正月，調吏部尚書，協辦大學士事，教習庶吉士，七月，命爲翰林院掌院學士，坐朱荃在四川學政任內匿喪納賄蒙混案革職留任，十六年高宗南巡，隨扈回浙，十七年九月，疏乞終養，允之，二十二年正月，高宗南巡，着照其品級，在家食俸，二十三年五月，丁父憂，九月召署工部尚書，二十四年正月，調補兵部尚書，八月，充順天鄉試正考官，二十五年，服闋，授兵部尚書，七月，教習庶吉士，仍命協辦大學士事，二十六年正月，並兼翰林院掌院學士，旋於是年五月，充經筵講官，改吏部尚書協辦大學士，二十七年八月，爲順天鄉試正考官，二十八年六月，爲大學士，七月，兼東閣大學士，十月，加太子太傅，十一月卒，年六十七歲，加賜太保，謚文莊，入祀賢良祠。詩正掌戶部時，疏論八旗當行邊屯，綠營當停募補，國計雖歲有餘，惓惓惟慮不足，藎籌遠慮，令人敬佩，其時朝廷之大制作，咸出其手，總裁國史，文穎，續文獻通考各館，體例多其手訂，文宗南豐，詩骨蒼秀，有矢音集。兄啓心，字首存，乾隆四年己未進士，由庶常授編修。

沈文鎬

子同書，字元穎，以舉人准予一體殿試，乾隆十七年壬申進士，由庶常授編修，歷侍講，嘉慶十二年重宴鹿鳴，加侍講學士銜。

江蘇崇明人，字紹岐，雍正十一年癸丑殿試一甲三名，授編修。十三年閏四月，提督山西學政。

秦蕙田

江蘇金匱人（今無錫），字樹峯，號味經，康熙四十一年生，雍正十三年乙卯舉人，乾隆元年丙辰殿試一甲三名，授編修。五月，在南書房行走，六年九月，爲順天武鄉試正考官，七年一月，在上書房行走，八年爲會試同考官，閏四月，歷侍講，十一月，由右通政擢內閣學士，兼禮部侍郎銜，十年四月，遷禮部右侍郎，十二年四月，丁憂解職，十三年四月，起禮部左侍郎，十五年十月，改刑部右侍郎，十七年六月，轉左侍郎，二十年十月，充經筵講官，二十二年正月，授工部尚書，四月，暫行兼署刑部尚書，二十三年正月，遷刑部尚書，二十五年三月，充會試正考官。二十八年三月，再典會試，十月，加太子太保，二十九年南還就醫，卒於滄州，年六十三歲，謚文恭。嘉慶元年八月，入賢良祠。蕙田少承家學，以經術篤行，爲江陰楊名時所知，立朝三十年，剛介自守，不曲意徇物，通經能文，尤精於三禮，撰五禮通考，首採經史，次及諸家傳說，先儒所未能決者，疏通證明，使後儒有所折衷，以樂律附吉禮，以天文曆法方輿彊理附嘉禮，博大閎遠，條貫賅備，論者謂能竟晦庵未竟之志。又好治易，及音韻律呂算數之學，皆有著述。領西曹甚久，遇事沈毅果斷，退則閉戶著書，爲學以窮經爲主。本生父道然，與貝子允禟往返罪下獄，歷時九載，蕙田願奪己職爲乞恩，高宗遂宥道然。所著味經窩集，亦多說經文字，有已入通考者，學者稱味經先生。

祖松齡，字留僊，順治十二年乙未進士，由庶常授檢討，官左春坊左諭德。

父道然，字名生，康熙四十八年己丑進士，累官禮科給事中。

叔壽然，字人鑑，乾隆二十二年丁丑賜編修。

子泰鈞，乾隆十九年甲戌進士，由庶常授編修。

任端書

江蘇溧陽人，字搢思，號念齋，乾隆二年丁巳恩科殿試一甲三名，授編修。七年二月，爲會試同考官，十一年，以憂歸，不復出，寓住無錫（其祖文煒官無錫教諭，遂居無錫，）優遊林下二十餘年而卒。有南屏集。

父蘭枝，康熙五十二年癸巳榜眼，另有記。

秦勇均　江蘇金匱人（今無錫），字健資，號杜川，雍正二年舉人，乾隆四年己未殿試一甲三名，授編修。十年二月，爲會試同考官。旋出知九江府，移廣信，親詣鷺湖書院與諸生講學，丁憂解任，服闋，起爲山西平陽知府，二十二年十二月，以蔣洲虧空案內被動出銀，部議從寬降一級留任。累遷於二十七年七月，擢陝西按察使。三十五年十二月，因病解任，卒於商州，年七十八歲。

湯大紳　江蘇陽湖人（今武進），字孫書，號葯岡，乾隆七年壬戌殿試一甲三名，授編修。十年二月，爲會試同考官，旋因考試獲譴，休致歸里，大紳爲人淡於仕進，傲岸磊落，有葯岡詩鈔，詩餘。

王際華　浙江錢塘人（今杭縣），字秋瑞，號白齋，乾隆十年乙丑殿試一甲三名，授編修。十三年二月，爲會試同考官，六月，大考一等，擢侍讀學士，十四年十一月，在南書房行走，十五年六月，爲湖北鄉試副考官，十六年八月，提督肇高學政，十九年二月，充日講起居注官，四月，晉詹事，二十年七月，充經筵講官，擢內閣學士兼禮部侍郎銜，二十二年正月，改刑部左侍郎，十月，爲湖南巡撫蔣炳黨庇楊灝擬入緩決案，革職留任。二十五年四月，調兵部，六月，爲江西鄉試正考官，二十八年三月，爲會試副考官，八月，兼署吏都侍郎，三十年五月，遷戶部右侍郎，九月，仍署理吏部侍郎，三十一年正月，兼署工部侍郎，六月，教習庶吉士，三十二年七月，改左侍郎，三十三年六月，為江南鄉試正考官，三十四年十一月，擢禮部尚書，三十八年閏三月，充四庫全書正總裁，四月，加太子太傅，八月，改戶部尚書，四十一年三月，卒於官，年五十四歲，贈太子太保，謚文莊。際華總裁四庫總書館，並兼武英殿事，頗著勤勩，人亦公正廉明。

汪廷璵　江蘇鎮洋人（今太倉），初名璿，字衡玉，號持齋，乾隆十三年戊辰殿試一甲三名，授編修。十五年七月，為河南鄉試正考官，十六年十一月，為湖南鄉試正考官，十七年六月，御試翰詹，考列一等一名，擢侍講學士，充日講起居注官，十月，為武會試副考官，十八年五月，為福建鄉試副考官，十八年九月，提督福建學政，二十一年夏，丁憂回籍。服闋，二十四年六月，再督福建學政，二十八年六月，充日講起居注官，九月，任滿留任，二十九年十月，以少詹在上書房行走，三十年六月，為湖北鄉試正考官，三十一年九月，擢詹事。三十二年十二月，遷內閣學士，兼禮部侍郎銜。三十三年九月，為江西學政，三十七年三月，為會試副考官，三十九年十月，教習庶吉士。四十二年六月，為江西鄉試正考官，八月，提督順天學政，四十三年，改直隸學政，四十四年二月，充四庫全書館總閱，三月，擢工部右侍郎，十二月，以憂解職。卒年六十有六歲。嘉慶八年四月，入祀鄉賢祠。廷璵服官凡三十年，久趨禁近，謹愼縝密，退則校勘圖史，無異諸生時，屢次典試務及督學，拔取多佳士。

子學金，乾隆四十八年辛丑探花。另有記。

周　澧　浙江嘉善人，字芑東，號東阜，乾隆十六年辛未會元，殿試一甲三名，授編修。兄翼洙，乾隆十九年甲戌進士。

盧文弨　浙江餘姚人，字紹弓，號抱經，又號磯魚，一號檠齋，康熙五十六年生，初任中書十年，乾隆十七年壬申殿試一甲三名，授編修。二十二年十月，上書房行走，二十三年四月，充日講起居注官，歷左春坊左中允，翰林院侍讀學士、侍講，二十九年二月，充日講起居注官，三十年五月，充廣東鄉試正考官，明年四月，督學湖南，以條陳學政事宜，部議降三級用，三十二年十二月，以條奏不當撤任，三十三年，乞養南歸，不復出。六十年卒，年七十九歲。文弨潛心漢學，與戴震、段玉裁友善，好校書，歸田後，所校逸周書、孟子音義，荀子、呂氏春秋、賈誼新書、韓詩外傳、春秋繁露、方言白虎通、經典釋文諸善本，主講四方書院二十餘年，孳孳無怠，刊行抱經堂彙刻，凡十五種，最稱精審，又合經史子集三十八種，摘字而注之，名曰羣書拾補，著有儀禮注疏詳校十七卷，廣雅注二卷，鍾山札記四卷，龍城劄記三卷，抱經堂集十四卷，讀史札記，其主講江浙各書院，以經術導士，江浙士子，多信從之，學術爲之一變。文弨與人交篤於友誼，家有張遷碑，秦大士愛而乞之，不與，一日，大士乘文弨出，入其書舍，攫取而去，文弨歸，知之，追至大士室，奪之歸。未半月，大士暴卒，文弨往奠畢，袖中出此碑，哭曰，早知兄將永訣，我當時何苦如許吝耶？取帖靈前焚之，頗有延陵掛劍之風。

倪承寬

浙江仁和人（今杭縣），字餘疆，號敬堂，康熙五十一年生，乾隆十九年甲戌殿試一甲三名，授編修。二十二年十月，上書房行走，三十一年十二月，以太僕寺少卿擢內閣學士，三十二年七月，遷禮部右侍郎，二十三年八月，提督順天學政，九月留任。三十七年二月，爲會試知貢舉，九月，爲武會試正考官，十二月，改倉場侍郎，三十九年七月，坐硃批洩漏案奪職嚴訊，八月，以罪情較輕獲釋，賞給編修，仍在阿哥書房行走，四十二年四月，在十五阿哥處課讀，五月，命校勘四庫全書。四十四年二月，充四庫全書館總閱，四十五年五月，以太僕寺卿改太常寺卿，四十六年十一月，爲揀選贊禮郎與例不合，降二級留任。四十八年卒，年七十一歲。

鄒奕孝

江蘇金匱人（今無錫），字念喬，乾隆十八年舉人，二十二年丁丑殿試一甲三名，授編修。三十三年六月，爲陝西鄉試副考官，歷左中允，三十六年十月，署日講起居注官，遷侍讀，三十九年爲順天鄉試正考官，累官國子監祭酒，五十一年二月，兼管樂部，高宗臨雍，講易天行健一節，奕孝以聖學帝治，反覆敷陳，高宗動容嘉歎，五十二年三月，授內閣學士，兼禮部侍郎，九月，爲會試正考官，十一月，直文淵閣事，五十三年七月，改禮部右侍郎，八月，爲順天鄉試副考官，五十四年六月，遷工部右侍郎，八月，爲順天鄉試副考官，十月，改左侍郎，五十五年三月，為會試副考官，五十六年九月，提督山東學政，十月，改為福建督學，五十七年八月，任滿留任，旋返京，回工部，五十八年八月，卒於官。奕孝深通音律，郊祀中典中和韶樂，皆所編定，製器尤精，任祭酒時，和珅柄政，稔其才，頗欲致之，不可假，觀其器，又不可，曾七載不遷，有諷之者，曰，命係由天，恩出自上，若何能為耶？生平掌文衡最久，同考典試視學凡十有三次，辦理均能持平，無忝厥職。

王文治

祖恒升，字泰和，順治九年壬辰狀元忠倚曾孫，康熙五十七年戊戌進士，由庶常授編修，累遷侍講學士。

父永綏，字陟齋，乾隆元年丙辰進士，官工部郎中。

江蘇丹徒人（今鎮江），字禹卿，號夢樓，雍正八年生。乾隆二十五年庚辰殿試一甲三名，授編修。二十八年二月，為會試同考官，同年大考翰詹，名列第一，擢侍讀，尋出為雲南臨安府知府，因案鐫級，乞病假歸，遂不復出，往來吳越間，主講鎮江，杭州等書院，歷數十年，工書法，秀逸天成，楷書法褚河南，行草宗王羲之，或謂得董其昌之神韻，而與劉墉並名，時稱濃墨宰相，淡墨探花，善畫梅，為文尚瑰麗，至老一歸平淡，詩亦能盡古今之變而自成體，尤精音律，嘗買僮教之度曲，行無遠近，必以自隨，一時聲華與袁枚不相上下，顧持佛戒甚嚴，日食惟蔬果，與姚鼐交最深，論最契，而書實過之，嘉慶七年，年七十有三，趺坐室中而逝。有夢樓詩集二十卷。

趙　翼　江蘇陽湖人（今武進），字耘松，一字雲松，號甌北，雍正五年生。乾隆二十六年辛巳恩科殿試一甲三名，授編修。先是翼於十九年以舉人中明通榜，充內閣中書，爲軍機處章京，及第後，二十八年二月，爲會試同考官，三十年九月，爲順天鄉試副考官，旋出知鎮安府，三十三年三月命赴征緬軍贊畫，尋調廣州知府，擢貴西兵備道，以廣州讞獄舊案鐫級，遂乞假歸，不復出。五十二年大將軍福康安奉詔入台戡林爽文亂，李侍堯總制閩浙邀翼與俱，事平辭歸，在杭主講安定書院，以著作自娛，嘉慶十五年七月，重宴鹿鳴，賞三品頂戴，十九年卒，年八十有八。翼三歲能識字，十二爲文，一日成七篇，人奇其才，及任軍機章京，進奏文字，頃刻千言，殿試擬一甲一名，高宗識王杰書法，以陝西百年來尙無大魁者，遂將原置第三之杰卷拔置第一，而移翼第三，其守桂粵，均能以民瘼爲重，佐李侍堯幕，治臺亂，籌畫尤多，邃於文學，詩與袁枚、蔣士銓齊名，賦性倜儻，才調縱橫，爲館閣鮮有之幹才。有廿二史劄記，皇朝武功記盛，陔餘叢考，甌北詩集，文集，簷曝襍記。

韋謙恒　安徽蕪湖人，字愼旃，一字愼占，號約軒，乾隆二十八年癸未殿試一甲三名，授編修。遷侍讀，三十三年四月，大考翰詹，名列二等。升授庶子，九月，提督山西學政，旋調山東，三十六年十二月，充日講起居注官，晉侍讀學士，三十七年二月，擢雲南按察使，四月，移貴州按察使，八月，改布政使，三十九年五月，署理巡撫，四十年十月，坐祖庇劣員案革職，四十一年九月，賞給編修，在四庫全書處行走，四十四年五月，為雲南鄉試正考官。四十七年正月，補贊善，四庫全書告成，旋擢祭酒。四十九年八月，充日講起居注官，五十一年七月，為陝西鄉試正考官。五十二年十二月，以辦理四庫全書錯誤，降補中允。

劉曜雲

江蘇武進人，字伏先，號青垣，乾隆元年生，三十一年丙戌殿試一甲三名，授編修。歷侍讀，三十五年七月，為山東鄉試正考官，四十五年十月，以侍講學士充日講起居注官，翌年十月，擢詹事，四十八年十一月，署經筵講官，四十九年四月，為江西學政，五月，擢內閣學士，五十一年正月，充經筵講官，二月，遷工部右侍郎，九月，為武會試副考官。十一月，署禮部右侍郎，五十三年四月實授，五十四年八月，提督福建學政，九月，丁憂解職。五十七年七月，為山東鄉試正考官，八月，服闋，補禮部右侍郎，五十九年六月，為江西鄉試正考官，六十年三月，為會試考官，因會元王以鋙復試名列三等七十一名，於四月降級解任。旋補奉天府丞，尋改大理寺少卿，嘉慶五年正月，再授禮部右侍郎，六年正月，轉左侍郎，七月，改工部左侍郎，九年七月，以御門誤班，再降內閣學士，十年二月，補兵部右侍郎，五月，改左侍郎，六月，以年老致仕，十三年卒，年七十三歲。曜雲服官數十年，清廉自守，家無一畝之室，半頃之田，有貽拙齋詩文集。

父綸，字如叔，乾隆元年丙辰召試博學鴻詞一等一名，授編修，累官文淵閣大學士，兼工部尚書，諡文定，在朝十年，與劉統勳有南劉北劉之稱，有繩庵內外集。

陳嗣龍　浙江平湖人，字紹先，號春淑，乾隆三十四年乙丑殿試一甲三名，授編修。歷侍讀，四十二年六月，爲江西鄉試副考官，四十八年六月，爲湖北鄉試正考官，五十一年七月，爲陝西鄉試副考官，五十二年十月，充日講起居注官，五十四年閏五月，爲福建鄉試正考官，五十六年二月，大考二等，擢侍講學士，旋遷通政使副使，五十九年四月，改光祿寺卿，六十年八月，提督福建學政，嘉慶二年五月，改太常寺卿，十一月，轉宗人府府丞，三年十一月，授左副都御史，四年十月，爲武會試副考官，五年八月，爲順天鄉試副考官，六年三月，爲會試知貢舉，四月，爲殿試讀卷官，十一年六月，坐奏參左都御史熊枚非體，左遷翰林院編修，在國史館纂修上行走，十二年十月卒，賞四品銜。

范　衷　浙江上虞人，字士恒，號恭亭，乾隆三十六年辛卯恩科殿試一甲三名，授編修。累遷江南道監察御史。

俞大猷　浙江山陰人（今紹興），大興籍，字鶴雲，乾隆三十七年壬辰殿試一甲三名，授編修。

沈清藻　浙江仁和人（今杭縣），字魯田，號硯香，又號沈亭，乾隆三十六年解元，四十年乙未恩科殿試一甲三名，授編修。次年卒於官。
兄清任，字莘田，乾隆十七年壬申進士，累官四川川東道。

孫希旦　浙江瑞安人，字紹周，乾隆四十三年戊戌殿試一甲三名，授編修。

程昌期　安徽歙縣人，字階平，號蘭翹，乾隆四十五年庚子恩科殿試一甲三名，授編修。歷左贊善，侍讀，五十四年三月，坐上書房曠班不到，降三級留任。六月，為浙江鄉試副考官，五十六年二月，大考擢贊善。五十七年五月，為廣西鄉試正考官，五十九年五月，為福建鄉試正考官，六十年八月，提督山東學政，累遷侍讀學士，入直上書房。敦品立學，為世所重，宣宗稱之曰蘭翹先生。
子恩澤，字春海，嘉慶十六年辛未進士，累遷戶部侍郎，有國策地名考二十卷，詩文集十卷。

汪學金　江蘇鎮洋人（今太倉），字敬箴，號杏江，又號靜崖，乾隆十三年生，四十六年辛丑殿試一甲三名，授編修。五十一年七月，為江西鄉試副考官，累遷左庶子，嘉慶九年卒，年五十有七歲。有井福堂文稿，靜崖詩集。
父廷璵，乾隆十三年戊辰探花，另有記。

邵玉清　直隸天津人，字俊潔，乾隆四十九年甲辰殿試一甲三名，授編修。五十一年閏七月，為山東鄉試副考官，遷國子監司業。

董教增　江蘇上元人（今江寧），字益甫，一字觀橋，乾隆十五年生，四十二年舉拔貢，家貧甚，襆被入京應朝考列一等，授小京官，四十五年高宗南巡時，召試舉人，充內閣中書，五十二年丁未殿試一甲三名，授編修。五十四年三月，坐上書房曠班不到，降三級留任。散館後，改吏部主事，累遷郎中，嘉慶四年，以道員分省四川，五年五月，授按察使，七年八月，調貴州按察使，九年六月，遷四川布政使，十二年五月，擢安徽巡撫，十二月，調署湖北巡撫，十四年十二月，奏請分別開豁遠年世僕，嘉惠賤民。十五年三月，調陝西巡撫，署理陝甘總督，十八年十月，遷廣東巡撫，二十二年三月，擢閩浙總督，嘗奏請廈門洋船，准予販運茶葉，奉諭申斥，二十五年十二月，以病乞休，允之。道光二年九月卒。年七十三歲，謚文恪。教增量弘毅而識果敏，在嘉慶督撫中最爲有名。開藩四川時，力矯豪奢，崇節儉，集宴不設劇，總督勒保以春酒召，聞樂而返，勒亟撤樂乃至盡歡。嘗謂人不可作無益之事，不可爲無益之語，不可用無益之錢；又謂刻於己爲儉，儉於人爲刻，一時歎爲名言。服官有守有爲，建樹閎達，亦爲他人所不能及者。

劉鳳誥

江西萍鄉人，字承謨，一字金門，乾隆五十四年己酉恩科殿試一甲三名，授編修。五十六年二月，大考名列二等，擢侍讀學士，十一月，校勘石經，五十七年八月，督學廣西，嘉慶元年九月，爲日講起居注官，五年六月，爲湖北鄉試正考官，六年二月，擢太常寺卿，充實錄館總纂官，七月，爲山東鄉試正考官，八月，提督山東學政，七年正月，遷內閣學士，兼禮部侍郎銜，九年六月，遷兵部右侍郎，加宮保銜，七月，改兵部左侍郎，八月，兼署吏部左侍郎，爲實錄館副總裁官，專勘稿本。十年正月，因實錄內刪節謁陵儀注不洽，降一級留任。旋左遷內閣學士，十一年五月，轉兵部右侍郎，十月，改吏部右侍郎，加宮保銜，爲經筵講官，十二年二月，專辦實錄館事，八月爲江南鄉試正考官，八月，提督浙江學政，十四年六月，因事解任，八月，以浙江學政任內，坐監臨舞弊革職，十月，發往黑龍江效力，適將軍有賀表命鳳誥代撰，表至，仁宗謂近臣曰，此劉鳳誥筆也，其文愈佳於昔，可謂窮苦始工也。十七年正月，命放歸故里，二十三年六月，以其編纂高宗實錄，曾有微勞，學問亦可，仍賞編修，入京供職。道光元年卒。有五代史補註，存恤齋集。

王宗誠

安徽青陽人，字蓮府，又字中孚，乾隆二十九年生，五十五年庚戌殿試一甲三名，授編修。五十七年閏四月，爲雲南鄉試正考官，六十年六月，爲四川鄉試正考官，嘉慶三年六月，爲陝西鄉試正考官，八月，提督河南學政，任滿返京充武英殿提調，七年四月，以詹事府庶子，充日講起居注官，八年三月，大考三等，左遷左庶子，旋擢侍讀學士，九年九月，爲日講起居注官，十月，爲順天武鄉試正考官，改少詹，十一年十月，擢詹事，十三年二月，省親回京，旋丁憂解任是年八月，提督山東學政，十五年十月，服闋，起爲詹事，十六年九月，爲武會試副考官，明年五月，遷內閣學士，兼禮部侍郎銜，督學河南，十八年九月，擢禮部右侍郎，十九年正月署經筵講官，二月，改任兵部，充治河方略館副總裁，三月，爲會試副考官，尋調刑部右侍郎，爲國史舘副總裁，二十年四月，在上書房行走，二十一年四月，以父老乞終養，二十三年十一月，署禮部右侍郎，二十四年八月，督學江西，九月，服闋，授兵部左侍郎，仍署禮部右侍郎，十月，坐案以三品京堂補用，明年三月，提督江西學政，尋遷禮部左侍郎，仍留任江西。道光二年二月，擢兵部尚書，三年三月，署禮部尚書，四月，爲殿試讀卷官，七年四月，署工部尚書，十二年二月，再署工部。在職凡十五年，歷兼署禮工尚書，十五年三月兼管順天府事，十七年正月，卒於官，年七十四歲。宗誠生平嚴峻不苟，以貴公子早取甲第，歷官皆能稱職，當其爲學士時，乃父懿修，方爲侍郎，尋隨父扈蹕東巡，侍宴翰林院，父子同席，高宗實錄成，賜宴，懿修以尚書主席，及後懿修致仕，宗誠繼直上書房，海內推爲榮遇，宣宗亦以其父子先後官禁近，皆能勤愼從事，特優睞焉。

父懿修，字春敷，乾隆三十一歲丙戌進士，由庶常授編修，累遷禮部尚書，太子少保，謚文僖。

陳希曾

江西新城人，字集正，又字雪季，號鍾溪，乾隆三十二年生，五十八年癸丑殿試一甲三名，授編修。五十九年五月，爲雲南鄉試副考官，六十年五月，爲貴州鄉試正考官。嘉慶三年三月，大考擢贊善，八月，提督四川學政，旋改左贊善，八年三月，大考二等，擢侍讀學士，四月，署日講起居注官，九年二月，充日講起居注官，七月，提督山西學政，八月留任，十年七月，遷詹事，十二月，授內閣學士，兼禮部侍郎銜，旋爲山西學政，十三年二月，改工部右侍郎，四月，爲殿試讀卷官，五月，教習庶吉士，六月，爲江南鄉試副考官，九月，轉左侍郎，十四年五月，教習庶吉士，十二月，坐失察假印，降二級留任，十五年八月，署戶部右侍郎，爲順天鄉試副考官，十六年四月，爲殿試讀卷官，五月，總裁武英殿，七月，遷戶部右侍郎，十二月，充經筵講官，十七年五月，總裁高宗實錄，因廟號譌寫，悞高宗爲高祖降三級調用，十月，降補內閣學士，十八年三月，授工部右侍郎，八月，提督江蘇學政，十九年三月，改刑部右侍郎，充國史館副總裁，五月轉左侍郎，二十一年六月，改刑部左侍郎，九月，以老病解職，尋卒。希曾工詩文，嫻掌故，有治事才，重遭降黜，從公不稍懈，亦無怨言，世多稱之。

叔觀，乾隆四十九年甲辰進士，累遷倉場侍郎。

兄希祖，乾隆五十五年庚戌進士，累遷御史。

潘世璜

江蘇吳縣人，字黼堂，乾隆二十九年生，六十年乙卯恩科殿試一甲三名，授編修，改戶部主事。

父奕雋，字榕皋，乾隆三十四年己丑進士，官戶部主事。

子邈祁，字順之，道光二十五年乙巳進士，選庶常授編修，遷侍讀。

帥承瀛

湖北黃梅人，字士登，號仙舟，嘉慶元年丙辰殿試一甲三名，授編修。五年八月，爲順天鄉試同考官，六年四月，充日講起居注官，五月，充廣東鄉試正考官，累遷國子監祭酒，先後督學廣西、山東，十三年五月，擢太僕寺卿，留山東提督學政，十五年五月，遷通政使，留任山東，十月，授左副都御史，署戶部倉場侍郎，十六年五月署順天府尹，七月遷禮部右侍郎，九月，知武舉，十一月，改工部右侍郎，十七年五月，轉左侍郎，充文穎館總裁官，十二月，調吏部右侍郎，丁母憂，服闋，於二十年六月，起原官，二十一年三月，改刑部左侍郎，六月，改工部右侍郎，二十三年六月，爲江南鄉試正考官，二十四年四月，爲殿試讀卷官，十月，爲順天武鄉試正考官，二十五年十二月，調浙江巡撫，道光元年十二月，充日起居注官，四年九月，丁父艱，服闋回京，以目疾久不愈，乃乞歸，二十一年二月，卒於家，祀浙江名宦祠，依總督例加恤，賜其孫拔貢生遠燡舉人。承瀛撫浙時，整頓鹽務，酌改章程十事，擬訂鹽務官制，裁鹽政，歸巡撫兼理，養廉革掣規，供應灶課，由場徵解，銷引先正後餘，引目通融行銷，收支力杜弊混，梟私商私並禁，掣驗改復兩季，甲商酌裁節費，均中肯綮，施行後浙鹺遂見起色。又言改革漕務積弊，在於嚴禁官役需索，沿途之規費除，即幫丁之用費省，而州縣浮收勒折之弊，亦力絕其萌，庶愛民卹丁，兩有裨益，其所措施，國計民生，實多利賴焉。
弟承瀚，字海門，嘉慶十年乙丑進士，累官左副都御史。
孫遠燡，字仲謙，道光二十七年丁未進士，官編修，咸豐初，納貲爲丹陽知縣，累遷江西道員，七年與洪楊軍戰於東鄉，歿於陣，予騎都尉世職，建寄祠謚文毅。

王引之

江蘇高郵人，字伯申，號曼生，乾隆三十三年生，嘉慶四年己未殿試一甲三名，授編修。六年五月，爲貴州鄉試正考官，八年三月，大考一等，擢侍講，充日講起居注官，四月，遷右春坊右庶子，九年六月，爲湖北鄉試正考官，遷侍讀學士，十六年九月，充日講起居注官，十八年六月，以通政司副使，轉太僕寺卿，十月，改大理寺卿，十九年三月，提督山東學政，二十一年十二月，遷左副都御史，二十二年二月，授禮部左侍郎，二十三年六月，爲浙江鄉試正考官，二十四年三月，爲會試副考官，九月，教習庶吉士，尋坐事鐫級，十一月，左遷通政使，十二月，轉吏部右侍郎，二十五年九月，充嘉慶實錄館副總裁，十月，知武舉，道光元年六月，爲浙江鄉試正考官，八月，爲國史館副總裁，十二月，充經筵講官，二年三月，改左侍郎，四月，爲殿試讀卷官，三年二月，爲會試副考官，五月，教習庶吉士，九月，爲武會試正考官，尋以失儀降三級留任，五年八月，署戶部右侍郎，兼管錢法堂事務，九月，爲順天武鄉試正考官。六年四月，爲殿試讀卷官，七年五月，擢工部尚書，七月，爲武英殿總裁官，八年八月，署戶部尚書，九年七月，署吏部尚書，十年九月，改禮部尚書，十一年七月，署工部尚書，九月，爲順天鄉試正考官，十月，爲順天武鄉試正考官，十二年正月，以憂免。十四年十一月，服闋，署工部尚書，越七日實授，又七日，卒於官，年六十七歲，謚文簡。引之服官，履道廣深，風鑑明遠，明刑典禮，獨持大綱，以勤愼正直著稱，福建龍溪署令朱履中誣布政使李賡芸受賕，總督汪志伊，巡撫王紹蘭劾之，對簿無佐證，而持之愈急，賡芸遂自經，命引之讞之，平反其獄，罷督撫焉。嘉慶十八年林清逆案既定，有議高厚宮牆，有議增駐兵額，引之均非之，具摺上，仁宗大動容，召對良久乃罷，謂軍機大臣曰，王引之乃能言人所不敢言，其風格可知矣。引之好治學，傳乃父念孫聲音文字訓詁之學，而推廣之，作經義述聞，經傳辭釋，字典考證，春秋名字解詁等書，精博過惠戴二家。

祖安國，雍正二年甲辰榜眼，另有記。

父念孫，字懷祖，乾隆四十年乙未進士，選庶常，累官永定河道，嘉慶四年正月，以給事中與廣興奏參和坤，直聲震天下。道光五年八月，重宴鹿鳴，賞四品銜。少受業於戴震，其分古韻爲二十一部，按之羣經楚辭，嶄然不同，說者謂段顧諸家所不及，撰廣雅疏證，著讀書襍誌。

鄒家燮　江西樂平人，字秀升，號理堂，嘉慶六年辛酉恩科殿試一甲三名，授編修。九年四月，爲貴州鄉試副考官，十年五月，以御史記名，尋改江南道監察御史，遷兵科掌印給事中，卒於官。

朱士彥　江蘇寶應人，字修承，號詠齋，乾隆三十六年生，嘉慶七年壬戌殿試一甲三名，授編修。大考擢贊善，十二年七月，爲河南鄉試正考官，十七年九月，署日講起居注官，十八年八月，以侍講提督湖北學政，累遷侍讀學士，入直上書房，二十二年六月，署日講起居注官，歷少詹，二十三年十一月，在上書房行走，二十五年七月，擢內閣學士，兼禮部侍郎銜，道光元年五月，以疾乞解任，旋於二年正月，起原官，兼禮部侍郎銜，八月，授兵部右侍郎，九月，知武舉，三年四月，爲殿試讀卷官，九月，再知武舉，十二月，改左侍郎，五年六月，暫在上書房行走，授大阿哥讀，八月，提督浙江學政，九年二月，署經筵講官，三月，典會試，九月，再知武舉，十年二月，督學安徽，九月，擢左都御史，十一年五月，遷工部尚書，十月，馳赴江南查辦賑災，十二年正月，爲武英殿總裁，三月，爲會試副考官，四月，教習庶吉士，十三年三月，爲國史館副總裁，兼署左都御史，四月，改吏部尚書，十二月，充經筵講官，十四月二月，乞假省親，允之，旋丁父憂歸，十六年六月，服闋，署吏部尚書，十七年正月，授兵部尚書，十二月，充經筵講官，十八年二月，兼管順天府尹事，三月，典會試，充正考官，五月，調吏部尚書，九月卒於官，年六十八歲，贈太子太保，諡文定。士彥初以翰林充國史館編纂，成河渠志一書，故於河淮事務，最爲熟悉，嘗疏進河防五策，均如其言以行，屢勘蘇皖魯豫各省河工及賑務，清除積弊，又疏陳常平倉糶賣章程，請各省囚糧遞糧作正開銷，毋動倉穀，平糶必市價在八錢以上，始准出糶，採買須俟年豐穀賤，且必在出糶二三年後，以紓民力，而袪宿弊。士彥綜名覈實，受知宣宗，奉使按事，均能稱旨，居嘗語家人曰，余生平行事過人者，惟見得定，守得定，此六字不敢不勉，及其卒，賜其四子舉人、副貢、貢生有差，並優詔嘉其性情爽直，辦事公正焉。

何凌漢

湖南道州人（今道縣），字仙槎，一字雲門，乾隆三十七年生，嘉慶十年乙丑殿試一甲三名，授編修。十二年五月，爲廣東鄉試副考官，十三年八月，爲順天鄉試同考官，大考二等，擢國子監司業，遷右庶子，二十四年五月，爲福建鄉試正考官，八月，留任學政，道光二年七月，以國子監祭酒，爲山東鄉試正考官，八月，提督山東學政，遷通政副使，六年二月，授順天府尹，十年八月，遷大理寺卿仍署府事，在任五年，十一年正月，署兵部右侍郎，二月，轉左副都御史，五月，遷工部右侍郎，兼管錢法堂事務，六月，典試浙江，八月，督浙學政，十三年正月，改吏部右侍郎，兼管順天府府尹事，七月，兼署戶部右侍郎，管錢法堂事務。十四年二月，擢左都御史，仍管順天府尹事，十一月，授工部尚書，十二月，充經筵講官，十五年三月，爲會試副考官，五月，教習庶吉士，十六年三月，兼署吏部尙書，十七年十一月，再兼署吏部尙書，十八年二月，又兼署吏部，十九年三月，改戶部尙書，仍兼署吏部，八月，爲順天鄉試副考官，子紹基，典試福建，父子同持文柄，時人榮之，二十年二月，卒於官，贈太子太保，諡文安。凌漢於吏戶工三部，歷時十年，主持公議，熟思利弊，一無所苟，典試粵閩浙京，取士公正，督學閩浙，亦能認眞從事，京畿獄訟繁多，凌漢到任後自立簿籍，每月按簿催結無留獄，綜其一生，以文章道德，繫中外望者數十年，善書工詩，有雲腴山房集。子紹基，字子貞，號東洲，又號猿叟，道光十五年乙未進士，由庶常授編修，歷典福建、貴州、廣東鄉試，督學四川，主講山東濼源、長沙城南書院，嗜金石，精書法，有惜道味齋經說、說文段注駁正、詩文集。

石承藻

湖南湘潭人，字黼庭，號蘭谿，嘉慶十三年戊辰殿試一甲三名，授編修。十五年七月，充山西鄉試正考官，遷御史、給事中，敢言有聲，時有王樹勳者，在京屢試不售，遂於慶惠寺爲僧，開堂說法，假扶乩卜筮，探刺士大夫陰私，揚言於外，人多信崇，達官顯宦，每有皈依爲弟子者，後投松筠軍中，以入賊寨說降功，奬予七品官銜，洊擢襄陽知府，入京覲對，不改故態，承藻疏請澄清品流，劾樹勳下刑部，鞫實褫革，枷號二月，發黑龍江充當苦差，仁宗譽爲眞御史。旋坐事降光祿寺署正，卒於官。承藻善文工詩，詩有雄直氣，有桐葉山房詩草。

父養源，乾隆四十年乙未進士，官洛川知縣。

張岳崧

廣東定安人，字翰山，一字子駿，嘉慶十四年己巳恩科殿試一甲三名，授編修。纂修明史，二十二年爲會試同考官，二十三年，以詞義紕繆解職，道光二年五月，爲四川鄉試正考官，八月，提督陝甘學政，歷侍講，九年十一月，署日講起居注官，十年四月實授，旋遷江蘇鎮常通海道，十二年八月，以浙江鹽運使遷按察使，旋改少詹，十三年九月，擢詹事，尋遷湖北布政使，十六年二月，護理巡撫，十八年七月，護理巡撫時奏請嚴飭各府州縣不准佐雜擅受民詞，致滋事端，十一月解任。岳崧工書，有筠心草堂集。

吳廷珍

江蘇吳縣人，字上儒，號叔琦，嘉慶十六年辛未殿試一甲三名，授編修。十八年爲雲南鄉試正考官。廷珍幼聰穎，喜讀書，及長，課功過格，不敢稍懈，世人多之。

伍長華

江蘇上元人（今江寧），字雲卿，號實生，嘉慶十九年甲戌殿試一甲三名，授編修。二十四年六月，充浙江鄉試副考官，累遷長蘆鹽運使、廣西江右兵備道，道光二年四月，提督廣西學政，十四年二月，以廣東鹽運使遷甘肅按察使，十五年十月，遷雲南布政使，體察滇省銅鑛衰旺，及歷來弊端，著雲南銅法志，以作處理銅政之準繩，道光十八年四月，擢湖北巡撫，九月，兼署湖廣總督，二十年十二月，坐於飭交嚴查之案，未將應提人證到案質訊，僅據周天爵咨覆結案，部議奪職。長華擅丹青，善繪花卉，工書法，兼長行楷。

吳清鵬　浙江錢塘人（今杭縣），字程九，號西穀，又號荔庵，嘉慶二十二年丁丑殿試一甲三名，授編修。累遷順天府府丞。

胡達源　湖南益陽人，字清甫，號雲閣，嘉慶二十四年己卯恩科殿試一甲三名，授編修。道光元年，為嘉慶實錄館提調官，遷國子監司業，道光八年四月，為雲南鄉試正考官，八月，提督貴州學政，歷侍讀、少詹，九年九月，為武會試副考官，拔取有欠平允，降補翰林院侍講，旋改右庶子，十二年四月，為日講起居注官。十三年七月，大考二等，遷少詹，九月，為武會試副考官，以取錄不公，降翰林院侍講。達源學宗宋儒，著弟子箴言，融會先儒諸說，語皆心得，有裨世教。又著妙香室文集。子林翼，字貺生，號潤芝，道光十六年丙申恩科進士，由庶常授編修。累擢湖北巡撫，卒於軍，加太子太保，諡文忠，並予三等男爵世職，入祀京師賢良祠，昭忠祠。

陳　鑾　湖北江夏人（今武昌），字芝楣，一字玉生，乾隆五十一年生，嘉慶二十五年庚辰殿試一甲三名，授編修。道光二年六月，充浙江鄉試副考官，五年擢松江府知府，署江寧，調蘇州，歷蘇松太道、江西糧道、蘇督糧道、廣東鹽運使，十一年正月，擢浙江按察使，署布政使，十二年八月，遷江西布政使，翌日調江蘇布政使，護理巡撫，十三年十二月，兼署按察使，十六年二月，遷江西巡撫，十七年正月，調江蘇巡撫，十九年三月，署理兩江總督，十二月，卒於官，贈太子少保，依總督例優恤，賜其子慶涵舉人。鑾年十八，爲諸生，明年失怙，父歿金陵，兩江總督百齡，辟佐幕府，遂奉母移寓白下，家貧甚，久無力回鄂鄉試，二十四年春，始獲未婚妻資助，回鄉應試，遂登賢書。歷官江蘇最久，周知利病，會陶澍、林則徐先後爲督撫，百廢俱舉，治漕治運，濬吳淞江、白茆河，修寶山華亭海塘，鑾並在事，澍則徐倚如左右手，及署江督，方嚴禁烟，籌海防，甚被倚畀，爲政以教養爲心，務持大體，規久遠之例。有根心書屋詩文集，又輯三楚歷朝名賢墨跡，撫楚貼。

羅文俊

廣東南海人，字泰瞻，號蘿村，乾隆五十六年生，道光二年壬午恩科殿試一甲三名，授編修。遷侍講，十三年七月，大考一等，擢庶子，督學山西，八月，改陜甘學政。十四年八月，爲陜甘學政，十八年七月，爲日講起居注官，十九年七月，爲山東鄉試正考官，二十年八月，以侍讀學士，提督浙江學政，遷通政副使，二十四年二月，改詹事，三月，爲日講起居注官，四月，遷內閣學士，兼禮部侍郎銜，爲殿試讀卷官，八月，爲順天鄉試副考官，九月，爲武會試副考官，十月爲順天武鄉試正考官，二十五年三月，署工部右侍郎，兼署錢法堂事務，四月，爲殿試讀卷官，改左侍郎，九月，知武舉，十月，署管錢法堂事務，十二月，以病乞休，不復出，三十年卒，年六十歲。文俊應禮部試時，穆阿彰秉政，隸其門，謝不往，自始仕以迄休致，遇事類類持一節，以風誼高一時，其督學浙江也，衡鑒公明，丙辰探花洪昌燕，乙巳榜眼金鶴清、壬子狀元章鋆，均出其門，尤爲時人所稱道。

周開麒 江蘇江寧人，字石生，又字稺功，道光三年癸未殿試一甲三名，授編修。十二年二月，爲會試同考官，歷御史、給事中，累遷於十八年六月，以山東鹽運使，遷浙江按察使，二十一年正月，遷甘肅布政使，二月，以托故推諉，延不赴任革職，以按察使銜留營差委，五月，因病准予回籍，二十二年英兵陷京口，奉諭會同在籍蔡太僕世松及湯紳貽汾抵禦，二十六年十二月，授福建按察使，旋改直隸按察使，二十七年八月，調浙江按察使，二十八年十二月，奉召入京，二十九年二月，以五品頂戴休致。

帥方蔚 江西奉新人，字叔起，一字子文，道光六年丙戌殿試一甲三名，授編修。八年七月，爲山東鄉試正考官，累遷京畿道監察御史，以正直著稱。

朱　蘭 浙江餘姚人，字久香，號耐庵，道光九年己丑殿試一甲三名，授編修。十四年五月，爲廣東鄉試正考官，八月，提督湖北學政，歷侍讀，遷少詹，二十九年八月，充日講起居注官，十月，爲順天鄉試副考官，咸豐二年二月，遷內閣學士，兼禮部侍郎銜，八月，署工部左侍郎，旋因病回籍，三年二月，命與在籍兵部侍郎戴熙、湖南巡撫陸費瑔等，會同辦理浙江團練事宜，同治二年五月，爲太僕寺卿，六月，提督安徽學政，三年二月，遷詹事，三月，充日講起居注官，八月，留任安徽學政，五年三月，補內閣學士，兼禮部侍郎銜，旋以年老乞休。蘭立朝侃侃，風采儼然，不喜俗學，以詩爲餘事，有補讀室詩文集、日記、師友言行錄、孟晉館羣籍摭聞。

季芝昌

江蘇江陰人，字雲書，號仙九，乾隆五十六年生，道光十二年壬辰恩科殿試一甲三名，授編修。十三年七月，大考翰詹，名列第三，擢侍講，十二月，提督山東學政，十四年八月，留任山東。十九年二月大考，再列第三，擢少詹事，十九年六月爲江西鄉試正考官，二十年正月晉詹事，督浙江學政，擢內閣學士，兼禮部侍郎銜，仍留浙江，旋丁母憂歸，二十三年三月，服闋，起內閣學士，兼禮部侍郎銜，六月，遷禮部右侍郎，十一月，提督安徽學政，十二月，轉吏部右侍郎仍留學政，二十四年二月，改左侍郎，二十七年正月，知貢舉，四月，爲殿試讀卷官，五月，兼署戶部左侍郎，十二月，充經筵講官，二十八年八月，調倉場侍郎，十一月，命偕定郡王載銓，查辦長蘆鹽務，清查天津倉庫，二十九年正月，偕大學士耆英，赴浙江閱兵，並清查倉庫，籌辦兩浙鹽務，五月，授山西巡撫，八月，召署吏部右侍郎，九月，命在軍機大臣上行走，十月署管戶部三庫事。十二月，遷戶部左侍郎，兼管三庫，仍兼署吏部右侍郎，三十年六月，擢左都御史，十月，爲嘉慶實錄館總裁。咸豐元年五月，授閩浙總督，二年六月，兼署福州將軍，七月，坐疏縱官犯脫逃不報，降級留任。九月，因病賞假，十月，以病乞休，三年二月，奉諭督辦江蘇團練事宜，十年二月卒。光緒二年十二月，追謚文敏。芝昌及第，已逾四十，以文字受宣宗特達之知，道光二十三年與考試差，翌日召對，帝嘉歎其文，謂他人竭蹶喘汗不能到者，汝則沛然有餘，譬之於射，汝穿楊百中矣。及查辦長蘆及兩浙鹽務及各屬倉庫，釐剔積弊，晝夜稽核，盡得要領，而於人無所乖忤，遂能驟進膺樞務，旋任兼圻，年餘而退，可謂見幾而知止者矣。

子念詒，字君梅，道光三十年庚戌進士，由庶常授編修，加四品卿銜。

孫邦楨，字士周，同治十年辛未進士，累官福建布政使。

蔣元溥

湖北天門人，字謩侯，道光十三年癸巳恩科殿試一甲三名，授編修。咸豐二年二月，京察一等，記名以道府用，旋外用江西，授九江知府，遷江西鹽法道。

父立鏞，嘉慶十六年辛未狀元，另有記。

子啓勳，字揆生，咸豐十年庚申進士，官至衡永郴桂道。

孫傳燮，啓勳侄，字和卿，光緒十二年丙戌進士，官雅安知縣。

喬晉芳

山西聞喜人，字春皐，一字心農，道光十五年乙未殿試一甲三名，授編修。改刑部主事，二十四年五月，爲湖南鄉試副考官，咸豐二年，官長沙府知府。以防守省城出力賞戴花翎。

蘇敬衡　山東霑化人，字緡亭，道光十六年丙申恩科殿試一甲三名，授編修。十七年六月，爲陝西鄉試副考官，遷侍讀，旋轉廣東雷瓊道，二十六年九月，遷甘肅按察使，三十年五月，改福建按察使，九月，因病解任。咸豐元年五月，授四川按察使，二年十一月，補浙江按察使，二年十二月，再任福建按察使，未幾，調任四川按察使，三年署布政使。

父兆登，嘉慶四年己未榜眼，另有記。

江國霖　西川大竹人，字筱颿，道光十八年戊戌殿試一甲三名，授編修。十九年五月，爲廣西鄉試正考官，二十四年六月，爲江南鄉試副考官，二十六年八月，提督湖南學政，次日，調任湖北，嗣任廣東鹽運使，咸豐四年八月，授廣東按察使，五年五月，遷布政使，七年十二月，署理巡撫，八年五月，以洋務未定，託詞剿賊出省革職。

張百揆　浙江蕭山人，字吟舫，道光二十五年庚子恩科殿試一甲三名，授編修。累遷廣東廣肇羅道。

胡家玉　江西新建人，道光二十一年辛丑恩科殿試一甲三名，授編修。二十三年八月，提督貴州學政，咸豐十一年六月，爲湖南鄉試副考官，旋因停試回京，同治二年八月，以刑部郎中俸滿，改以四五品京卿候補，旋遷侍讀，擢光祿寺卿，三年五月，爲四川鄉試正考官，七月，賞帶花翎，旋授太常寺卿，四年初，改大理寺卿，五年三月，遷左副都御史，在軍機大臣上學習行走，七月，轉兵部左侍郎，十二月，坐事革職留任，毋庸在軍機上行走，六年十月，命會同大學士賈楨辦理五城練勇局務，十二月，兼署刑部左侍郎，七年十月，奏請仿古人發卒治河之法，疏濬黃河河身，高培河堤，令循故道由雲梯關入海，奉諭果能如此辦理，將舊河道浚通，決上游之水，掣留東行，自是一勞永逸之法，且勇非坐食，餉不虛靡，尤爲策之善者，着有關各省，會商興辦。十年五月，遷吏都左侍郎，十一年八月，擢左都御史，十二年八月，爲順天鄉試副考官，十二月，坐事解任，降五級調用，爲鴻臚寺少卿。光緒初，補通政使參議，五年十二月，以海防重要，請設外洋水師，未幾，遂有籌設海軍之議，而見諸實行，尋致仕卒。

馮培元

浙江仁和人（今杭縣），字因伯，號小亭，道光二十四年甲辰殿試一甲三名，授編修。二十六年閏五月，爲湖南鄉試副考官，三十年二月，入直南書房，咸豐元年六月，爲湖北鄉試正考官，十一月，在上書房行走，授惇郡王讀，二年五月，大考二等，擢侍講，七月，提督湖北學政，八月，留任，尋擢侍講學士，十二月，改光祿寺卿，仍留學政任，十一月，時洪楊軍圍攻武昌，培元偕在城內文武同登埤堅守，城破，投井死。培元幼孤家貧，母何賢明苦節，撫之成立，及至湖北，將迎養，聞岳州陷，馳書止母行，母報曰，如果有變，見危授命，大節不可辱，其遵吾教，培元臨難不苟，果以身殉，事聞，文宗特予優恤，贈侍郎，建專祠，予騎都尉世職，謚文介。

吳福年

浙江錢塘人（今杭縣），原名夢龍，字竹言，號築巖，道光十五年舉人，二十五年乙巳恩科殿試一甲三名，授編修。二十六年四月，爲貴州鄉試副考官，二十九年八月，提督陝甘學政，咸豐三年三月，提督廣西學政，遷侍讀，旋入直南書房，遷侍講學士，六年九月，署日講起居注官，七年正月，在上書房行走，照料恭親王奕訢讀書。

龐鍾璐

江蘇常熟人，字寶生，一字蘊山，道光二十七年丁未殿試一甲三名，授編修。咸豐二年五月，大考一等，擢庶子，四年五月，充日講起居注官，遷侍讀學士，署國子監祭酒，五年十二月，授光祿寺卿，八年三月，擢內閣學士，兼禮部侍郎銜。五月，署工部左侍郎，以父憂歸。時洪楊軍侵擾江南，鍾璐在籍督辦江南團練，十年五月，准予專摺奏事，派充江南督辦團練大臣，十一年，裁撤各省團練大臣，召還京，再授內閣學士，同治元年七月，暫署工部右侍郎，閏八月，授禮部右侍郎，十月，爲順天武鄉試正考官，二年二月，兼署吏部右侍郎，五月，改左侍郎，提督順天學政，三年正月，爲實錄館副總裁官，兼署吏部左侍郎，五月，爲湖南鄉試正考官，八月，提督順天學政，五年十一月，賞記錄二次，七年四月，兼署吏部左侍郎，七月，遷戶部左侍郎，管三庫事，十二月，爲經筵講官，八年六月，轉吏部右侍郎，仍兼署兵部左侍郎，九年三月，授左都御史，六月兼署工部尚書，九月，爲順天鄉試正考官，十年七月，授刑部尚書，十二年八月，丁母憂歸，光緒二年六月，卒於家，諡文恪。鍾璐治經守師法，兼善詞賦，其任江南團練，常熟既陷，至上海，請援於曾國藩，其後卒由上海規復蘇常，所見遠偉，其貽書國藩，言上海餉源重地，以奇兵萬人，一勇將統之，倍道而來，可當十萬之用，國藩因遣李鴻章率師浮江而東，遂立奇功。有孔廟祀典考、古文辭、奏議。

叔大奎，字星齋，嘉慶二十二年丁丑會元，選庶常，官至漢陽府知府。

子鴻文，光緒二年丙子進士，由庶常授編修，官至通政副使。

鴻書，光緒六年庚辰進士，由庶常授編修，官至貴州巡撫。

謝增

江蘇儀徵人，字普齋，號夢漁，道光三十年庚戌殿試一甲三名，授編修。改御史，咸豐九年八月，以八年順天鄉試科場舞弊案，充任外簾監試失職，降三級留任，旋改給事中，累遷戶科掌印給事中。

潘祖蔭

江蘇吳縣人，字伯寅，號鄭盦，道光十年生，咸豐二年壬子恩科殿試一甲三名，授編修。遷侍讀，六年十月，入直南書房，七年四月，充日講起居注官，旋遷侍講學士，八年六月，爲陝甘鄉試正考官，尋除大理寺少卿，十一年八月，署宗人府府丞，同治元年正月，遷光祿寺卿，七月，爲山東鄉試正考官，旋於三年三月，改左副都御史，七月，署工部右侍郎，管錢法堂事務，五年十二月，補工部右侍郎，六年三月，前往盛京查勘福陵工程，七年四月，調戶部右侍郎，管錢法堂事務，充經筵講官，八年六月，轉左侍郎，管三庫事，九年九月，爲順天府武鄉試副考官，十一月，兼署吏部右侍郎，十年正月，知貢舉，十二年八月，爲順天鄉試副考官，坐中式舉人徐景春文理荒謬，鐫二級，尋以三庫失印事革職。十三年正月，特旨賞編修，仍入直南書房行走，旋錄功輸餉，釋處分，以三品京堂候補，十一月，以侍郎候補，光緒元年三月，授大理寺卿，二年四月，擢禮部右侍郎，五年正月，轉戶部左侍郎，尋遷左都御史，二月，爲考試孝廉方正閱卷大臣，三月，授工部尚書，加太子少保銜，四月，改刑部尚書，六年十一月，爲國史館總裁官，八年十一月，命在軍機大臣上行走，九年正月，丁父憂解任，十一年五月，服闋，仍在南書房行走，並署兵部尙書，八月，爲順天鄉試正考官，十一月，補工部尚書，十二年十月，爲會典館副總裁，十三年九月，兼管順天府事，十四年八月，兼署刑部，加太子太保銜，三月，爲會試副考官，十六年十一月，卒於官，年六十有二，贈太子太傅，謚文勤。祖蔭幼好學，博通經史，好收藏，儲金石甚富，好士重賢，治事勤愼，日寅而起，至衙署恒在人先，輿馬甚儉，同僚笑之，勿計也，先後數掌文衡，典會試二，鄉試三，所得多眞士，與翁同龢並稱潘翁，有滂喜齋、功順堂叢書。

祖世恩，乾隆五十八年癸丑狀元，另有記。

叔曾瑩，道光二十一年辛丑進士，由庶常授編修，官至吏部左侍郎。從弟祖同，字譜琴，咸豐六年丙辰賞給進士。

呂朝瑞　安徽旌德人，字廷雲，咸豐三年癸丑殿試一甲三名，授編修。八年七月，爲山西鄉試副考官，十年三月，在上書房行走，十一年二月，授孚郡王奕譓讀，同治元年二月，京察一等，以道府記名，署日講起居注官，七月，爲河南鄉試正考官，二年二月，爲會試同考官，九月，提督湖南學政。

洪昌燕　浙江錢塘人（今杭縣），字敬傳，號張伯，咸豐六年丙辰殿試一甲三名，授編修。八年七月，爲河南鄉試正考官，改御史，累遷工科掌印給事中。

李文田　廣東順德人，字芍農，道光十四年生，咸豐九年己未殿試一甲三名，授編修。同治三年八月，入直南書房，四年二月，充日講起居注官，五年大考，晉中允，六年六月，爲四川鄉試副考官，九年六月，爲浙江鄉試副考官，八月，以庶子提督江西學政，累遷侍讀學士，十二年任滿由贛回京供原職，十三年三月，仍在南書房行走，光緒八年，丁母艱，服闋後，起故官，入直如故，遷少詹，十四年六月，爲江南鄉試正考官，十五年六月，爲浙江鄉試正考官，十六年四月，以詹事擢內閣學士，十一月，遷禮部右侍郎，十七年八月，提督順天學政，二十年正月，賞戴花翎，八月，署工部右侍郎，二十一年三月，爲會試副考官，四月，爲殿試讀卷官，十月，卒於官，年六十二歲，謚文誠。文田幼孤貧力學，嘗爲粱思問通政件讀，學識淹博出於鄭夾際、王深寧。著述有體，於金元故實、西北水地，旁及醫方壬遁形家言，靡不精綜，詞章書翰，特其餘事，屢典試事，類能識拔績學，士皆稱之，其疏請停止修復頤和園工事，以節庫帑，尤亢直敢言，爲人所欽服，生平廉介自守，不苟分文，甫謝世，其子即賣書渡日，身後蕭條，可見一斑。有宗伯詩文集，元秘史法、元史地名考、朔方備乘札記，和林金石考、耶律楚材西遊錄注。

歐陽保極　湖北江夏人（今武昌），咸豐十年庚申恩科一甲三名，授編修。同治元年五月，爲貴州鄉試正考官，二年五月，在南書房行走，署日講起居注官，三年八月，提督河南學政，六年十二月，仍命在南書房行走，擢右贊善，尋改左贊善，光緒元年十二月，以侍講提督廣西學政，二年八月留任，遷侍講，累遷侍讀學士。

溫忠翰　山西太谷人，字味秋，同治元年壬戌殿試一甲三名，授編修。轉詹事府贊善改中允，光緒元年五月，爲四川鄉試副考官，歷司經局洗馬，擢浙江溫處道，六年八月，提督湖南學政，九年八月，任滿留任，旋遷陝西按察使，十一年十二月，轉湖北按察使，光緒十二年八月，因病乞休。

張之洞　直隸南皮人，字香濤，又字孝建，一字香嚴，號無競居士，道光十七年生，同治二年癸亥恩科殿試一甲三名，授編修。六年六月，爲浙江鄉試副考官，八月，提督湖北學政，十二年六月，爲四川鄉試副考官，八月，改學政，光緒五年，擢國子監司業，再遷司經局洗馬，六年，遷侍講，十二月廿六日，王公大臣在總理各國事務衙門會議事件，諭着是日前往備咨詢，再轉庶子，七年六月，由侍講學士擢內閣學士，十一月，授山西巡撫，十年七月，擢兩廣總督，十二年四月，兼署廣東巡撫，十五年七月，調湖廣總督，十六年四月，兼署湖北提督，二十年十月，署兩江總督，兼署江寧將軍，二十一年十一月，命回湖廣，二十二年二月，離江回任，二十八年九月，遷督辦商務大臣，署兩江總督，二十九年，入覲，充經濟特科閱卷大臣，事畢仍回湖廣，尋裁湖北巡撫，以總督兼之，三十二年五月，晉協辦大學士，三十三年六月，授大學士，仍留湖廣總督任，旋授體仁閣大學士，七月內召，授軍機大臣，兼筦學部，三十四年，督辦粵漢鐵路，宣統踐祚，以顧命大臣晉太子太保，八月，卒於官，年七十三歲，諡文襄，入祀賢良祠，加太傅。之洞少有大略，務博覽，爲詞章，記誦絕人，年十六，鄉試舉第一，及居清要，輒好論事，蒞官所至必有興作，務宏大，不問經費多寡，方其督粵時，適值中法搆釁，之洞恥言和，在粵設水陸師學堂，𠛬槍炮廠，開礦務局，疏請大治水師，歲提專款購置兵艦，復立廣雅書院，武備文事並舉，其在湖廣，請築京漢鐵路，開採大冶鐵鑛，𠛬設鍊鐵、槍炮、彈藥、皮革、織布、紡紗、繅絲製廐等局廠，興業圖強，及在兩江，首固江防購置新槍，改築西式砲台，設專將專兵領之，聘德人教練，名曰自強軍，又設武備，農、工、商、鐵路、方言，軍醫諸學堂，造就各種人才；庚子拳匪亂作，八國聯軍陷京師，之洞與江督劉坤一，粵督李鴻章，東撫袁世凱，同與外國領事，定保衞東南之約，保全地方元氣及產物，厥功尤偉，綜其所爲，洵爲近代不可多得之政治人才，之洞身短巨髯，風儀峻整，愛才好客，名流文士爭相趨之，任疆寄數十年，及卒，家中未增地一畝，其淸廉亦爲時人所稱道，有廣雅堂集，抱氷堂集，奏議，政書，勸學篇。

楊　霽　漢軍正紅旗人，世居鐵嶺，字蔚農，同治四年乙丑殿試一甲三名，授編修。六年八月，提督廣西學政，光緒二年七月，爲河南鄉試副考官，旋授潮州府知府，累遷長蘆鹽運使。霽工楷書，爲漢軍入鼎甲之第一人。

王文在　山西稷山人，字念堂，同治七年戊辰殿試一甲三名，授編修。光緒十五年五月，父能格，字簡侯，道光十六年丙申進士，由庶常授編修，累遷江寧布政使。

郁　崑　浙江蕭山人，字潄山，同治十年辛未殿試一甲三名，授編修。光緒二年閏五月，在籍以捐助蘇皖賑款，賞五品銜。

黃貽楫　福建晉江人，咸豐三年以廪生捐資助餉，賞給舉人，同治十三年甲戌殿試一甲三名，授編修，官刑部主事，光緒二年以出使大臣由總理各國事務衙門存記，三年，晉豫大饑，人相食，十一月，刑部左侍郎奏調赴豫幫辦河南賑務，十年閏五月，命送部引見，十一年四月，交軍機處存記。

馮文蔚　浙江烏程人（今吳興），字聯棠，號修庵，光緒元年舉於鄉，二年丙子恩科殿試一甲三名，授編修。八年八月，提督河南學政，遷侍講，入直上書房，二十年京察一等，以道府記名，三月，大考翰詹，擢侍讀學士，六月，爲江南鄉試正考官，二十一年十月，爲武會試副考官，旋遷詹事府少詹，二十二年六月，擢詹事，十一月，遷內閣學士，兼署左副都御史，宗人府府丞。文蔚勤學善書，有聲於時。

朱賡颺　江蘇華亭人（今松江），字根揚，光緒三年丁丑殿試一甲三名，授編修。

譚鑫振　湖南衡山人，字麗生，光緒六年庚辰殿試一甲三名，授編修。明年卒於杭州。

管廷獻　山東莒州人（今莒縣），字士修，號梅園，光緒九年癸未殿試一甲三名，授編修。歷御史，三十三年二月，京察一等，以道府用，旋遷承德府知府。弟廷鶚，字士一，光緒二年丙子恩科進士，由庶常授編修，累遷太常寺卿，左副都御史。

馮　煦　江蘇金壇人，字夢華，晚號蒿叟，道光二十二年生，寄居高郵，遷居寶應，同治己巳，負笈金陵，肆業惜陰，鍾山二書院，光緒元年副貢，六年壬午，舉於鄉，十二年丙戌殿試一甲三名，授編修。十四年五月，爲湖南鄉試副考官，二十年，京察一等，超擢安徽鳳陽府知府，攝鳳潁六泗道，二十七年正月，遷山西按察使，調四川，旋署布政使，督辦川漢鐵路，三十一年八月，授安徽布政使，兼署提學使，督辦安慶電燈廠事宜，三十三年五月，皖撫恩銘爲志士徐錫麟刺殺，授安徽巡撫，治其獄，不株連一人，主赦脅從示寬大。三十四年六月，以疏言挽救阽危，有民爲邦本，尊主庇民之臣，用之勿疑，誤國殃民之臣，刑之毋赦，能使天下自治，則天下莫能亂，能使天下舉安，則天下莫能危，根本大計，實繫於此。疏入，大臣權倖，多忌嫉之，遂罷。宣統二年，江皖洪水爲災，起爲籌賑大臣，出入災區，規定辦法，施及豫東，未一月，振及三十九州縣，放款至三百餘萬兩，復立華洋義振會於上海，籌募鉅款，凡遇水旱兵災，莫不及時予以拯救。京、直、豫、魯、湘、鄂、贛、皖、蘇、浙諸省，無歲不災，無災不賑，蒞官迄至致仕，逮於耄老，與賑政相終始，衆稱善人。民國十六年八月卒，年八十有五歲。煦居官廉正，治學以有恥爲的，重躬行實踐，文章爾雅，晚歲粥文自給，偶有餘貲，輒作賑款，時人多之，有蒿庵類稿。

劉世安　漢軍鑲黃旗人，字靜皆，光緒八年舉於鄉，十五年己丑殿試一甲三名，授編修。十七年六月，充陝西鄉試正考官，二十年八月，提督甘肅學政。

吳蔭培　江蘇吳縣人，字穎芝，光緒十六年庚寅恩科殿試一甲三名，授編修。累遷潮州府知府。

陳伯陶　廣東東莞人，字子礪，鄉會試皆第一，光緒十八年殿試一甲三名，授編修。十九年五月，爲雲南鄉試副考官，二十三年五月爲貴州鄉試副考官，三十二年署理江寧提學使。旋實授，並予連任。宣統二年六月，乞養開缺。

鄭　沅　湖南長沙人，字叔進，光緒二十年甲午恩科殿試一甲三名，授編修。遷侍讀，在南書房行走。

王龍文　湖南湘鄉人，字澤寰，光緒二十一年乙未殿試一甲三名，授編修。

俞陛雲　浙江德清人，字階青，光緒二十四年戊戌殿試一甲三名，授編修。捷報至，乃祖蔭甫編修樾猶健在，聞報大喜，撰一聯，榜其室，句曰：「歎老夫畢世居稽，藏書數萬卷，讀書數千卷，著書數百卷。喜小孫連番僥倖，院試第一人，省試第二人，殿試第三人」二十八年五月，爲四川鄉試副考官，民國三年充清史館協修。祖樾，字蔭甫，號曲園，道光三十年庚戌進士，由庶常授編修。光緒二十九年癸卯，重宴鹿鳴，三十二年卒，年八十六歲。

楊兆麟　貴州遵義人，光緒二十九年癸卯正恩合併殿試一甲三名，授編修。官至嘉興府知府。

商衍鎏　漢軍正白旗人，子藻亭，光緒三十年甲辰恩科殿試一甲三名，授編修。歷翰林院撰文，民國後，曾任財政部秘書。兄衍瀛，字雲亭，光緒二十九年癸卯進士，由庶常授編修，歷秘書郎，京師大學堂提調。

巴　海　滿洲鑲藍旗人，姓瓜爾佳氏，順治九年壬辰殿試，滿榜一甲三名，授編修。累遷秘書院侍讀學士，嗣襲世職，授寧古塔總管，十七年俄羅斯犯邊，巴海率兵禦戰，擊敗之，叙功加拖沙喇哈番，康熙元年，改設黑龍江將軍，命巴海充任，移邊境墨爾哲氏之衆於寧古塔附近，號新滿洲，官至鑲藍旗蒙古都統，列議政大臣。

索　泰　滿洲正白旗人，順治十二年乙未殿試，滿榜一甲三名，授編修。

第六卷　尙侍督撫同年錄

順治三年丙戌正科（第一次殿試）

李　霨　直隸高陽人，字景霱，號坦園，由庶常授編修，累遷保和殿大學士、太子太傅，諡文勤。

傅維鱗　直隸靈壽人，字掌雷，一字維楨，號歉齋，由庶常授編修，累遷工部尙書、太子少保。

胡兆龍　順天大興人，字予袞，號宛委，由庶常授編修，累遷吏部左侍郎。

朱之錫　浙江義烏人，字孟九，號梅麓，由庶常授編修，累遷兵部尙書、河東河道總督，加太子少保。

張爾素　山西陽城人，字賁園，由庶常授編修，累遷刑部右侍郎。

楊運昌　河南河內人，由庶常授編修，累遷工部右侍郎。

梁清遠　直隸眞定人，字通之，號無垢，累遷吏部右侍郎。

梁清寬　直隸眞定人，字敷五，由庶常授編修，累遷吏部左侍郎。

王士驥　順天大興人，字瀚西，由庶常授編修，巡按山東。

張　汧　山西高平人，選庶常，累遷湖廣巡撫。

朱之弼　福建延平人，累遷禮科給事中、左都御史、工部尙書。

劉　楗　順天大城人，字公愚，累遷刑部尚書。
石　申　直隸灤州人，字仲生，由庶常授檢討，累遷吏部左侍郎，贈尚書。
艾元徵　山東濟陽人，字允滄，由庶常授檢討，累遷刑部尚書。
魏裔介　直隸柏鄉人，字石生，由庶常授檢討，累遷保和殿大學士，贈太子太傅，入祀賢良祠，諡文毅。
沙　澄　山東萊陽人，字清卿，由庶常授檢討，累遷禮部尚書。
杜篤祜　山西蒲州人，字振門，累遷左都御史。
石維皇　直隸都水人，字輿瞻，選庶常，巡按陝西。
袁懋功　直隸香河人，字九叙，累遷雲南巡撫。
林起龍　順天大興人，字北海，選庶常，累遷倉場侍郎、漕運總督，加太子太保、兵部尚書銜。
魏象樞　直隸蔚州人，字環極，號庸齋，累遷刑部尚書，諡果敏，雍正八年，入祀賢良祠。
劉鴻儒　直隸遷安人，字魯一，累遷左都御史。
高　景　直隸新安人，字仙斗，累遷兵部尚書。

順治四年丁亥正科（第二次殿試）

冀如錫　直隸永年人，字公治，累遷工部尚書。

馮　溥　山東臨朐人，字孔博，號易齋，由庶常授編修，累遷文華殿大學士，予告加太子太傅，諡文毅。

章雲鷺　順天宛平人，字紫儀，由庶常授檢討，累遷兵部督捕左侍郎。

王　熙　順天宛平人，字子雍，號慕齋，由庶常授檢討，累遷禮部尙書、保和殿大學士、太子太傅，卒加少傅，諡文靖，入祀賢良祠。

郝惟訥　直隸霸州人，字敏公，累遷吏部尙書，諡恭定。

馮右京　山西代州人，字左知，選庶常，巡按山東。

黃　機　浙江錢塘人，字次辰，選庶常，累遷戶部尙書、吏部尙書、文華殿大學士，諡文僖。

胡昇猷　順天大興人，字允大，累遷刑部尙書。

順治六年己丑正科（第三次殿試）

吳正治　湖廣江夏人，字當世，號賡庵，由庶常授編修，累遷武英殿大學士，加太子太傅，諡文僖。

王　清　山東海豐人，字素修，號冰壺，由庶常授編修，累遷吏部右侍郎。

馬燁曾　浙江平湖人，字覲揚，由庶常授編修，累遷戶部右侍郎。

楊旬瑛　福建晉江人，字維六，號似公，選庶常，巡按廣東。

焦毓瑞　山東章邱人，字輯五，選庶常，累遷戶部右侍郎。

李之芳　山東武定人，字鄴園，累遷浙江總督、吏部尚書、文華殿大學士，謚文襄，入祀賢良祠。

張士甄　順天通州人，字繡紫，由庶常授編修，累遷吏部尚書。

順治九年壬辰正科（第四次殿試）

金鋐　順天宛平人，字治公，由庶常授編修，累遷福建巡撫。

余國柱　湖廣大冶人，字石臣，累遷吏部尚書、武英殿大學士。

范承謨　漢軍鑲黃旗人，字覲公，字螺山，由庶常授編修，累遷閩浙總督，贈兵部尚書、太子少保，謚忠貞。

楊永寧　山西聞喜人，字地一，由庶常授檢討，累遷吏部左侍郎。

郭琇　山東即墨人，字華野，累遷左都御史、湖廣總督。

丁思孔　漢軍鑲黃旗人，字景行，號泰巖，由庶常授檢討，累遷湖廣總督。

伊桑阿　滿洲正藍旗人，累遷吏部尚書。

湯斌　河南睢州人，字孔伯，一字荊峴，由庶常授檢討，累遷工部尚書，謚文正，從祀孔廟，入祀賢良祠。

楊素蘊　陝西宜君人，字筠湄，累遷安徽、湖廣巡撫。

施維翰　江南華亭人，字及甫，號研山，累遷山東巡撫、浙江總督、福建總督，謚清惠。

順治十二年乙未正科（第五次殿試）

宋德宜　江南長州人，字右之，由庶常授編修，累遷吏部尚書、文華殿大學士，加太子太傅，諡文恪。
胡簡敬　江南沭陽人，字又弓，由庶常授編修，累遷吏部左侍郎。
田逢吉　山西高平人，字凝只，由庶常授編修，累遷浙江巡撫。
曹申吉　山東安邱人，字錫餘，由庶常授編修，累遷兵部左侍郎、貴州巡撫。
王澤弘　湖廣黃陂人，字涓來，號昊庵，由庶常授編修，累遷禮部尚書。
嚴沆　浙江餘姚人，字子餐，號顥亭，由庶常授編修，累遷戶部右侍郎。
王士祿　山東新城人，字貽上，號阮亭，累遷左都御史、刑部尚書，乾隆三十年追諡文簡。
王隲　山東福山人，字辰嶽，累遷閩浙總督、戶部尚書。
王日藻　江南華亭人，字印周，累遷戶部尚書。
劉芳躅　順天宛平人，字增美，號鍾山，由庶常授編修，累遷山東巡撫。
李迥　山東壽光人，累遷刑部右侍郎。
楊雍建　浙江海寧人，字自西，號以齋，累遷貴州巡撫、兵部左侍郎。
項景襄　浙江錢塘人，字去浮，號眉山，由庶常授檢討，累遷兵部右侍郎。
李贊元　山東太嵩人，字望石，選庶常，累遷兵部督捕右侍郎。
孫光祀　山東歷城人，字溯玉，選庶常，累遷兵部右侍郎。

伊　闢　山東新城人，字盧源，號翕庵，選庶常，累遷雲南巡撫。
田種玉　順天宛平人，字公琢，由庶常授編修，累遷戶部左侍郎，加工部尙書銜、太子少傅。
梁　鋐　陝西三原人，字子遠，選庶常，累遷戶部左侍郎。
慕天顏　甘肅靜寧人，字拱極，累遷江寧巡撫、漕運總督。
劉祚遠　山東安邱人，字子延，號鶴林，選庶常，累遷保定巡撫。
陳敳永　浙江海寧人，字海山，累遷工部尙書，諡文和。

順治十五年戊戌正科（第六次殿試）

楊正中　順天通州人，字爾茂，由庶常授編修，累遷禮部左侍郎。
王遵訓　河南西華人，字子循，號湜庵，由庶常授編修，累遷戶部左侍郎。
王颺昌　山東高密人，字子言，由庶常授編修，累遷禮部左侍郎。
富鴻業　福建晉江人，字磐伯，號雲麓，由庶常授編修，累遷禮部右侍郎。
熊賜履　湖廣孝感人，字敬修，號青岳，由庶常授檢討，累遷東閣大學士，贈太子太保，諡文端。
陳廷敬　山西澤州人，字子端，號巖山，由庶常授檢討，累遷吏部尙書、文淵閣大學士，諡文貞。
王樹滐　湖廣黃岡人，字五書，選庶常，累遷吏部左侍郎。

屠粹忠　浙江定海人，字芝巖，累遷兵部尚書。
李天馥　河南永城人，字湘北，號容齋，由庶常授檢討，累遷武英殿大學士，加太子太保，謚文定。
杜　臻　浙江秀水人，榜名徐臻，字肇餘，號慕徐，選庶常授編修，累遷禮部尚書。
姚締虞　湖廣黃陂人，字歷升，累遷四川巡撫。

順治十六年己亥正科（第七次殿試）

彭孫遹　浙江海鹽人，字駿孫，號羨門，由博學鴻詞授編修，累遷吏部左侍郎。
鄭　端　直隸棗強人，字司直，由庶常授編修，累遷江寧巡撫。
劉如漢　四川巴縣人，字倬章，由庶常授檢討，累遷左都御史。
趙之符　順天武清人，字爾合，選庶常，累遷左僉都御史。
蔣弘道　順天大興人，字扶三，由庶常授檢討，累遷左都御史。
吳　琠　山西沁州人，字銅川，號伯英，累遷禮部尚書、保和殿大學士，謚文端，入祀賢良祠。

順治十八年辛丑正科（第八次殿試）

張玉書　江南丹徒人，字素存，由庶常授編修，累遷吏部尚書、文華殿大學士，贈太子太保，謚文貞，入祀賢良祠。
田喜霦　山西馬邑人，字子眉。由庶常授檢討，累遷禮部左侍郎。

徐誥武　江南金壇人，字孟樞，號簡庵，選庶常，累遷戶部右侍郎。
葉映榴　江南上海人，字丙霞，選庶常，累遷湖北督糧道，殉節，贈工部侍郎，諡忠節。
許三禮　河南安陽人，字典三，累遷順天府尹、兵部督捕侍郎。

康熙三年甲辰正科（第九次殿試）

嚴曾榘　浙江餘杭人，字方貽，號螻庵，由庶常授編修，累遷兵部右侍郎。
程文彝　江蘇婁縣人，字銘仲，由庶常授檢討，累遷工部右侍郎。
衞既齊　山西猗氏人，字爾錫，號伯嚴，由庶常授檢討，累遷貴州巡撫。
熊一瀟　江西南昌人，字漢若，選庶常，累遷工部尚書。
陳　論　浙江海寧人，字謝浮，選庶常，累遷刑部右侍郎。
田　雯　山東德州人，累遷戶部左侍郎。

康熙六年丁未正科（第十次殿試）

張　英　安徽桐城人，字敦復，號樂圃，由庶常授編修，累遷文華殿大學士，加太子太保贈太傅，諡文端，入祀賢良祠。
傅達禮　滿洲正黃旗人，累遷翰林院掌院學士，兼禮部侍郎。
梅　鋗　江南宣城人，字爾止，累遷左都御史。

康熙九年庚戌正科（第十一次殿試）

王原祁　江蘇太倉人，字茂京，號麓台，累遷戶部右侍郎。

王　掞　江蘇太倉人，字藻儒，號顓庵，由庶常授編修，累遷禮部尚書，文淵閣大學士。
王維珍　漢軍鑲藍旗人，字嘯谷，由庶常授編修，累遷兵部左侍郎、甘肅巡撫，謚敏慤。
李光地　福建安溪人，字晉卿，號榕村，由庶常授編修，累遷直隸巡撫、文淵閣大學士，贈太子太傅，謚文貞，入祀賢良祠。
李錄予　順天大興人，字山公，由庶常授編修，累遷吏部右侍郎。
張鵬翮　四川遂寧人，字寬宇，號運青，由庶常授檢討，累遷吏部尚書、文華殿大學士，加太子太保，卒贈少保，謚文端，入祀賢良祠。
李振裕　江西吉水人，字經饒，號醒齋，選庶常，累遷戶部尚書。
趙申喬　江蘇武進人，字松伍，累遷戶部尚書，贈太子太保，謚恭毅。

康熙十二年癸丑正科（第十二次殿試）

宮夢仁　直隸靜海人，字宗袞，號定三，癸丑會元，由庶常授編修，累遷福建巡撫。
徐　倬　浙江德清人，字方虎，號蘋村，由庶常授編修，累遷禮部左侍郎。
馬鳴鑾　江蘇崑山人，字殿聞，由庶常授編修，累遷戶部右侍郎。
顧祖榮　順天宛平人，榜名張祖榮，由庶常授編修，累遷戶部右侍郎。
顧　汧　順天大興人，字伊在，號芝巖，由庶常授編修，累遷禮部右侍郎、河南巡撫。
徐　潮　浙江錢塘人，字青來，由庶常授檢討，累遷吏部尚書，雍正十年入祀賢良祠，乾隆九年追謚文敬。

徐元夢　滿洲正黃旗人，字善長，號蝶園，選庶常，累遷東閣大學士，加太子太保，贈太傅，諡文定，入祀賢良祠。

張志棟　山東昌邑人，字青樵，號敬修，選庶常，累遷刑部右侍郎。

李基和　漢軍鑲紅旗人，字協萬，號梅厓，選庶常，累遷江西巡撫。

康熙十五年丙辰正科（第十三次殿試）

熊賜瓚　湖廣孝感人，字遜修，由庶常授編修，累遷兵部督捕左侍郎。

張榕端　河南磁州人，字子大，號樸園，由庶常授編修，累遷禮部左侍郎。

彭會淇　江蘇溧陽人，字四如，號荼洲，由庶常授編修，累遷工部右侍郎。

汪　霦　浙江錢塘人，字朝采，號東川，由博學鴻詞授編修，累遷戶部右侍郎。

劉應樞　陝西韓城人，字相斗，號喬南，累遷貴州巡撫。

李　濤　山東德州人，字紫瀾，號沚齋，由庶常授編修，累遷刑部左侍郎。

顧　藻　江蘇崇明人，字懿樸，號觀庵，由庶常授編修，累遷工部右侍郎。

王項齡　江蘇華亭人，字顓士，號瑁湖，進士博學鴻詞授編修，累遷工部尚書、武英殿大學士，加太子太傅，贈少傅，諡文恭。

康熙十八年己未正科（第十四次殿試）

曹鑑倫　浙江嘉善人，字彝士，由庶常授編修，累遷吏部左侍郎。

汪晉徵　安徽休寧人，字符尹，號涵齋，選庶常，累遷戶部右侍郎。

康熙二十一年壬戌正科（第十五次殿試）

李岳頒　江蘇吳縣人，榜姓孫，字雲韶，號樹峯，由庶常授編修，累遷禮部右侍郎。

張廷樞　陝西韓城人，字景峯，由庶常授編修，累遷刑部尚書。

王九齡　江蘇婁縣人，字子武，號薛澱，由庶常授編修，累遷左都御史。

王思軾　江西興國人，字小坡，號眉長，由庶常授檢討，累遷禮部右侍郎。

許汝霖　浙江海寧人，字時庵，號且然，由庶常授編修，累遷禮部尚書。

胡作梅　湖廣荊門人，字修予，號抑齋，由庶常授檢討，累遷禮部右侍郎。

王紳　河南睢州人，字公垂，由庶常授編修，累遷戶部右侍郎。

吳一蜚　福建長泰人，字漢章，累遷吏部尚書。

阮爾詢　安徽宣城人，字于岳，號澄江，選庶常，累遷工部左侍郎。

鹿佑　安徽潁州人，字右上，累遷河南巡撫。

康熙二十四年乙丑正科（第十六次殿試）

徐元正　浙江德清人，字子貞，號靜園，由庶常授編修，累遷左都御史、工部尚書。

王之樞　直隸定州人，字恒麓，號靈石，由庶常授編修，累遷湖北巡撫、工部左侍郎。

汪灝　山東臨清人，字文漪，號天泉，由庶常授編修，累遷河南巡撫。

仇兆鰲　浙江鄞縣人，字滄柱，由庶常授編修，累遷吏部右侍郎。

蔣陳錫　江蘇常熟人，字文孫，號雨亭，累遷雲貴總督。

張孟球　江蘇長洲人，字夔石，累遷河南按察使、護理巡撫。
宋大業　江蘇長洲人，字彥功，選庶常，累遷刑部右侍郎。
李永紹　山東寧海人，字繩其，累遷工部尚書。
張伯行　河南儀封人，字孝先，累遷江蘇巡撫、禮部尚書，贈太子太保，謚清恪。
康熙二十七年戊辰正科（第十七次殿試）

王懿山　東膠州人，字文子，號匡峯，由庶常授編修，累遷工部右侍郎。
錢以塏　浙江嘉善人，字蔗山，累遷禮部尚書，加太子少保，謚恭恪。
湯右曾　浙江仁和人，字西厓，由庶常授編修，累遷吏部右侍郎。
宋朝栩　陝西隴西人，字子蕃，號敬齋，由庶常授編修，累遷僉都御史。
潘宗洛　江蘇宜興人，字書原，號巢雲，由庶常授檢討，累遷湖南巡撫。
李斯義　山東長山人，字質君，號靜庵，選庶常，累遷福建巡撫。
田從典　山西陽城人，字克五，號嶢山，累遷吏部尚書，協辦大學士，大華殿大學士，加太子太師，謚文端，入祀賢良祠。
李　柟　江南興化人，字研山，由庶常授檢討，累遷左都御史。
劉　謙　直隸武強人，字益侯，累遷左都御史。

康熙三十年辛未正科（第十八次殿試）

楊名時　江蘇江陰人，字賓實，號凝齋，由庶常授檢討，累遷禮部尚書，加太子太保，贈太子太傅，諡文定，入祀賢良祠。

陳鵬年　湖廣湘潭人，字北溟，號滄洲，累遷總漕，諡恪勤，入祀賢良祠。

康熙三十三年甲戌正科（第十九次殿試）

張大有　陝西郃陽人，字書登，號慕華，由庶常授編修，累遷禮部尚書。

周道新　順天大興人，字郁叔，由庶常授編修，累遷刑部右侍郎。

呂履恒　河南新安人，字元素，由庶常授編修，累遷刑部右侍郎。

法　海　滿洲鑲黃旗人，字淵若，由庶常授檢討，累遷兵部尚書。

高其倬　漢軍鑲黃旗人，字章之，號芙沼，由庶常授檢討，累遷太子太保雲貴總督、兩江總督、戶部尚書，諡文良。

汪　灝　湖廣江夏人，字荇洲，由庶常授檢討，累遷戶部右侍郎，廣西巡撫。

滿　保　宗室正黃旗人，字凫山，由庶常授檢討，累遷閩浙總督，加兵部尚書。

阿錫台　滿洲鑲白旗人，由庶常授檢討，累遷工部右侍郎。

傅　森　滿洲鑲白旗人，字商霖，由庶常授檢討，累遷兵部吏部尚書。

朱　軾　江西高安人，字若瞻，選庶常，由吏部尚書授文華殿大學士，加太子太保，世襲騎都尉，贈太傅，諡文端，入祀賢良祠。

陳守創　江西高安人，字業侯，選庶常，累遷戶部右侍郎。

張德桂　廣東從化人，字雲從，選庶常，累遷右僉都御史。

陳　璸　廣東海康人，字眉川，選庶常，累遷偏沅福建巡撫，卒追授禮部尚書，謚清端，入祀賢良祠。

康熙三十六年丁丑正科（第二十次殿試）

李鳳翥　江西建昌人，字荷三，號雲湖，由庶常授編修，累遷工部右侍郎。
李望周　直隸蔚州人，字渭湄，由庶常授檢討，累遷禮部尚書。
阿爾賽　滿洲正藍旗人，字弼臣，由庶常授檢討，累遷戶部尚書，福建總督。
蔡　珽　漢軍正白旗人，字若璞，號禹功，由庶常授檢討，累遷署理直隸總督，吏部尚書。
傅　敏　滿洲鑲白旗人，字龍翰，選庶常，累遷署理浙江巡撫。
福　敏　滿洲鑲白旗人，字湘隣，選庶常，累遷左都御史，協辦大學士，授武英殿大學士，加太保，贈太師，謚文端，入祀賢良祠。
張　楷　漢軍正藍旗人，字瞻式，累遷戶部侍郎。

康熙三十九年庚辰正科（第二十一次殿試）

勵廷儀　直隸靜海人，字令式，由庶常授編修，累遷吏部尚書，太子少傅，加太子太傅，謚文恭。
張廷玉　安徽桐城人，字衡臣，由庶常授檢討，累遷文淵閣大學士、文華殿大學士、三等勤宣伯、軍機大臣，加太保，謚文和，配饗太廟，入祀賢良祠。

年羹堯　盛京人，字亮工，字雙峯，由庶常授檢討，累遷川陝總督、撫遠大將軍、一等公，加太保。
王景曾　順天宛平人，字岵瞻，號枚孫，由庶常授檢討，累遷禮部右侍郎。
劉師恕　江蘇寶應人，字秘書，號艾堂，由庶常授檢討，累遷禮部右侍郎，協理直隸總督事，加太子太保。
史貽直　江蘇溧陽人，字儆絃，號鐵厓，由庶常授檢討，累遷文淵閣大學士，加太子太保，卒加太保，謚文靖，入祀賢良祠。
魏方泰　江西廣昌人，字日乾，號魯峯，由庶常授檢討，累遷禮部左侍郎。
伊都立　滿洲正黃旗人，字學庭，選庶常，累遷雲貴總督。
楊汝穀　安徽懷寧人，字令貽，號石湖，累遷左都御史，謚勤恪。
瓦爾達　滿洲正紅旗人，字孚尹，選庶常，累遷戶部倉場侍郎。
沈近思　浙江仁和人，字位山，號闇齋，選庶常，累遷左都御史，贈禮部尚書，太子少傅，謚端恪。

康熙四十二年癸未正科（第二十二次殿試）

涂天相　湖廣孝感人，字燮庵，號存齋，由庶常授編修，累遷工部尚書。
陳邦彥　浙江海寧人，字世南，號春暉，由庶常授編修，累遷禮部右侍郎。
陳世倌　浙江海寧人，字秉之，號蓮宇，由庶常授編修，累遷工部尚書、文淵閣大學士，太子太保，謚文勤。

蔣廷錫　江蘇常熟人，字揚孫，號西谷，由庶常授編修，累遷戶部尚書、文淵閣大學士，加太子太傅，謚文肅。

趙殿最　浙江仁和人，字奏功，累遷工部尚書。

唐執玉　江蘇武進人，字益功，號朝卿，累遷左都御史、刑部尚書，兼署直隸總督。

康熙四十五年丙戌正科（第二十三次殿試）

俞兆晟　浙江海鹽人，字叔穎，由庶常授編修，累遷工部尚書。

吳士玉　江蘇吳縣人，字荊山，由庶常授編修，累遷禮部尚書，謚文恪。

王　蓍　江蘇太倉人，字孝徵，由庶常授編修，累遷廣東巡撫。

彭維新　湖廣茶陵人，字肇周，由庶常授編修，累遷戶部尚書，協辦大學士。

魏定國　江西廣昌人，字愼齋，累遷吏部右侍郎。

呂耀曾　河南新安人，字樸巖，累遷戶部左侍郎。

鄭任鑰　福建侯官人，字惟啓，號魚門，由庶常授編修，累遷湖北巡撫。

孔毓璞　山東曲阜人，累遷左都御史。

嵇曾筠　江蘇無錫人，字松友，選庶常，累遷南河總督、文華殿大學士，卒加少保，謚文敏，入祀賢良祠。

韓光基　江蘇長洲人，累遷刑部尚書、工部尚書。

陳時夏　雲南元謀人，字建長，累遷署理江蘇巡撫。

康熙四十八年己丑正科（第二十四次殿試）

李　紱　江西臨川人，字巨來，號穆堂，由庶常授編修，累遷戶部左侍郎，直隸總督。

阿克敦　滿洲鑲白旗人，字恒巖，號立軒，由庶常授編修，累遷吏部尚書，協辦大學士，太子太保，諡文勤。

蔡世遠　福建南靖人，字聞之，號梁村，由庶常授編修，累遷禮部右侍郎，卒贈尚書，太子太保，諡文勤，入祀賢良祠。

黎致遠　福建長汀人，字寧先，號仰堂，由庶常授檢討，累遷盛京刑部侍郎。

何世璂　山東新城人，字澹庵，號鐵山，由庶常授檢討，累遷直隸總督，贈禮部尚書，諡端簡。

王承烈　陝西涇陽人，字遜功，由庶常授檢討，累遷刑部右侍郎。

張　照　江蘇婁縣人，字得天，號涇南，由庶常授檢討，累遷刑部尚書，贈太子太保，諡文敏。

趙國麟　山東泰安人，字仁圃，累遷禮部尚書，協辦大學士、文淵閣大學士。

康熙五十一年壬辰正科（第二十五次殿試）

徐　杞　浙江錢塘人，字集功，號靜谷，由庶常授編修，累遷陝西巡撫。

何國宗　順天大興人，字翰如，由庶常授編修，累遷禮部尚書。

王圖炳　江蘇華亭人，字麐照，由庶常授編修，累遷禮部左侍郎。
鄂爾奇　滿洲鑲藍旗人，字季正，號癯容，由庶常授編修，累遷戶部尚書。
胡　煦　河南光山人，字蒼曉，號紫弦，由庶常授檢討，累遷禮部右侍郎，卒贈尚書，諡文良。
劉於義　江蘇武進人，字喻旃，號蔚園，由庶常授編修，累遷東閣大學士，太子少保，卒加太子太保，諡文恪。
吳　拜　滿洲鑲紅旗人，字昌言，累遷左都御史。

康熙五十二年癸巳恩科（第二十六次殿試）

史在甲　浙江鄞縣人，字甡忠，號愼齋，由庶常授檢討，累遷禮部右侍郎。
徐士林　山東文登人，字式儒，號雨峯，累遷江蘇巡撫，入祀賢良祠。
孫嘉淦　山西興縣人，字錫公，由庶常授檢討，累遷吏部尚書，協辦大學士，諡文定，贈太子太保。
王國棟　奉天府人，字左吾，由庶常授檢討，累遷刑部右侍郎，署理湖南、山東巡撫。
吳　襄　安徽青陽人，字七雲，號懸水，由庶常授編修，累遷禮部尚書，加太子太保，諡文簡。
甘汝來　江西奉新人，字耕道，號遜齋，累遷兵部，禮部尚書，太子太保，諡莊恪。

康熙五十四年乙未正科（第二十七次殿試）

吳應楨　浙江歸安人，字應楨，號眉庵，由庶常授編修，累遷兵部右侍郎，湖北巡撫。
梅穀成　安徽宣城人，字玉汝，號循齋，由庶常授編修，累遷左都御史，諡文穆。
楊超曾　湖廣武陵人，字孟班，號駿驤，由庶常授編修，累遷兩江總督，吏部尚書，諡文敏。
凌如煥　江蘇上海人，字榆山，由庶常授編修，累遷兵部左侍郎。
德　齡　滿洲鑲黃旗人，字松如，由庶常授檢討，累遷吏部左侍郎。
康熙五十七年戊戌正科（第二十八次殿試）
徐　本　浙江錢塘人，字立人，以庶常授編修，累遷吏部尚書、東閣大學士，加太子太傅，卒贈少傅，諡文穆，入祀賢良祠。
吳家騏　浙江桐鄉人，字晉綺，號曉楓，由庶常授編修，累遷禮部右侍郎。
崔　珺　山西蒲州人，字南有，號虞村，由庶常授編修，累遷陝西巡撫，吏部左侍郎。
嚴瑞龍　四川閬中人，字淩雲，由庶常授編修，累遷湖北布政使、護理巡撫。
顧祖鎮　江蘇吳縣人，字景范，由庶常授編修，累遷工部右侍郎。
德　沛　宗室正藍旗人，字濟齋，累遷吏部尚書。
康熙六十年辛丑正科（第二十九次殿試）
錢陳羣　浙江嘉興人，字主敬，號香樹，由庶常授編修，累遷刑部左侍郎，加尚書，贈太子太傅，諡文端，入祀賢良祠。

王蘭生　直隸交河人，字信芳，號振聲，由庶常授編修，累遷刑部右侍郎。
留保　滿洲正白旗人，字松裔，由庶常授編修，累遷吏部右侍郎。
邵基　浙江鄞縣人，字學祉，號思夢，由庶常授編修，累遷湖北巡撫，戶部右侍郎
勵宗萬　直隸靜海人，字滋大，號衣園，由庶常授編修，累遷刑部右侍郎。
喬世臣　山東滋陽人，字丹葵，號蓼圃，由庶常授檢討，累遷刑部右侍郎。
晏斯盛　江西新喻人，字虞際，由庶常授檢討，累遷湖北巡撫，戶部右侍郎。
王士俊　貴州平越人，字犀川，選庶常，累遷河南巡撫、河東總督。
王恕　四川銅梁人，字中安，號樓山，選庶常，累遷福建巡撫、兵部侍郎。
張楷　漢軍正藍旗人，字瞻式，號蔦亭，累遷戶部尙書。
張國璽　漢軍正白旗人，字振九，累遷安徽巡撫，予祭葬。

雍正元年癸卯恩科（第三十次殿試）

嵩壽　滿洲正黃旗人，字承茂，號雲倚，由庶常授編修，累遷禮部右侍郎。
陶正中　江蘇無錫人，字田見，號未堂，由庶常授編修，由山西布政使，護理巡撫。
張廷瑑　安徽桐城人，字桓臣，號思齋，由庶常授編修，累遷工部左侍郎。
周學健　江西新建人，字力堂，由庶常授編修，累遷江南總河、甘肅巡撫。
尹繼善　滿洲鑲黃旗人，字元長，號望山，由庶常授編修，累遷吏部尙書、兩江總督、文華殿大學士，太子太保，謚文端，入祀賢良祠。

李　徽　山西崞縣人，字元綸，由庶常授檢討，累遷僉都御史。
陸宗楷　浙江海寧人，字旉川，由教習授檢討，累遷禮部尚書。
舒　明　滿洲正黃旗人，字子展，選庶常，累遷理藩院左侍郎。
陳宏謀　廣西臨桂人，字汝咨，由庶常授檢討，累遷吏部尚書、東閣大學士、太子太傅，謚文恭，入祀賢良祠。
劉吳龍　江西南昌人，字紹聞，選庶常，累遷左都御史，刑部尚書，謚清慤。

雍正二年甲辰正科（第三十一次殿試）

汪由敦　浙江錢塘人，字謹堂，號松泉，由庶常授編修，累遷吏部尚書，加太子太傅，贈太子太師，謚文端，入祀賢良祠。
劉統勳　山東諸城人，字爾鈍，號延清，由庶常授編修，累遷吏部尚書、東閣大學士，贈太傅，謚文正，入祀賢良祠。
李清植　福建安溪人，字立侯，號穆亭，由庶常授編修，累遷禮部左侍郎。
開　泰　滿洲正黃旗人，字兆新，號敬庵，由庶常授編修，累遷四川總督，加太子太保。
尹會一　直隸博野人，字元孚，選庶常，累遷吏部右侍郎。
潘思榘　江蘇陽湖人，字絜方，號補堂，選庶常，累遷福建巡撫，謚惠敏，入祀賢良祠。
范　璨　浙江秀水人，榜姓姚，字電文，號松巖，選庶常，累遷湖北巡撫，工部右侍郎。
那蘇圖　滿洲鑲黃旗人，姓蘇佳氏，累遷兵部尚書。

瑚　寶　滿洲鑲白旗人，由庶常授檢討，累遷兵部尚書。署川陜、兩廣總督，漕運總督。

陳蔚霞　福建閩縣人，字孝敦，累遷左都御史。

雍正五年丁未正科（第三十二次殿試）

楊嗣璟　廣西臨桂人，字營陽，號星野，由庶常授編修，累遷吏部右侍郎。

王興吾　江蘇華亭人，字宗之，號愼庵，由庶常授編修，累遷吏部右侍郎。

周人驥　直隸天津人，字紫昂，由庶常授編修，累遷廣東巡撫。

鄒一桂　江蘇無錫人，字元褒，號小山，由庶常授編修，累遷內閣學士，尚書銜。

呂　熾　廣西臨桂人，字克昌，號闇齋，由庶常授檢討，累遷禮部左侍郎。

王承堯　山西沁水人，字挹山，由庶常授檢討，累遷兵部左侍郎。

世　臣　滿洲正白旗人，字嵩喬，號木天，由庶常授檢討，累遷禮部右侍郎。

楊錫紱　江西清江人，字方來，號蘭畹，累遷左都御史、禮部尚書、漕運總督，加太子太保，諡勤慤。

雍正八年庚戌正科（第三十三次殿試）

徐以烜　浙江錢塘人，字養資，號潤亭，由庶常授編修，累遷禮部右侍郎。

嵇　璜　江蘇無錫人，字尚佐，號黼庭，由庶常授編修，累遷吏部尚書，文淵閣大學士，贈太子太師，諡文恭。

許希孔　雲南昆明人，字集成，號瞻魯，由庶常授編修，累遷工部右侍郎。

閻循琦　山東昌樂人，字景韓，累遷工部尚書。

蔣溥　江蘇常熟人，字質甫，由庶常授編修，累遷戶部尚書，東閣大學士，贈太子太保，諡文恪，入祀賢良祠。

敷文　滿洲鑲黃旗人，由庶常授檢討，累遷盛京兵部侍郎。

王師　山西臨汾人，字貞甫，累遷江蘇巡撫。

吳紹詩　山東海豐人，字二南，由庶常授編修，累遷刑部尚書、禮部尚書，諡恭定。

張若溎　安徽桐城人，字樹穀，累遷左都御史。

雍正十一年癸丑正科（第三十四次殿試）

雙慶　滿洲鑲白旗人，字有亭，由庶常授編修，累遷禮部左侍郎。

陳大受　湖南祁陽人，子占咸，號可齋，由庶常授編修，累遷吏部尚書，協辦大學士，太子少傅，兩廣總督，諡文肅，入祀賢良祠。

雷鋐　福建建寧人，字貫一，由庶常授編修，累遷署左副都御史。

王檢　山東福山人，字西園，由庶常授編修，累遷廣東巡撫。

任啓運　江蘇宜興人，字翼聖，唱臚前一日特授檢討，累遷左都御史。

羅源漢　湖南長沙人，字方城，號南川，由庶常授編修，累遷左都御史、工部尚書。

介福　滿洲鑲黃旗人，姓佳佟氏，由庶常授檢討，累遷吏部左侍郎。

張映辰　浙江仁和人，字星指，號藻川，由庶常授編修，累遷兵部右侍郎。

張若靄　安徽桐城人，字約愛，由庶常授編修，累遷禮部右侍郎。
董邦達　浙江富陽人，字孚存，號東山，由庶常授編修，累遷左都御史，禮部尚書，加太子少保，諡文恪。
鄂容安　滿洲鑲藍旗人，字休如，號虛亭，由庶常授編修，累遷兩江總督，加太子少傅，諡剛烈。
吳士功　河南光山人，字建猷，由庶常授編修，累遷福建巡撫。

乾隆元年丙辰正科（第三十五次殿試）

曹秀先　江西新建人，字芝田，號地山，由庶常授編修，累遷禮部尚書、太子太傅，諡文恪。
彭樹葵　河南夏邑人，字觀之，號水南，由庶常授編修，累遷禮部左侍郎，湖北巡撫。
李清芳　福建安溪人，字同侯，號韋園，由庶常授編修，累遷兵部左侍郎。
蔡　新　福建漳浦人，字次明，號輯齋，由庶常授編修，累遷吏部尚書、文華殿大學士，加太子太傅，諡太傅，諡文恭。
鍾　音　滿洲鑲藍旗人，字聞軒，由庶常授檢討，累遷禮部尚書，贈太子太保，諡文恪。
錢　度　江蘇武進人，字希裴，選庶常，累遷廣東巡撫，廣西巡撫。
鶴　年　滿洲鑲黃旗人，字芝仙，號鳴皋，由庶常授檢討，累遷山東巡撫，兩廣總督，太子太保，諡文勤，入祀賢良祠。

乾隆二年丁巳恩科（第三十六次殿試）

觀　保　滿洲正白旗人，字伯雄，由庶常授編修，累遷禮部尙書、左都御史，謚文恭。

王會汾　江蘇無錫人，字晉川，號蒸服，由庶常授編修，累遷吏部左侍郎。

周　煌　四川涪州人，字景垣，號海珊，由庶常授編修，累遷兵部尙書、左都御史，加太子少保，贈太子太傅，謚文恭。

宋邦綏　江蘇長洲人，字逸才，號況梅，由庶常授編修，累遷戶部左侍郎。

白　瀛　山西興縣人，字寰九，由庶常授編修，累遷刑部右侍郎。

齊召南　浙江天台人，字次風，號瓊臺，由庶常授檢討，累遷禮部右侍郎。

德　保　滿洲正白旗人，字仲容，號定圃，由庶常授檢討，累遷禮部尙書，謚文莊。

李質穎　漢軍正白旗人，選庶常，累遷浙江、廣東巡撫。

余文儀　浙江諸暨人，累遷刑部尙書、太子少傅。

乾隆四年己未正科（第三十七次殿試）

李世傑　貴州黔西人，字雲巖，由庶常授編修，累遷兵部尙書。

程景伊　江蘇武進人，字聘三，號莘田，由庶常授編修。累遷吏部尙書、文淵閣大學士，謚文恭。

裘曰修　江西新建人，字叔度，號漫士，由庶常授編修，累遷禮、工、刑部尙書，加太子少傅，謚文達。

沈德潛　江蘇長洲人，字碻士，號歸愚，由庶常授編修，累遷內閣學士，告歸即家晉尚書贈太子太保，諡文慤，入祀賢良祠。
程　巖　江西鉛山人，字巨山，號海蒼，由庶常授檢討，累遷禮部左侍郎。
朱　椿　安徽歙縣人，字大農，累遷左都御史。
李　湖　江西南昌人，累遷雲南、湖南、廣東巡撫。贈尙書銜，諡恭毅，入祀賢良祠。

乾隆七年壬戌正科（第三十八次殿試）

張泰開　江蘇金匱人，字信安，號有堂，由庶常授編修，累遷禮部尙書、左都御史，贈太子太傅，諡文恪。
李清時　福建安溪人，字授侯，號惠圃，由庶常授編修，累遷山東巡撫。
竇光鼐　山東諸城人，字元調，號東皋，由庶常授編修，累遷左都御史。
奉　寬　覺羅正藍旗人，字彰民，由庶常授檢討，累遷兵部右侍郎，贈太師、禮部尙書，諡文勤。
閻循琦　山東昌樂人，字景韓，號愓庵，由庶常授編修，累遷工部尙書，贈太子太保，諡恭定。

乾隆十年乙丑正科（第三十九次殿試）

李友棠　江西臨川人，字茗伯，號西華，由庶常授編修，累遷工部右侍郎。
李因培　雲南晉寧人，字其村，號鶴峯，由庶常授編修，累遷福建巡撫、倉場侍郎、湖南巡撫。

蔣元益　江蘇長洲人，字希元，號時庵，會元，由庶常授編修，累遷兵部右侍郎。

姚成烈　浙江仁和人，字雲岫，累遷禮部尚書。

夢　麟　蒙古正白旗人，字文子，號午塘，由庶常授檢討，累遷工部左侍郎、署翰林院掌院學士。

謝溶生　江蘇儀徵人，字容川，由庶常授編修，累遷禮部左侍郎。

阿揚阿　滿洲鑲白旗人，字士衢，累遷左都御史。

閔鶚元　浙江歸安人，字少儀，累遷安徽巡撫、雲貴總督。

乾隆十三年戊辰正科（第四十次殿試）

朱　珪　順天大興人，字石君，號南厓，由庶常授編修，累遷吏部尚書、太子太傅、體仁閣大學士，贈太傅，謚文正，入祀賢良祠。

劉星煒　江蘇武進人，字映榆，號圃三，由庶常授編修，累遷工部左侍郎。

李宗文　福建安溪人，字延彬，號郁齋，由庶常授編修，累遷禮部右侍郎。

博卿額　滿洲鑲紅旗人，字虛宥，選庶常，累遷理藩院尚書，謚恭勤。

錢汝誠　浙江嘉興人，字立之，號東麓，由庶常授編修，累遷刑部左侍郎。

乾隆十六年辛未正科（第四十一次殿試）

劉　墉　山東諸城人，字崇如，號石菴，由庶常授編修，累遷體仁閣大學士、太子少保，贈太子太保，諡文清，入祀賢良祠。

譚尚忠　江西南豐人，字薈亭，號古愚，累遷雲南巡撫。

李　綬　順天宛平人，字佩廷，號杏浦，由庶常授編修，累遷湖北巡撫、工部左侍郎、左都御史。

全　魁　滿洲鑲白旗人，字斗南，號穆齋，由庶常授檢討，累遷盛京侍郎。

蔣　檙　江蘇常熟人，字作梅，由庶常授編修，累遷兵部右侍郎。

乾隆十七年壬申恩科（第四十二次殿試）

趙　佑　浙江仁和人，字啓人，由庶常授編修，累遷左都御史。

錢　載　浙江秀水人，字坤一，號蘀石，由庶常授編修，累遷禮部左侍郎。

謝　墉　浙江嘉善人，字崑城，號金圃，由庶常授編修，累遷吏部左侍郎。

景　福　滿洲正白旗人，姓瓜勒佳氏，字介之，選庶常，累遷兵部左侍郎。

乾隆十九年甲戌正科（第四十三次殿試）

王　昶　江蘇青浦人，字德甫，由庶常授編修，累遷刑部右侍郎。

李　封　山東壽光人，字紫綬，選庶常，累遷刑部左侍郎。

紀　昀　直隸獻縣人，字曉嵐，號石雲，由庶常授編修，累遷吏部尚書、協辦大學士、太子少保，諡文達。

王士棻　陝西華州人，字蘭圃，號檢齋，由庶常授編修，累遷刑部右侍郎。

陳萬全　浙江石門人，字軼羣，由庶常授檢討，累遷兵部左侍郎。

杜玉林　江蘇金匱人，字凝台，累遷刑部左侍郎。
傅　森　滿洲鑲白旗人，字商霖，選庶常，累遷兵部尙書、戶部尙書。

乾隆二十二年丁丑正科（第四十四次殿試）

彭元瑞　江西南昌人，字掌仍，號雲楣，由庶常授編修，累遷吏部尙書、太子少保、協辦大學士，贈太子太保，諡文勤。
汪　新　浙江仁和人，字又新，由庶常授編修，累遷湖北巡撫，諡勤僖。
康基田　山西興縣人，字茂園，累遷江蘇巡撫、江南河道總督。

乾隆二十五年庚辰正科（第四十五次殿試）

童鳳三　浙江山陰人，字梧崗，由庶常授編修，累遷吏部左侍郎。
藍應元　福建漳浦人，字資仲，由庶常授檢討，累遷禮部右侍郎。
曹文埴　安徽歙縣人，字近薇，號容圃，由庶常授編修，累遷戶部左侍郎，加尙書銜，贈太子太保，諡文敏。
金士松　江蘇吳江人，字亭立，號聽濤，由庶常授編修，累遷禮部、兵部尙書，諡文簡。
劉權之　湖南長沙人，字德輿，號雲房，由庶常授編修，累遷吏部尙書、體仁閣大學士，加太子少保，諡文恪。
蔣曰綸　河南睢州人，字金門，號霽園，由庶常授檢討，累遷工部左侍郎。
達　椿　滿洲鑲白旗人，字香圃，選庶常，累遷左都御史、禮部尙書。

馮晉祚　山西代州人，字介亭，選庶常，累遷東河河道總督。
梁肯堂　浙江仁和人，字構亭，累遷刑部尚書。
乾隆二十六年辛巳恩科（第四十六次殿試）
秦承恩　江蘇江寧人，字芝軒，由庶常授編修，累遷左都御史、刑部尚書。
孫日秉　奉天承德人，字彝亘，累遷雲南巡撫。
陳步瀛　江蘇江寧人，字淩州，會元，由庶常授編修，累遷貴州巡撫。
謝啓昆　江西南康人，字良璧，由庶常授編修，累遷廣西巡撫。
吳玉綸　河南光州人，字廷韓，號香亭，由庶常授檢討，累遷兵部右侍郎。
孫士毅　浙江仁和人，字致遠，四十五年賞授編修，累遷吏部尚書、文淵閣大學士，贈公爵，謚文靖。
乾隆二十八年癸未正科（第四十七次殿試）
吳省欽　江蘇南滙人，字沖之，號白華，由庶常授編修，累遷左都御史。
董　誥　浙江富陽人，字雅倫，號蔗林，由庶常授編修，累遷吏部尚書、東閣大學士、太子太保、文華殿大學士、太子太師、太保，贈太傅，謚文恭，入祀賢良祠。
費　淳　浙江錢塘人，字筠甫，累遷吏部尚書、體仁閣大學士，謚文恪。
乾隆三十一年丙戌正科（第四十八次殿試）
王懿修　安徽青陽人，字春數，由庶常授編修，累遷左都御史、禮部尚書，加太子少保，諡文僖。

王汝璧　四川銅梁人，字鎮之，累遷刑部右侍郎、安徽巡撫。

李殿圖　直隸高陽人，字桓符，號石渠，由庶常授編修，累遷福建巡撫。

管幹貞　江蘇陽湖人，字陽復，號松崖，由庶常授編修，累遷漕運總督、倉場侍郎。

陸費墀　浙江桐鄉人，字丹叔，號頤齋，由庶常授編修，累遷禮部左侍郎。

吉　綸　滿洲正藍旗人，累遷工部尚書。

姜　晟　江蘇元和人，字光宇，累遷湖南巡撫、直隸總督、工部尚書。

乾隆三十四年己丑正科（第四十九次殿試）

羅國俊　湖南湘鄉人，字賓初，號九峯，由庶常授檢討，累遷禮部左侍郎。

乾隆三十六年辛卯恩科（第五十次殿試）

曹　城　安徽歙縣人，字仲宣，由庶常授編修，累遷禮部右侍郎。

周興岱　四川涪州人，字冠三，號東屏，由庶常授編修，累遷左都御史。

李　潢　湖北鍾祥人，字雲門，由庶常授編修，累遷禮部左侍郎。

邵　洪　浙江鄞縣人，字海度，號雙橋，累遷禮部左侍郎。

熊　枚　江西鉛山人，字存甫，累遷直隸總督、刑部尚書。

馬慧裕　漢軍正黃旗人，字朗山，選庶常，累遷湖廣總督、左都御史、禮部尚書，贈太子少保，諡清恪。

佛爾卿額　滿洲正紅旗人，選庶常，累遷理藩院尙書、禮部尙書，贈太子少保，諡清恪。
和　瑛　蒙古鑲黃旗人，字太葊，累遷陝甘總督、兵部尙書、軍機大臣，贈太子太保，諡簡勤。

乾隆三十七年壬辰正科（第五十一次殿試）

錢　樾　浙江嘉善人，字撫棠，由庶常授編修，累遷禮部左侍郞。
平　恕　浙江山陰人，字寬夫，由庶常授編修，累遷戶部左侍郞。
鄒炳泰　江蘇無錫人，字仲文，號曉屛，由庶常授編修，累遷吏部尙書、協辦大學士，加太子少保。
李堯棟　浙江山陰人，字伯初，號松堂，由庶常授編修，累遷湖南巡撫。
許兆椿　湖北雲夢人，字秋厓，由庶常授編修，累遷刑部右侍郞。
宋　鎔　江蘇長洲人，字奕巖，由庶常授編修，累遷兵部左侍郞。
莫瞻菉　河南盧氏人，字青友，號以莊，由庶常授編修，累遷工部左侍郞。
百　齡　漢軍正黃旗人，字子頤，號菊溪，由庶常授編修，累遷兩江總督、協辦大學士，加太子太保、三等男，諡文敏。
圖　敏　滿洲鑲黃旗人，字時泉，由庶常授檢討，累遷理藩院右侍郞。
陳大文　河南杞縣人，字簡亭，累遷兩江總督、兵部尙書。
鐵　保　滿洲正黃旗人，字治亭，號梅庵，累遷兩江總督，加太子少保、吏部尙書。

章　煦　浙江仁和人，字桐門，累遷吏部尚書、文淵閣大學士，加太子太保，謚文簡。
乾隆四十年乙未正科（第五十二次殿試）
戴均元　江西大庾人，字修原，號可亭，由庶常授編修，累遷吏部尚書、文淵閣大學士，加太子太保、太子太師。
戴聯奎　江蘇如臯人，字紫垣，號靜生，由庶常授編修，累遷兵部尚書、禮部尚書。
孫玉庭　山東濟寧人，字嘉樹，號寄圃，由庶常授檢討，累遷兩江總督、體仁閣大學士、太子太師。
長　麟　宗室正藍旗人，累遷兵部尚書、協辦大學士，加太子太保，謚文敏。
乾隆四十三年戊戌正科（第五十三次殿試）
吳　璥　浙江錢塘人，字式如，號崧圃，由庶常授編修，累遷吏部尚書、協辦大學士，加太子少保。
吳省蘭　江蘇南滙人，字泉之，由庶常授編修，累遷工部右侍郎。
祖之望　福建浦城人，字載璜，號舫齋，選庶常，累遷刑部尚書。
邵自悅　順天大興人，字蓄孫，號楚帆，選庶常，累遷左都御史。
乾隆四十五年庚子恩科（第五十四次殿試）
初彭齡　山東萊陽人，字紹祖，號頤園，由庶常授編修，累遷兵部、工部尚書。
關　槐　浙江仁和人，字桂生，號雲巖，由庶常授編修，累遷禮部左侍郎。

李奕疇　河南夏邑人，字書年，由庶常授檢討，累遷漕運總督、浙江巡撫、禮部尚書，加太子少保。

胡克家　江西鄱陽人，字果泉，累遷江蘇巡撫。

薩彬圖　滿洲鑲白旗人，選庶常，累遷盛京侍郎、漕運總督。

金光悌　安徽英山人，字汝恭，號蘭畦，累遷刑部尚書。

乾隆四十六年辛丑正科（第五十五次殿試）

盧蔭溥　山東德州人，字霖生，號南石，由庶常授編修，累遷吏部尚書、體仁閣大學士，加太子太保、太子太師，卒晉太師，謚文肅，入祀賢良祠。

秦承業　江蘇江寧人，字補之，號易堂，由庶常授編修，累遷侍講學士，贈太子太師、禮部尚書，謚文慤。

曹振鏞　安徽歙縣人，字懌嘉，號儷笙，由庶常授編修，累遷吏部尚書、體仁閣大學士，加太子太傅、武英殿大學士、太子太師，加太傅，謚文正，入祀賢良祠。

萬承風　江西義寧人，字和圃，由庶常授檢討，累遷兵部右侍郎，贈禮部尚書，加太傅，謚文恪。

玉　保　滿洲正黃旗人，字德符，號閬華，由庶常授檢討，累遷吏部右侍郎。

清安泰　滿洲鑲黃旗人，字秋浦，累遷浙江、河南巡撫。

曾　燠　江西南城人，字庶蕃，號賓谷，選庶常，累遷貴州巡撫。

方維甸　安徽桐城人，字南耦，累遷閩浙總督，贈太子少保，諡勤襄。
蔣予蒲　河南睢州人，字南樵，選庶常，累遷倉場侍郎。

乾隆四十九年甲辰正科（第五十六次殿試）

吳芳培　安徽涇縣人，字霽菲，號雲樵，由庶常授編修，累遷左都御史。
溫汝適　廣東順德人，字步谷，由庶常授編修，累遷兵部左侍郎。
張映漢　山東海豐人，字星槎，累遷湖廣總督、戶部左侍郎。
彭希濂　江蘇吳縣人，累遷刑部右侍郎。
周兆基　江蘇吳江人，字廉堂，由庶常授編修，累遷禮部尚書。
楊　護　江西金谿人，字邁功，累遷浙江巡撫、湖北巡撫。
蔣攸銛　漢軍鑲藍旗人，字穎芳，號礪堂，由庶常授編修，累遷直隸總督、太子太保、兩江總督、協辦大學士、太子太傅。
文　寧　滿洲正紅旗人，字遠皐，號芝厓，選庶常，累遷戶部尚書、河南巡撫。
陳萬金　浙江石門人，字軼羣，由庶常授檢討，累遷兵部左侍郎。

乾隆五十二年丁未正科（第五十七次殿試）

朱　理　安徽涇縣人，字燮臣，號靜齋，由庶常授編修，累遷刑部右侍郎、貴州巡撫。
吳　烜　河南固始人，字旭臨，由庶常授編修，累遷禮部右侍郎。
瑚圖禮　滿洲正白旗人，字景南，由庶常授檢討，累遷廣東巡撫、吏部尚書。

陳若霖　福建閩縣人，字宗覲，選庶常，累遷刑部尙書、湖廣總督。

乾隆五十四年己酉恩科（第五十八次殿試）

錢　楷　浙江嘉興人，字宗範，號裴山，會元，由庶常授編修，累遷廣西、安徽巡撫。

阮　元　江蘇儀徵人，字伯元，號雲台，由庶常授編修，累遷雲貴總督、體仁閣大學士，加太子太保、太傅，謚文達。

那彥成　滿洲正白旗人，字韶九，號繹堂，由庶常授編修，累遷直隸總督、禮部尙書，加太子太保、三等公，謚文毅。

顧德慶　山西陽曲人，字雲厓，號厚齋，由庶常授編修，累遷左都御史。

劉鐶之　山東諸城人，字信芳，號佩循，由庶常授檢討，累遷吏部尙書，加太子太保，謚文恭。

乾隆五十五年庚戌正科（第五十九次殿試）

辛從益　江西萬載人，字謙受，由庶常授編修，累遷吏部右侍郎。

張師誠　浙江歸安人，字心友，號蘭渚，由庶常授編修，累遷江蘇、安徽巡撫、倉場侍郎。

恩　普　蒙古鑲藍旗人，字雨堂，由庶常授檢討，累遷戶部右侍郎。

德　文　滿洲正白旗人，字煥章，由庶常授檢討，累遷左都御史、禮部尙書。

陳　預　江蘇吳江人，字立凡，選庶常，累遷山東巡撫。

黃　鉞　安徽當塗人，字左田，累遷禮部尚書，加太子少保、軍機大臣、戶部尚書，謚勤敏。
盛　安　漢軍正白旗人，選庶常，累遷盛京禮部侍郎。
西　成　滿洲鑲黃旗人，字有年，累遷左都御史。
王　集　漢軍正藍旗人，累遷都統，左都御史，工部尚書。

乾隆五十八年癸丑正科（第六十次殿試）

英　和　滿洲正白旗人，字樹琴，號煦齋，由庶常授編修，累遷戶部尚書，協辦大學士。
周系英　湖南湘潭人，字孟才，號石芳，由庶常授編修，累遷吏部右侍郎。
慶　保　滿洲鑲白旗人，累遷左都御史。
李宗瀚　江西臨川人，字公博，號春湖，由庶常授編修，累遷工部右侍郎。
戴敦元　浙江開化人，字士旋，選庶常，累遷刑部尚書，贈太子太保，謚簡恪。
韓　崶　江蘇長洲人，字禹三，累遷刑部尚書。
王紹蘭　浙江蕭山人，字南陔，選庶常，累遷福建巡撫。
魏元煜　直隸昌黎人，字升之，由庶常授檢討，累遷江蘇巡撫、兩江總督、漕運總督。
戴三錫　江蘇丹徒人，字羨門，累遷四川總督。贈工部尚書銜。
葉紹楏　浙江歸安人，字琴舫，號振湘，由庶常授編修，累遷廣西巡撫。
訥爾經額　滿洲正白旗人，字近堂，累遷山東巡撫，陝甘總督。

廣　厚　滿洲正紅旗人，累遷安徽巡撫。

左　輔　江蘇陽湖人，字仲甫，累遷湖南巡撫。

乾隆六十年乙卯恩科（第六十一次殿試）

韓文綺　浙江仁和人，字蔚林，號三橋，累遷江蘇巡撫。

韓鼎晉　四川長壽人，字峙霍，號樹屏，由庶常授檢討，累遷工部左侍郎。

賈允升　山東黃縣人，字猷廷，號奉愚，由庶常授檢討，累遷兵部左侍郎。

玉　麟　滿洲正黃旗人，字振之，號厚齋，選庶常，累遷兵部尚書，伊犂將軍，太子太保，卒晉太保，謚元恭，入祀賢良祠。

嘉慶元年丙辰恩科（第六十二次殿試）

吳邦慶　直隸霸州人，字景唐，號霽峯，由庶常授編修，累遷安徽巡撫，刑部右侍郎。漕運總督，河道總督。

韓克均　山西汾陽人，字德凝，號芸昉，由庶常授檢討，累遷雲南、福建巡撫。

王　鼎　陝西蒲城人，字定九，號省厓，由庶常授編修，累遷吏部尚書、東閣大學士，加太子太保、太子太師，謚文恪，入祀賢良祠。

鮑桂星　安徽歙縣人，字雙五，累遷工部右侍郎。

趙愼畛　湖南武陵人，字遵路，號璲樓，由庶常授編修，累遷閩浙、雲貴總督，卒贈太子少保，謚文恪。

陸以莊　浙江蕭山人，字平泉，號履康，由庶常授編修，累遷左都御史、工部尚書，諡文恭。
毛式郇　山東歷城人，字伯南，選庶常，累遷吏部左侍郎。
黎世序　河南羅山人，榜名承惠，一字湛溪，累遷南河河道總督。贈尚書，加太子少保，諡勤襄，入祀賢良祠。
祁　𡏖　山西高平人，字竹軒，累遷廣西巡撫，加太子少保、廣東巡撫、兩廣總督，卒依尚書例卹，諡恭恪。

嘉慶四年己未正科（第六十三次殿試）

白　鎔　順天通州人，字冶源，號小山，由庶常授編修，累遷工部尚書。
吳其彥　河南固始人，字美存，由庶常授編修，累遷兵部右侍郎。
吳榮光　廣東南海人，字荷屋，由庶常授編修，累遷湖南巡撫。
張　鱗　浙江長興人，字小軒，由庶常授檢討，累遷吏部左侍郎。
朱桂楨　江蘇上元人，字幹臣，號樸庵，累遷廣東巡撫，諡莊恪。
程國仁　河南商城人，字濟棠，號鶴樵，由庶常授編修，累遷刑部左侍郎、陝西巡撫、貴州巡撫。
湯金釗　浙江蕭山人，字敦甫，號勗茲，由庶常授編修，累遷戶部尚書、協辦大學士，加太子太保，諡文端。

史致儼　江蘇江都人，字容莊，號望之，會元，由庶常授編修，累遷左都御史、刑部尚書，贈太子太保。

貴慶　滿洲鑲白旗人，字雲西，號月山，由庶常授檢討，累遷禮部尚書。

桂芳　宗室鑲藍旗人，字香東，由庶常授檢討，累遷戶部右侍郎，贈尚書、太子少保，諡文敏。

盧坤　順天涿州人，字靜之，號厚山，選庶常，累遷湖廣、兩廣總督，贈太子太保，諡敏肅。

黃鳴傑　安徽合肥人，字季侯，選庶常，累遷浙江布政使，署理巡撫。

佛桂　滿洲鑲白旗人，選庶常，累遷吏部右侍郎。

康紹鏞　山西興縣人，字鑄南，號蘭皐，累遷安徽、廣東湖南巡撫。

程祖洛　安徽歙縣人，字梓庭，累遷江蘇巡撫、閩浙總督，贈太子太保，諡簡敬。

嘉慶六年辛酉恩科（第六十四次殿試）

陳用光　江西新城人，字實思，號碩士，由庶常授編修，累遷禮部左侍郎。

陳中孚　湖北武昌人，字心畬，號元呂，由庶常授編修，累遷廣東、山東巡撫，漕運總督。

陳嵩慶　浙江錢塘人，字復葊，號荔華，由庶常授編修，累遷吏部左侍郎。

楊懌曾　安徽六安人，字成甫，號介坪，由庶常授編修，累遷兵部左侍郎、湖北巡撫。

鄧廷楨　江蘇江寧人，字維周，號嶰筠，由庶常授編修，累遷兩廣、閩浙總督，太子太保。

常英　蒙古鑲黃旗人，由庶常授檢討，累遷兵部左侍郎。

李振祜　安徽太湖人，字錫名，累遷刑部尚書，加太子太保，謚莊肅。

李鴻賓　江西德化人，字鹿苹，由庶常授檢討，累遷湖廣總督、兩廣總督、協辦大學士、太子少保。

杜堮　山東濱州人，字石樵，選庶常，累遷禮部右侍郎，贈尚書、大學士、太子太保，謚文端，入祀賢良祠。

蘇成額　滿洲正紅旗人，累遷廣西、湖南巡撫。

伊里布　滿洲鑲黃旗人，累遷雲貴總督、協辦大學士，贈太子太保。

嘉慶七年壬戌正科（第六十五次殿試）

龔守正　浙江仁和人，字象曾，號象思，由庶常授編修，累遷禮部尚書，贈太子太保，謚文恭。

吳椿　安徽歙縣人，字大春，號蔭華，由庶常授編修，累遷左都御史、戶部尚書。

陶澍　湖南安化人，字子霖，號雲汀，由庶常授編修，累遷兩江總督，贈太子太保，謚文毅，入祀賢良祠。

沈維鐈　浙江嘉興人，字子彝，由庶常授編修，累遷工部左侍郎。

申啓賢　河南延津人，字鏡江，號敬亭，由庶常授檢討，累遷山西巡撫，謚文恪。

卓秉恬　四川華陽人，字靜波，號海帆，由庶常授檢討，累遷吏部尚書、體仁閣大學士、武英殿大學士，贈太子太保，謚文端。

梁章鉅　福建長樂人，字閎中，號茝鄰，選庶常，累遷廣西、江蘇巡撫。

惠　端　宗室鑲黃旗人，選庶常，累遷盛京兵部侍郎。

嘉慶十年乙丑正科（第六十六次殿試）

孫爾準　江蘇金匱人，字平叔，號萊甫，由庶常授編修，累遷閩浙總督、太子少保，贈太子太師，謚文靖。

史　譜　山東樂陵人，字蔭棠，號荔園，由庶常授編修，累遷兵部左侍郎。

寶　興　宗室鑲黃旗人，字見山，由庶常授編修，累遷四川總督、文淵閣大學士，加太保，謚文莊。

穆彰阿　滿洲鑲藍旗人，字鶴舫，由庶常授編修，累遷吏部尚書，加太子太保、文華殿大學士、太子太保。

那清安　滿洲正白旗人，字鶴侶，累遷左都御史、兵部尚書，加太子少保，贈太子太保，謚恭勤。

馮德馨　山東濟寧人，字得新，由庶常授檢討，累遷湖南巡撫。

鄭祖琛　浙江烏程人，字夢白，累遷廣西巡撫。

特登額　滿洲鑲紅旗人，字芳山，累遷左都御史、禮部尚書、兵部尚書，加太子少保，諡恭慎。

姚元之　安徽桐城人，字伯昂，號薦青，由庶常授編修，累遷左都御史。

嘉慶十三年戊辰正科（第六十七次殿試）

恩銘　滿洲正紅旗人，字蘭士，由庶常授編修，累遷左都御史、禮部尚書、熱河都統。

陳官俊　山東濰縣人，字偉堂，由庶常授編修，累遷吏部尚書、協辦大學士，贈太子太保，諡文愨，入祀賢良祠。

周之琦　河南祥符人，字稚圭，由庶常授編修，累遷廣西巡撫、刑部右侍郎。

陶樑　江蘇長州人，字寧求，號鳧薌，由庶常授編修，累遷禮部左侍郎。

史評　山東樂陵人，字松軒，號衡堂，由庶常授編修，累遷禮部右侍郎。

李恩繹　漢軍正白旗人，字巽甫，號東雲，由庶常授編修，累遷廣西布政使、護理巡撫。

沈岐　江蘇通州人，字鳴周，號詒原，由庶常授編修，累遷左都御史，加尚書銜，諡文清。

賀長齡　湖南善化人，字耦耕，號西厓，由庶常授編修，累遷雲貴總督。

馮瓚　山西代州人，字邀園，由庶常授檢討，累遷禮部左侍郎。

尹濟源　山東蓬萊人，字東沆，號竹農，選庶常，累遷山西、湖北巡撫。

隆文　滿洲正紅旗人，選庶常，累遷戶部尚書，贈太子太保，諡端毅。

戴宗沅　安徽來安人，選庶常，累遷刑部右侍郎。
魏元滾　直隸昌黎人，字麗泉，選庶常，累遷左都御史，兵部尚書，謚勤恪。

嘉慶十四年己巳恩科（第六十八次殿試）

郭尚先　福建莆田人，字元開，由庶常授編修，累遷大理寺卿，署理禮部右侍郎。
麟　慶　蒙古鑲黃旗人，字伯餘，號見亭，由庶常授檢討，累遷江南河道總督、兩廣總督。
惟　勤　宗室鑲藍旗人，字鑑堂，選庶常，累遷兵部右侍郎。
鍾　昌　滿洲正白旗人，字汝毓，選庶常，累遷吏部左侍郎，改馬蘭鎮總兵。
何　炳　浙江蕭山人，字允彪，號寅士，選庶常，累遷雲南巡撫。
劉鴻翱　山東濰縣人，字次白，累遷福建巡撫。

嘉慶十六年辛未正科（第六十九次殿試）

潘錫恩　安徽涇縣人，字黼堂，由庶常授編修，累遷東河總督，贈太子太保，謚文愼。
程矞采　江西新建人，字晴峯，累遷湖廣總督。
周天爵　山東東阿人，字敬修，累遷廣西巡撫、安徽巡撫，贈尚書，謚文忠。
程恩澤　安徽歙縣人，字雲芬，由庶常授編修，累遷戶部右侍郎。
林則徐　福建侯官人，字少穆，由庶常授編修，累遷河道總督、湖廣、兩廣總督，加太子太保，贈太子太傅，謚文忠，入祀賢良祠。

鄂　山　滿洲正紅旗人，累遷刑部尚書，贈太子太保。

嘉慶十九年甲戌正科（第七十次殿試）

祁寯藻　山西壽陽人，字叔穎，號春圃，由庶常授編修，累遷吏部尚書，體仁閣大學士，加太子太保，贈太保，諡文端。

吳振棫　浙江錢塘人，字仲雲，號毅甫，由庶常授編修，累遷雲貴總督。

奎　照　滿洲正白旗人，字玉庭，由庶常授編修，累遷左都御史，禮部尚書。

顏伯燾　廣東連平人，字魯輿，由庶常授編修，累遷閩浙總督。

楊殿邦　安徽泗州人，字翰平，號疊雲，由庶常授編修，累遷漕運總督。

王炳瀛　四川安岳人，字蓮洲，由庶常授編修，累遷侍場侍郎。

程懋采　江西新建人，字憩棠，由庶常授編修，累遷浙江巡撫。

蔣文慶　漢軍正白旗人，字蔚亭，由庶常授編修，累遷安徽巡撫，諡忠愍。

牛　鑑　甘肅武威人，字鏡唐，號雪樵，由庶常授編修，累遷河南巡撫、兩江總督。

吳　傑　浙江會稽人，字卓士，號梅梁，由庶常授編修，累遷工部右侍郎。

喬用遷　湖北孝感人，字見齋，選庶常，累遷貴州巡撫，加太子少保。

王瑋慶　山東諸城人，字襲玉，號藕塘，選庶常，累遷戶部右侍郎。

廣　林　蒙古正黃旗人，字喬臣，累遷禮部右侍郎。

朱爲弼　浙江平湖人，字右甫，號茮堂，累遷漕運總督。

傅繩勳　山東聊城人，字秋屏，選庶常，累遷江西、江蘇巡撫。
成　格　滿洲鑲白旗人，累遷刑部、禮部尚書。
朱　澍　貴州貴筑人，選庶常，累遷漕運總督，世襲二等輕騎都尉。

嘉慶二十二年丁丑正科（第七十一次殿試）

龔　裕　江蘇清河人，字惇夫，號月舫，由庶常授編修，累遷山西、湖北巡撫。
毛樹棠　河南武陟人，字芾村，由庶常授編修，累遷戶部右侍郎。
王　植　直隸清苑人，字叔培，號曉林，由庶常授編修，累遷安徽、江西巡撫，吏部右侍郎。
張日晸　江蘇吳縣人，字曉瞻，由庶常授編修，累遷雲南巡撫。
王兆琛　山東福山人，字叔玉，由庶常授編修，累遷山西巡撫。
張澧中　陝西潼關人，字蘭沚，累遷山東巡撫。
李　煌　雲南昆明人，字仲輝，由庶常授編修，累遷戶部右侍郎。
裕　泰　蒙古鑲黃旗人，原名裕謙，字東巖，號餘山，選庶常，累遷湖廣總督，閩浙、陝甘總督，謚莊毅。
李　鈞　直隸河間人，字夢詔，選庶常，累遷河東河道總督。
德　興　滿洲鑲黃旗人，字臨皋，由庶常授檢討，累遷盛京戶部侍郎。

嘉慶二十四年己卯恩科（第七十二次殿試）

徐士芬　浙江平湖人，字誦清，號辛庵，由庶常授編修，累遷戶部右侍郎。
吳文鎔　江蘇儀徵人，字甄甫，號竹孫，由庶常授編修，累遷雲貴、閩浙、湖廣總督，謚文節，入祀昭忠祠。
朱　嶟　雲南通海人，字仰山，號傚堂，由庶常授檢討，累遷左都御史、禮部尚書，謚文端。
錢寶琛　江蘇太倉人，字楚玉，號伯瑜，由庶常授編修，累遷江西、湖北巡撫。
周祖培　河南商城人，字叔滋，號芝台，由庶常授編修，累遷兵部尚書、體仁閣大學士、太子太保，謚文勤。
松　峻　滿洲正黃旗人，字芸樵，選庶常，累遷泰寧鎮總兵。
鐵　麟　宗室正藍旗人，字仁山，選庶常，累遷左都御史，署理刑部尚書。
德　春　宗室鑲黃旗人，字愛棠，選庶常，累遷倉場侍郎。

嘉慶二十五年庚辰正科（第七十三次殿試）

徐廣縉　河南鹿邑人，字靖侯，號壺園，由庶常授編修，累遷兩廣總督、一等子爵、湖廣總督。
朱　襄　安徽無湖人，字雲溪，由庶常授編修，累遷河東河道總督。
文　蔚　滿洲正藍旗人，字露軒，由庶常授檢討，累遷工部右侍郎。
徐宗幹　江蘇通州人，字樹人，累遷福建巡撫，謚清惠。

梁蕚涵　山東榮城人，字心芳，號棣軒，由庶常授編修，累遷山西、雲南巡撫。
侯　桐　江蘇無錫人，字葉唐，由庶常授編修，累遷吏部右侍郎。
恒　春　滿洲正白旗人，字宜亭，累遷刑部尙書。
趙　光　雲南昆明人，字仲明，號蓉舫，由庶常授編修，累遷工部、刑部尙書，謚文恪。
費開綬　江蘇武進人，字鶴江，由庶常授編修，累遷江西巡撫。
龔文齡　福建侯官人，字蕉汀，號西園，選庶常，累遷工部右侍郎。
明　訓　蒙古正黃旗人，選庶常，累遷吏部右侍郎。
張祥河　江蘇婁縣人，字詩舲，累遷陝西巡撫。
徐澤醇　漢軍正藍旗人，累遷禮部尙書，謚忠勤。

道光二年壬午恩科（第七十四次殿試）

翁心存　江蘇常熟人，字二銘，號邃庵，以庶常授編修，累遷吏部尙書、武英殿大學士，贈太保，謚文端，入祀賢良祠。
鄒鳴鶴　江蘇無錫人，字鍾泉，累遷廣西巡撫，謚壯節。
恩　桂　宗室鑲藍旗人，由庶常授編修，累遷左都御史、理藩院，禮部、吏部尙書，贈太保，謚文肅。
溫葆深　江蘇上元人，字明叔，由庶常授檢討，累遷戶部右侍郎，加太子少保。
文　慶　滿洲鑲紅旗人，字孔修，由庶常授編修，累遷戶部尙書、文淵閣大學士，加太子太保，贈太保，諡文端，入祀賢良祠。

李棠階　河南河內人，字樹南，號文園，由庶常授編修，累遷左都御史、禮部尙書，贈太子太保，諡文清。

李　菡　順天寶坻人，字豐垣，由庶常授編修，累遷工部尙書，諡文恪。

陸建瀛　湖北沔陽人，字立夫，由庶常授編修，累遷兩江總督。

鄭元善　直隸廣宗人，字體仁，號鶴汀，累遷河南巡撫。

曾望顏　貴州貴筑人，字瞻孔，號卓如，由庶常授編修，累遷陝西巡撫、四川總督。

李　僡　陝西華陰人，字惠人，累遷河南巡撫、山東巡撫，贈總督、太子少保，諡恭敬。

道光三年癸未正科（第七十五次殿試）

孫瑞珍　山東濟寧人，字符卿，號奇庵，由庶常授編修，累遷左都御史、戶部尙書，贈太子太保，諡文定。

梁寶常　直隸天津人，字楚香，由庶常授編修，累遷廣東、浙江巡撫。

常大淳　湖南衡陽人，字正夫，號南陔，由庶常授編修，累遷浙江、山西、湖北巡撫，諡文節。

卞士雲　江蘇儀徵人，字光河，號竹辰，由庶常授編修，護理湖北巡撫。

綿　森　宗室正藍旗人，累遷刑部尙書，諡端愨。

黃爵滋　江西宜黃人，字德成，號樹齋，由庶常授編修，累遷刑部右侍郎。

劉源灝　順天永清人，字鑑泉，由庶常授編修，累遷雲貴總督。
王懿德　河南祥符人，字紹甫，累遷福建巡撫、閩浙總督，諡靖毅。
杜受田　山東濱州人，字錫三，號芝農，會元，由庶常授編修，累遷刑部尚書、協辦大學士，贈太師，諡文正，入祀賢良祠。
劉裕鈖　湖北江夏人，字見甫，累遷署理安徽巡撫，諡勤壯。
管遹羣　江蘇陽湖人，字兆籛，號椒軒，累遷福建巡撫。

道光六年丙戌正科（第七十六次殿試）

麟　魁　滿洲鑲白旗人，字梅谷，由庶常授編修，累遷兵部尚書、協辦大學士，諡文端。
柏　葰　蒙古正藍旗人，字靜濤，由庶常授編修，累遷戶部尚書、文淵閣大學士。
德　興　滿洲鑲藍旗人，累遷刑部尚書，諡文恭。
德　誠　宗室鑲藍旗人，字默庵，由庶常授編修，累遷倉場侍郎。
黃恩彤　山東寧陽人，字石琴，累遷廣東巡撫。
黃　琮　雲南昆明人，字象坤，號渠卿，由庶常授編修，累遷兵部左侍郎，諡文潔，贈左都御史。

道光九年己丑正科（第七十七次殿試）

孫葆元　直隸鹽山人，字蓮塘，由庶常授檢討，累遷吏部左侍郎。
全　慶　滿洲正白旗人，字小汀，由庶常授編修，累遷刑部尚書、體仁閣大學士，贈太子太保，謚文恪，入祀賢良祠。

倭　仁　蒙古正紅旗人，字艮峯，由庶常授編修，累遷工部尚書、武英殿大學士、文華殿大學士，贈太保，謚文端，入祀賢良祠。

羅繞典　湖南安化人，字蘭陔，號蘇溪，由庶常授編修，累遷湖北巡撫、雲貴總督、太子太保，謚文僖。

徐繼畬　山西五台人，字健男，號牧田，由庶常授編修，累遷廣西、福建巡撫。

徐有壬　順天宛平人，字君青，累遷江蘇巡撫，謚節愍。

王慶雲　福建閩縣人，字雁汀，由庶常授編修，累遷山西巡撫，四川、兩廣總督，太子少保，工部尚書，謚文勤。

張集馨　江蘇儀徵人，字椒雲，由庶常授編修，累遷陝西布政使、署理陝撫。

李嘉端　直隸天津人，字吉臣，號鐵梅，由庶常授編修，累遷安徽巡撫、刑部左侍郎。

道光十二年壬辰恩科（第七十八次殿試）

瑞　常　蒙古鑲紅旗人，字芝生，由庶常授編修，累遷吏部尚書，加太子太保、文淵閣大學士、文華殿大學士，贈太保，謚文端，入祀賢良祠。

善　燾　宗室鑲白旗人，字溥泉，由庶常授編修，累遷戶部右侍郎。

邵　燦　浙江餘杭人，字耀圃，號又村，由庶常授編修，累遷吏部右侍郎、漕運總督，兼署河道總督，謚文端。

戴　熙　浙江錢塘人，字醇士，號鹿牀，由庶常授編修，累遷兵部右侍郎，謚文節。

趙長齡　山東利津人，字怡山，號靜庵，由庶常授檢討，累遷山西巡撫。

郭柏蔭　福建侯官人，字遠堂，號𤅢廣，由庶常授編修，累遷江蘇、湖北巡撫、署理湖廣總督。

陸應穀　雲南蒙自人，字樹嘉，號稼堂，由庶常授編修，累遷河南巡撫、刑部右侍郎。

花沙納　蒙古正黃旗人，字毓仲，號松琴，由庶常授編修，累遷左都御史、吏部尚書，謚文定。

勞崇光　湖南善化人，字辛階，由庶常授編修，累遷廣西巡撫，兩廣、雲貴總督，贈太子太保，謚文毅。

桑春榮　順天宛平人，字相儕，由庶常授編修，累遷雲南巡撫、刑部尚書，加太子太保，謚文達。

嚴良訓　江蘇吳縣人，字廸甫，由庶常授編修，累遷河南布政使、署理河南巡撫。

李星沅　湖南湘陰人，字子湘，號石梧，由庶常授編修，累遷雲貴、兩江總督，加太子太保，督辦廣西軍務，謚文恭。

愛　仁　蒙古鑲紅旗人，字麗川，累遷兵部尚書，謚清恪。

單懋謙　湖北襄陽人，字地山，由庶常授編修，累遷吏部尚書、文淵閣大學士，贈太子太保，謚文恪。

王茂蔭　安徽歙縣人，字顧門，累遷吏部右侍郎。

賈　臻　直隸故城人，字運生，號迅屋，由庶常授檢討，累遷河南布政使、署理河南巡撫、安徽巡撫。

舒興阿　滿洲鑲黃旗人，字旺山，號雲溪，選庶常，累遷西安將軍、署理陝甘總督。

潘　鐸　江蘇江寧人，字振之，選庶常，累遷雲貴總督，諡文毅，入祀賢良祠。

李湘棻　山東安邱人，字雲舫，選庶常，累遷署理漕運總督。

駱秉章　廣東花縣人，字籲門，號儒齋，由庶常授編修，累遷四川總督、協辦大學士，加太子太保，贈太子太傅，諡文忠，入祀賢良祠。

道光十三年癸巳正科（第七十九次殿試）

車克愼　山東濟寧人，字意園，由庶常授編修，累遷禮部左侍郎。

汪元方　安徽歙縣人，字友陳，號嘯庵，由庶常授編修，累遷左都御史，贈尙書，加太子少保，諡文端。

黃贊湯　江西廬陵人，字尹咸，號莘農，由庶常授編修，累遷東河河道總督、廣東巡撫、刑部右侍郎。

譚廷襄　浙江山陰人，字竹崖，選庶常，累遷左都御史、刑部尙書，贈太子少保，諡端恪。

溫予巽　陝西漢陰人，字季木，選庶常，累遷甘肅布政使、護理陝甘總督。

楊文定　安徽定遠人，累遷江蘇巡撫、署理兩江總督。

福　濟　滿洲鑲白旗人，字元修，由庶常授編修，累遷陝甘、雲貴總督、成都將軍、太子太保。

鄧爾恒　江蘇江寧人，字子久，由庶常授編修，累遷貴州、陝西巡撫，謚文愨。

博廸蘇　蒙古正白旗人，字露庵，選庶常，累遷禮部右侍郎。

宋延春　江西奉新人，字小墅，由庶常授編修，累遷雲南按察使、護理雲貴總督。

道光十五年乙未正科（第八十次殿試）

孫銘恩　江蘇通州人，字書常，由庶常授編修，累遷兵部右侍郎，謚文節。

何桂清　雲南昆明人，字根雲，由庶常授編修，累遷浙江巡撫、兩江總督。

羅惇衍　廣東順德人，字星齋，號椒生，由庶常授編修，累遷左都御史、戶部尚書，謚文恪。

陶恩培　浙江會稽人，字問雲，號益芝，由庶常授編修，累遷湖北巡撫，謚文節。

張　芾　陝西涇陽人，字黼侯，由庶常授編修，累遷吏部右侍郎、江西巡撫，謚文毅。

杜　翻　山東濱州人，字雲巢，由庶常授編修，累遷戶部右侍郎。

呂賢基　安徽旌德人，字義音，號鶴田，由庶常授編修，累遷兵部右侍郎，贈尚書，謚文節，入祀昭忠祠。

彭蘊章　江蘇長洲人，字詠莪，累遷工部尚書、文淵閣大學士、武英殿大學士，謚文敬。

蘇廷魁　廣東高要人，字賡堂，由庶常授編修，累遷東河總督。

許乃釗　浙江錢塘人，字貞恒，由庶常授編修，累遷江蘇巡撫。
葉名琛　湖北漢陽人，字崑臣，由庶常授編修，累遷兩廣總督、協辦大學士、體仁閣大學士。
蔣霨遠　漢軍鑲藍旗人，字溓生，累遷貴州巡撫。
倭什琿布　滿洲鑲紅旗人，累遷禮部尚書。
黃宗漢　福建晉江人，字季雲，號壽臣，選庶常，累遷四川總督、吏部右侍郎。
鄭敦謹　湖南長沙人，字叔厚，號小山，選庶常，累遷左都御史、兵部尚書、太子少保，諡恪慎。
喬松年　山西徐溝人，字健侯，累遷漕運總督，贈太子少保，諡勤恪。
袁甲三　河南項城人，字午樵，選庶常，累遷漕運總督，諡端敏。
羅遵殿　安徽宿松人，字澹村，累遷浙江巡撫，諡壯節。

道光十六年丙申恩科（第八十一次殿試）

徐之銘　貴州開泰人，字新齋，由庶常授編修，累遷雲南巡撫。
胡林翼　湖南益陽人，字貺生，號潤芝，由庶常授編修，累遷湖北巡撫，加太子少保，贈太子太保、三等男，諡文忠，入祀賢良祠。
梁　瀚　陝西鄠縣人，字海樓，號平橋，由庶常授編修，累遷戶部左侍郎。
張錫庚　江蘇丹徒人，字星白，號秋舫，由庶常授編修，累遷刑部左侍郎，諡文貞。

呂佺孫　江蘇陽湖人，字堯仙，號蘭溪，由庶常授編修，累遷福建巡撫。
李道生　江西德安人，字務滋，號晴川，由庶常授編修，累遷禮部左侍郎。
沈兆霖　浙江錢塘人，字子涤，號朗亭，由庶常授編修，累遷戶部尚書，署理陝甘總督。贈太子太保，謚文忠。
慧　成　滿洲鑲黃旗人，字裕亭，號秋谷，由庶常授編修，累遷理藩院侍郎。
王發桂　直隸清苑人，字笑山，號少峯，選庶常，累遷兵郎右侍郎。

道光十八年戊戌正科（第八十二次殿試）

童　華　浙江鄞縣人，字惟兑，號薇研，由庶常授編修，累遷左都御史。
吳存義　江蘇泰興人，字和甫，由庶常授編修，累遷吏部左侍郎。
曹澍鍾　湖北江夏人，字雨岩，號穎生，由庶常授編修，累遷廣西巡撫，辦理四川軍務。
毛鴻賓　山東歷城人，字寅庵，號寄雲，由庶常授編修，累遷兩廣總督。
靈　桂　宗室正藍旗人，字小山，號蘅生，由庶常授編修，累遷吏部尚書、體仁閣大學士、武英殿大學士，謚文勤，入祀賢良祠。
惲光宸　江蘇陽湖人，字濬生，號薇叔，由庶常授編修，累遷江西巡撫。
晏端書　江蘇儀徵人，字彤甫，號巢雲，由庶常授編修，署理兩廣總督、浙江巡撫。
曾國藩　湖南湘鄉人，字滌笙，號伯涵，由庶常授檢討，累遷兩江總督、毅勇侯、太子太保、體仁閣大學士、武英殿大學士，贈太傅，謚文正，入祀賢良祠。

寶　鋆　滿洲鑲白旗人，字佩蘅，由庶常授編修，累遷吏部尙書、武英殿大學士，贈太保，謚文靖，入祀賢良祠。
聯　英　滿洲鑲黃旗人，字秀峯，選庶常，累遷江蘇布政使、署理漕運總督。
祁宿藻　山西壽陽人，字幼章，由庶常授檢討，累遷江寧布政使，贈左都御史，謚文節。

道光二十年庚子正科（第八十三次殿試）

翁同書　江蘇常熟人，字祖庚，號藥房，由庶常授編修，累遷安徽巡撫，謚文勤。
殷兆鏞　江蘇吳縣人，字譜經，由庶常授編修，累遷禮部右侍郎。
匡　源　山東膠州人，字本如，號鶴泉，由庶常授編修，累遷吏部左侍郎、署理禮部尙書。
萬青藜　江西德化人，字文甫，號照齋，由庶常授編修，累遷吏部尙書，贈太子少保，謚文勤。
卓　橒　四川華陽人，字雲木，由庶常授編修，累遷吏部左侍郎。
和　潤　宗室鑲黃旗人，選庶常，累遷工部右侍郎。
廉兆綸　順天寧河人，榜名師敏，字葆純，由庶常授編修，累遷戶部右侍郎。
黃　倬　湖南善化人，字恕陔，由庶常授編修，累遷兵部右侍郎。

道光二十一年辛丑恩科（第八十四次殿試）

文　瑞　滿洲鑲紅旗人，字芝亭，號叔庵，由庶常授編修，累遷刑部右侍郎。

陳啓邁　湖南武陵人，字子皐，號竹伯，由庶常授編修，累遷江西巡撫。
潘曾瑩　江蘇吳縣人，字申甫，號星齋，由庶常授編修，累遷吏部左侍郎。
楊式穀　河南商城人，字稼生，號貽堂，由庶常授編修，累遷刑部右侍郎。
青　麐　滿洲正白旗人，字龍賓，號墨卿，由庶常授編修，累遷湖北巡撫。
劉　琨　雲南景東人，字玉昆，號韞齋，由庶常授編修，累遷刑部右侍郎、湖南巡撫。
載　齡　宗室鑲藍旗人，字鶴峯，號芷庵，由庶常授檢討，累遷吏部尚書、體仁閣大學士、太子少保，贈太子太保，謚文恭，入祀賢良祠。
賀壽慈　湖北蒲圻人，字于逵，號贅叟，由庶常授編修，累遷左都御史、工部尚書。
畢道遠　山東淄川人，字仲任，號東河，由庶常授檢討，累遷左都御史、禮部尚書。
楊重雅　江西德興人，榜名元白，字慶伯，由庶常授檢討，累遷廣西巡撫。
錫　齡　宗室鑲藍旗人，字遐菴，號鶴亭，由庶常授檢討，累遷盛京兵部侍郎。
麟　慶　滿洲正白旗人，累遷倉場侍郎。
錢寶青　浙江嘉善人，字萍矼，號葉莊，選庶常，累遷戶部右侍郎。
毓　祿　滿洲正白旗人，字曉山，累遷工部右侍郎。

道光二十四年甲辰正科（第八十五次殿試）

龔自閎　浙江仁和人，字應星，號叔雨，由庶常授編修，累遷吏部右侍郎。
馮譽驥　廣東高要人，字卓如，由庶常授編修，累遷刑部右侍郎、陝西巡撫。

朱夢元　江西貴溪人，字貞起，號錦堂，累遷通政使、署理刑部右侍郎。
何彤雲　雲南晉寧人，字子厚，由庶常授編修，累遷禮部左侍郎。
李福泰　山東濟寧人，字星衢，累遷福建巡撫、廣西巡撫。
宋　晉　江蘇溧陽人，字錫蕃，號雪帆，由庶常授編修，累遷戶部右侍郎。
杜　翰　山東濱州人，字季園，由庶常授檢討，累遷工部左侍郎、軍機大臣上行走。
富尼雅杭阿　蒙古鑲紅旗人，由庶常授編修，累遷盛京戶部侍郎。

道光二十五年乙巳恩科（第八十六次殿試）

宜　振　漢軍鑲黃旗人，字春宇，由庶常授編修，累遷工部右侍郎。
何廷謙　安徽定遠人，字地山，由庶常授編修，累遷工部右侍郎。
毛昶熙　河南武陟人，字旭初，號鏡海，由庶常授編修，累遷左都御史、吏部尚書，贈太子少保，謚文達。
閻敬銘　陝西朝邑人，字丹初，號荔門，選庶常，累遷戶部尚書、東閣大學士，贈太保，謚文介。
周壽昌　湖南長沙人，字荇農，號自庵，由庶常授編修，累遷戶都右侍郎。
蔣志淳　江西鉛山人，字恪卿，號璞山，由庶常授編修，累遷陝西巡撫，謚文恪。
李鶴年　奉天義州人，字子和，號雪岑，由庶常授編修，累遷閩浙總督、河道總督。
阜　保　滿洲鑲黃旗人，字廕方，累遷左都御史、理藩院尚書、刑部尚書。

惲世臨　江蘇陽湖人，字次山，號香咸，選庶常，累遷湖南巡撫。

張兆棟　山東濰縣人，字友山，累遷漕運總督、署理閩浙總督、福建巡撫。

張凱高　湖北江夏人，字粤卿，累遷雲貴總督。

胡瑞瀾　湖北江夏人，字子安，號觀甫，由庶常授編修，累遷兵部左侍郎。

文　祥　滿洲鑲白旗人，字博川，累遷吏部尙書、體仁閣大學士、武英殿大學士，贈太保，諡文端，入祀賢良祠。

道光二十七年丁未正科（第八十七次殿試）

袁希祖　湖北漢陽人，字荀陵，號玉方，由庶常授編修，累遷兵部右侍郎。

徐樹銘　湖南長沙人，字壽蘅，由庶常授編修，累遷左都御史、工部尙書。

何　璟　廣東香山人，字伯玉，號小宋，由庶常授編修，累遷閩浙總督。

劉有銘　直隸南皮人，字緘三，號鐫山，由庶常授編修，累遷刑部左侍郎。

李鴻章　安徽合肥人，字少荃，由庶常授編修，累遷直隸總督、武英殿大學士、文華殿大學士，加太子太傅、三眼花翎，一等肅毅伯，追晉一等侯，贈太傅，諡文忠，入祀賢良祠。

沈葆楨　福建侯官人，字幼丹，由庶常授編修，累遷江西巡撫、兩江總督，加太子少保，贈太子太保，諡文肅，入祀賢良祠。

沈桂芬　江蘇吳江人，字經笙，由庶常授編修，累遷兵部尙書、協辦大學士，加太子少保銜，贈太子太傅，諡文定，入祀賢良祠。

鮑深源　安徽和州人，字華潭，號穆堂，由庶常授編修，累遷山西巡撫、戶部左侍郎。

郭嵩燾　湖南湘陰人，字伯琛，號筠仙，由庶常授編修、署理廣東巡撫、兵部左侍郎、英法出使大臣。

廣　鳳　滿洲鑲藍旗人，由庶常授編修，累遷刑部右侍郎。

李孟羣　河南固始人，字鶴人，累遷安徽布政使、署理巡撫，諡武愍。

馬新貽　山東菏澤人，字穀山，累遷兩江總督，諡端敏，入祀賢良祠。

黃彭年　貴州貴筑人，字子壽，由庶常授編修，累遷江蘇布政使、護理江蘇巡撫。

道光三十年庚戌正科（第八十八次殿試）

崇　實　滿洲鑲黃旗人，字樸山，由庶常授編修，累遷刑部尚書。

徐　桐　漢軍正藍旗人，字蔭軒，由庶常授編修，累遷吏部尚書，加太子太保，體仁閣大學士。

錢寶銓　浙江嘉善人，字湘吟，由庶常授編修，累遷刑部左侍郎。

袁保恒　河南項城人，字小塢，由庶常授編修，累遷刑部左侍郎，諡文誠。

邵亨豫　順天宛平人，字汴生，由庶常授編修，累遷吏部左侍郎、陝西巡撫。

曾璧光　四川洪雅人，字樞垣，由庶常授編修，累遷貴州巡撫，贈太子少保，諡文誠。

王凱泰　江蘇寶應人，字幼怜，號補帆，由庶常授編修，累遷福建巡撫，贈太子少保，諡文勤。

清　安　滿洲鑲黃旗人，字吉甫，選庶常，累遷刑部右侍郎。

瑞　聯　宗室正藍旗人，字睦庵，累遷工部尙書。

錢桂森　江蘇泰州人，字馨伯，號稚庵，由庶常授編修，累遷戶部右侍郎。

咸豐二年壬子恩科（第八十九次殿試）

梅啓照　江西南昌人，字筱巖，選庶常，累遷河道總督、浙江巡撫，左都御史。

景　廉　滿洲正黃旗人，字秋坪，由庶常授編修，累遷兵部尙書。

文　彬　滿洲正白旗人，字質夫，累遷漕運總督。

倪文蔚　安徽望江人，字豹臣，選庶常，累遷廣東巡撫。

綿　宜　宗室正藍旗人，字佩卿，選庶常，累遷禮部右侍郎。

景其濬　貴州興義人，字劍泉，由庶常授編修，累遷戶部右侍郎。

周恒祺　湖北黃陂人，字子維，號福皆，由庶常授編修，累遷山東巡撫、漕運總督。

杜瑞聯　山西太谷人，字棣雲，號鶴田，由庶常授編修，累遷雲南巡撫。

李鴻藻　直隸高陽人，字蘭蓀，由庶常授編修，累遷禮部尙書、協辦大學士，贈太子太傅，謚文正，入祀賢良祠。

李慶翱　山東歷城人，字公度，由庶常授編修，累遷河南巡撫。

衞榮光　河南新鄉人，字靜瀾，由庶常授編修，累遷江蘇巡撫。

許應騤　廣東番禺人，字筠庵，由庶常授檢討，累遷左都御史、禮部尚書、加太子少保、閩浙總督。

額勒和布　滿洲鑲藍旗人，字筱山，選庶常，累遷戶部尚書、武英殿大學士，加太子太保，贈太保，謚文勤，入祀賢良祠。

繼　格　滿洲正白旗人，選庶常，累遷廣州將軍。

志　和　滿洲正藍旗人，字藹雲，號養圃，選庶常，累遷左都御史、理藩院尚書、刑部尚書。

王文韶　浙江仁和人，字夔石，累遷戶部尚書、體仁閣大學士、文淵閣大學士，加太子太保，贈太保，謚文勤，入祀賢良祠。

咸豐三年癸丑正科（第九十次殿試）

盧士杰　河南光州人，字子英，號藝圃，由庶常授編修，累遷安徽巡撫、漕運總督。

恩　承　滿洲鑲黃旗人，字露圃，由庶常授檢討，累遷吏部尚書、體仁閣大學士，贈太保，謚文恪，入祀賢良祠。

麟　書　宗室正藍旗人，字芝葊，累遷吏部尚書，文淵閣、武英殿大學士，贈太子太保，謚文恪。

丁寶楨　貴州平遠人，字稚璜，選庶常，軍功特旨授編修，累遷山東巡撫、四川總督，加太子少保，贈太子太保，謚文誠，入祀賢良祠。

黃　鈺　安徽休寧人，字孝侯，由庶常授編修，累遷刑部左侍郎。

馬恩溥　雲南太和人，字雨農，由庶常授編修，累遷兵部右侍郎。

納　仁　蒙古鑲黃旗人，選庶常，累遷工部右侍郎。

咸豐六年丙辰正科（第九十一次殿試）

烏拉喜崇阿　滿洲鑲黃旗人，字達峯，選庶常，累遷左都御史、兵部尚書。

譚鍾麟　湖南茶陵人，字雲覲，號文卿，由庶常授編修，累遷兩廣、陝甘總督，諡文勤。

沈秉成　浙江歸安人，字仲復，由庶常授編修，累遷安徽巡撫、署理兩江總督。

銘　安　滿洲鑲黃旗人，字鼎臣，由庶常授編修，累遷盛京刑部侍郎、吉林將軍、鄉舉重逢，加太子太保，諡文肅。

廣　壽　滿洲鑲黃旗人，由庶常授編修，累遷左都御史、吏部尚書。

夏同善　浙江仁和人，字舜樂，號子松，由庶常授編修，累遷吏部右侍郎，諡文毅。

延　煦　宗室正藍旗人，字樹南，由庶常授編修，累遷左都御史、禮部尚書。

紹　祺　滿洲鑲黃旗人，選庶常，累遷理藩院尚書。

薛允升　陝西長安人，字雲階，累遷漕運總督、刑部尚書。

咸豐九年己未正科（第九十二次殿試）

周家楣　江蘇宜興人，字筱棠，由庶常授編修，累遷通政使，署理禮、兵、戶部左侍郎。

福　錕　宗室鑲黃旗人，字箴庭，累遷戶部尚書、協辦大學士，加太子太保、體仁閣大學士，贈太保，諡文愼。

于蔭霖　吉林伯都納人，由庶常授編修，累遷河南巡撫。

咸豐十年庚申恩科（第九十三次殿試）

徐致祥　江蘇嘉定人，字季和，會元，由庶常授編修，累遷兵部右侍郎。

祁世長　山西壽陽人，字子禾，號敏齋，由庶常授編修，累遷左都御史、工部尙書，諡文恪。

黎培敬　湖南湘潭人，字簡堂，由庶常授檢討，累遷漕運總督、江蘇巡撫，諡文肅。

吳元炳　河南固始人，字子健，由庶常授檢討，累遷漕運總督、安徽巡撫。

劉秉璋　安徽廬江人，字仲良，由庶常授編修，累遷浙江巡撫、四川總督，加太子少保。

孫詒經　浙江錢塘人，字子授，由庶常授檢討，累遷戶部左侍郎。

寶　森　宗室鑲藍旗人，選庶常，累遷盛京刑部侍郎。

松　溎　滿洲鑲藍旗人，字壽泉，選庶常，累遷工部尙書。

徐延旭　山東臨清人，字曉山，累遷廣西巡撫。

阿克丹　宗室正白旗人，累遷理藩院尙書。

同治元年壬戌正科（第九十四次殿試）

龍湛霖　湖南攸縣人，字芝生，由庶常授編修，累遷刑部右侍郎。

孫鳳翔　山東濰縣人，字文起，號棣園，由庶常授檢討，累遷河南布政使、護理巡撫。

陳　彝　江蘇儀徵人，字六舟，號聽軒，由庶常授編修，累遷安徽巡撫。
陳學棻　湖北安陸人，字梅生，由庶常授編修，累遷工部尚書，謚文愨。
崑　岡　宗室正藍旗人，字筱鋒，由庶常授編修，累遷禮部尚書、體仁閣大學士、東閣大學士、文淵閣大學士，贈太子太保，謚文端，入祀賢良祠。
張家驤　浙江鄞縣人，字子騰，由庶常授編修，累遷吏部右侍郎，謚文莊。
黃槐森　廣東香山人，字作鑾，號植亭，由庶常授編修，累遷廣西巡撫。
周德潤　廣西臨桂人，字生霖，由庶常授編修，累遷刑部右侍郎。
譚鈞培　貴州鎮遠人，字寅賓，由庶常授編修，累遷雲南巡撫，兼署雲貴總督，贈太子少保。
許庚身　浙江仁和人，字星叔，累遷兵部尚書、太子太保，謚恭愼。
游百川　山東濱州人，字滙東，號梅溪，由庶常授編修，累遷戶部右侍郎。
劉瑞祺　江西德化人，字伯符，號景臣，由庶常授編修，累遷山西巡撫。
鹿傳霖　直隸定興人，字芝軒，選庶常，累遷吏部尚書、協辦大學士、體仁閣大學士、東閣大學士、太子太保，謚文端，贈太保，入祀賢良祠。
馬丕瑤　河南安陽人，字玉山，號香谷，累遷廣西、廣東巡撫。

同治二年癸亥恩科（第九十五次殿試）

文　澂　滿洲鑲紅旗人，字秋瀛，由庶常授編修，累遷刑部左侍郎。

梅啓照　江西南昌人，字少巖，號緝明，由庶常授編修，累遷兵部右侍郎。
吳廷芬　安徽休寧人，累遷左都御史。
邊寶泉　漢軍鑲紅旗人，字蓮溪，號潤氏，由庶常授編修，累遷河南巡撫、閩浙總督，贈太子太保。
許振禕　江西奉新人，字仙屏，由庶常授編修，累遷河道總督，謚文敏。
裕　德　蒙古正白旗人，字壽田，累遷左都御史、陸軍部尚書、協辦大學士、東閣大學士，謚文愼。
李端棻　貴州貴筑人，字信臣，號蕊園，由庶常授編修，累遷禮部尚書。
廖壽恒　江蘇嘉定人，字仲山，由庶常授編修，累遷左都御史、禮部尚書。
景　善　滿洲正白旗人，字芾亭，選庶常，累遷禮部右侍郎。
白　桓　順天通州人，字建侯，累遷兵部右侍郎。
奎　潤　宗室正藍旗人，累遷左都御史，禮部尚書。
黃體芳　浙江瑞安人，字漱蘭，會元，由庶常授編修，累遷兵部左侍郎。
王毓藻　湖北黃岡人，字魯薌，累遷貴州巡撫。

同治四年乙丑正科（第九十六次殿試）

松　森　宗室正藍旗人，字吟濤，由庶常授編修，累遷左都御史、理藩院尚書。
崇　勳　滿洲鑲黃旗人，字建侯，累遷刑部左侍郎。

胡聘之　湖北天門人，字蘄生，由庶常授編修，累遷山西巡撫。
文　治　滿洲鑲紅旗人，字叔平，由庶常授編修，累遷兵部右侍郎。
李用清　山西平定人，字澄齋，由庶常授編修，累署貴州巡撫。
楊　頤　廣東茂名人，字子異，號蓉圃，由庶常授編修，累遷兵部左侍郎。
張瑞卿　雲南太和人，字子方，由庶常授編修，累遷安徽布政使、護理巡撫。
汪鴻鑾　浙江錢塘人，字柳門，由庶常授編修，累遷吏部右侍郎。
唐景崧　廣西灌陽人，字薇卿，由庶常授編修，累遷臺灣巡撫。
劉恩溥　直隸吳橋人，字博泉，由庶常授編修，累遷倉場侍郎。
張英麟　山東歷城人，字振卿，由庶常授編修，累遷吏部左侍郎、副都統、左都御史，重宴瓊林，加太子太保。
啓　秀　滿洲正白旗人，字穎之，累遷禮部尚書。

同治七年戊辰正科（第九十七次殿試）

徐會澧　山東諸城人，字東甫，由庶常授編修，累遷左都御史、兵部尚書、陸軍部尚書。
吳大澂　江蘇吳縣人，字清卿，號恒軒，由庶常授編修，累遷廣東、湖南巡撫。
陳啓泰　湖南長沙人，字魯生，號伯平，由庶常授編修，累遷江蘇巡撫。
張人駿　直隸豐潤人，字千里，號安圃，由庶常授編修，累遷兩廣、兩江總督。
許景澄　浙江嘉興人，字竹篔，由庶常授編修，累遷吏部左侍郎，謚文肅。

寶　廷　宗室鑲黃旗人，字竹坡，由庶常授編修，累遷吏部右侍郎。
錫　珍　蒙古鑲黃旗人，字錫卿，由庶常授編修，累遷吏部尚書。
嵩　中　滿洲鑲黃旗人，字犢山，選庶常，累遷刑部尚書、理藩院尚書，加太子少保。
張曾敭　直隸南皮人，字潤生，由庶常授編修，累遷浙江巡撫。
陶　模　浙江秀水人，字方之，選庶常，累遷陝甘、兩廣總督，贈太子少保，謚勤肅。
梁仲衡　直隸安肅人，字湘南，由庶常授編修，累遷工部右侍郎。

同治十年辛未正科（第九十八次殿試）

瞿鴻禨　湖南善化人，字子久，由庶常授編修，累遷外務部尚書、協辦大學士，加太子少保，謚文慎。
王文錦　直隸天津人，字雲舫，由庶常授編修，累遷吏部左侍郎。
王　廉　河南祥符人，字介挺，由庶常授編修，累遷河南按察使、護理巡撫。
丁振鐸　河南羅山人，字聲伯，號巡卿，由庶常授編修，累遷雲貴、閩浙總督。
唐景崇　廣西灌陽人，字春卿，由庶常授編修，累遷禮部右侍郎、學部尚書，謚文簡。
惲彥彬　江蘇陽湖人，字次遠，由庶常授編修，累遷工部左侍郎。
李殿林　山西大同人，字蔭墀，由庶常授編修，累遷吏部尚書、協辦大學士。
李聯芳　陝西平利人，字芝軒，號實齋，由庶常授編修，累遷兵部右侍郎。
貴　恒　滿洲鑲白旗人，字塢樵，由庶常授編修，累遷刑部、法部尚書。

廖壽豐　江蘇嘉定人，字穀似，號止齋，由庶常授編修，累遷浙江巡撫。
李紱藻　湖北沔陽人，字伯虞，由庶常授檢討，累遷度支部右侍郎。
英　煦　滿洲鑲黃旗人，字和卿，選庶常，累遷左都御史。

同治十三年甲戌正科（第九十九次殿試）

張百熙　湖南長沙人，字埜秋，由庶常授編修，累遷左都御史、管學大臣，贈太子少保，諡文達。
林紹年　福建閩縣人，字贊虞，由庶常授編修，累遷雲南巡撫、署雲貴總督、署理郵傳部尚書，諡文直。
趙爾巽　漢軍正藍旗人，字公鑲，號次珊，由庶常授編修，累遷四川、湖廣、東三省總督，度支部尚書，清史館館長。
鳳　鳴　滿洲正黃旗人，字竹岡，由庶常授編修，累遷工部左侍郎。
華金壽　直隸天津人，字竹軒，由庶常授編修，累遷兵部右侍郎。
陸元鼎　浙江仁和人，字春江，累遷漕運總督、江蘇巡撫。
胡燏棻　安徽泗州人，字雲楣，選庶常，累遷兵部右侍郎。
恩　壽　滿洲鑲白旗人，累遷漕運總督、江淮巡撫、陝西巡撫。
祥　麐　滿洲正黃旗人，字仁趾，選庶常，累遷戶部右侍郎。
錫　良　蒙古鑲藍旗人，字清弼，累遷閩浙、四川、東三省總督。

趙舒翹　陝西長安人，字展如，累遷江蘇巡撫、刑部尚書。

光緒二年丙子恩科（第一〇〇次殿試）

王錫蕃　山東黃縣人，字季樵，由庶常授編修，累遷禮部左侍郎。

會　章　宗室正藍旗人，字東喬，號石農，由庶常授編修，累遷理藩院右侍郎。

吳樹梅　山東歷城人，字燮臣，由庶常授編修，累遷戶部右侍郎。

徐致靖　江蘇宜興人，字靜江，由庶常授編修，累遷禮部右侍郎。

戴鴻慈　廣東南海人，字少懷，由庶常授編修，累遷法部尚書、協辦大學士，卒贈太子少保，諡文敏。

裕　德　蒙古正白旗人，字壽田，號少雲，由庶常授編修，累遷兵部尚書，體仁閣、東閣大學士，諡文愼。

陸寶忠　江蘇太倉人，字伯葵，由庶常授編修，累遷左都御史，諡文愼。

張仁黼　河南固始人，字劭予，由庶常授編修，累遷兵部左侍郎、大理院正卿。

光緒三年丁丑正科（第一〇一次殿試）

樊增祥　湖北恩施人，字雲門，號樊山，選庶常，累遷江寧布政使、護理兩江總督。

劉永亨　甘肅秦州人，字子嘉，由庶常授編修，累遷度支部左侍郎。

長　萃　滿洲鑲藍旗人，字季超，號允升，由庶常授編修，累遷吏部左侍郎。

繼　昌　漢軍正黃旗人，字蓮溪，選庶常，累遷安徽巡撫。

濮子潼　浙江錢塘人，字紫銓，選庶常，累遷江蘇布政使、護理巡撫。
陳　璧　福建閩縣人，字佩蒼，累遷郵傳部尚書。

光緒六年庚辰正科（第一〇三次殿試）

志　銳　滿洲鑲紅旗人，字伯愚，由庶常授編修，累遷禮部右侍郎、伊犂將軍，卒贈太子少保，謚文貞。
郭曾炘　福建侯官人，字春榆，由庶常授編修，累遷禮部右侍郎。
溥　良　宗室正藍旗人，字玉岑，由庶常授編修，累遷法部、禮部尚書。
鍾　靈　滿洲正藍旗人，字秀之，由庶常授編修，累遷工部右侍郎。
龐鴻書　江蘇常熟人，字渠盦，號酈亭，由庶常授編修，累遷湖南、貴州巡撫。
于式枚　廣西賀縣人，字晦若，號穗生，選庶常，累遷學部右侍郎，謚文和。
薩　廉　滿洲鑲藍旗人，字儉齋，選庶常，累遷盛京兵部侍郎。
沈曾植　浙江嘉興人，字子培，累遷安徽布政使，護理巡撫。

光緒九年癸未正科（第一〇三次殿試）

朱祖謀　浙江歸安人，字古微，由庶常授編修，累遷禮部左侍郎。
柯逢時　湖北江夏人，字遜庵，由庶常授編修，累遷廣西巡撫。賞給侍郎銜，督辦各省土葯統稅事宜。
秦綬章　江蘇嘉定人，字佩鶴，由庶常授編修，累遷工部右侍郎。

恩　順　滿洲鑲白旗人，字子澄，由庶常授編修，累遷理藩院右侍郎。

馮汝騤　河南祥符人，字星巖，由庶常檢討，累遷江西巡撫，諡文節。

張亨嘉　福建侯官人，字燮均，由庶常授編修，累遷禮部右侍郎，諡文厚。

綿　文　宗室鑲白旗人，字東畬，號達齋，由庶常授編修，累遷禮部右侍郎。

沈家本　浙江歸安人，字子惇，累遷法部左侍郎、大理院正卿。

嚴　修　直隸天津人，字範孫，由庶常授編修，累遷學部左侍郎。

葛寶華　浙江仁和人，字振卿，累遷法部尚書、農工商部尚書。

光緒十二年丙戌正科（第一〇四次殿試）

徐世昌　直隸天津人，字菊人，由庶常授編修，累遷陸軍部尚書、體仁閣大學士、內閣總理、民國大總統。

榮　慶　蒙古正黃旗人，字華卿，累遷左都御史、度支部尚書、協辦大學士、太子少保，諡文和。

陳夔龍　貴州貴筑人，字筱石，累遷湖廣、直隸總督。

楊士驤　安徽泗州人，字萍石，號蓮府，由庶常授編修，累遷山東巡撫、直隸總督，贈太子少保，諡文敏。

景　厚　宗室鑲藍旗人，字燮甫，由庶常授檢討，累遷禮部左侍郎。

光緒十五年己丑正科（第一〇五次殿試）

丁寶銓　江蘇山陽人，字衡甫，號黜存，累遷山西巡撫。

余誠格　安徽望江人，字壽平，由庶常授編修，累遷湖南巡撫。
崇　壽　滿洲鑲黃旗人，字延之，號鶴汀，由庶常授編修，累遷工部左侍郎。
周樹模　湖北天門人，字少璞，由庶常授編修，累遷黑龍江巡撫。
紹　昌　宗室正白旗人，字任庭，由庶常授編修，累遷法部左侍郎。
陸鍾琦　浙江仁和人，順天宛平籍，字申甫，由庶常授編修，累遷山西巡撫，謚文烈。
王　垿　山東萊陽人，字覺生，由庶常授檢討，累遷法部右侍郎。

光緒十六年庚寅恩科（第一〇六次殿試）

齊耀珊　吉林伊通人，累遷浙江省長，內務總長。
王乃徵　四川中江人，字聘三，號平珊，由庶常授編修，累遷河南布政使。
余　堃　四川巴縣人，字子垕，由庶常授編修，累遷陝西提學使，兼署布政使。
姚文倬　浙江仁和人，字稷臣，由庶常授檢討，累遷福建提學使。
王慶平　江蘇上海人，字耜雲，選庶常，累遷山西布政使、護理巡撫。
俞明震　順平宛平人，字格士，選庶常，累遷甘肅提學使。
慧　成　滿洲鑲黃旗人，字裕亭，由庶常授編修，累遷理藩院侍郎。
董　康　江蘇武進人，字綬經，累遷大理院院長、司法總長。

光緒十八年壬辰正科（第一〇七次殿試）

寶　熙　宗室正藍旗人，字瑞臣，由庶常授編修，累遷學部左侍郎。

朱家寶　雲南寧州人，字金田，選庶常，累遷安徽巡撫、直隸都督。
唐文治　江蘇太倉人，字蔚芝，累遷農工商部侍郎、署理尚書、國立南洋大學校長。
貽　穀　滿洲鑲黃旗人，字藹人，選庶常，累遷兵部左侍郎、綏遠將軍。
湯壽潛　浙江山陰人，字蟄仙，選庶常，以知縣用，累遷兩淮鹽運使、浙江都督。
蔡元培　浙江山陰人，字鶴廎，由庶常授編修，累遷國立北京大學校長、教育總長、中央研究院院長、監察院副院長。

光緒二十年甲午恩科（第一〇八次殿試）

陳昭常　廣東新會人，字簡始，選庶常，累遷吉林巡撫。
李家駒　漢軍正黃旗人，字柳溪，由庶常授編修，累遷學部右侍郎。
沈雲沛　江蘇海州人，選庶常，累遷工部左侍郎。
梁士詒　廣東三水人，字燕孫，由庶常授編修，累遷郵傳部參議、國務院秘書長、國務總理。
劉廷琛　江西九江人，字幼雲，由庶常授編修、京師大學堂監督。
王　瑚　直隸定州人，字鐵珊，選庶常，累遷吉林兵備道、肅政使、江蘇省長。

光緒二十一年乙未正科（第一〇九次殿試）

齊耀琳　吉林伊通人，選庶常，累遷河南巡撫、江蘇省長。
熊希齡　湖南鳳凰人，字秉三，選庶常，累遷奉天鹽運使、財政總長、國務總理。

謝遠涵　江西興國人，字鏡虛，由庶常授檢討，累遷內務總長、江西省長。

李瑞清　江西臨川人，字梅庵，選庶常，署江蘇布政使、兩江優級師範學堂監督。

錢能訓　浙江嘉善人，字幹臣，累遷總長、國務總理。

光緒二十四年戊戌正科（第一一〇次殿試）

傅增湘　四川江安人，字沅叔，由庶常授編修，累遷直隸提學使、教育總長。

陳培錕　福建閩縣人，字韻珊，由庶常授編修，累遷法政學堂監督、福建省政府委員兼財政廳長、代理主席。

袁嘉穀　雲南石屏人，由庶常授編修，累遷浙江提學使。

鄧邦述　江蘇江寧人，字孝先，由庶常授編修，累遷吉林民政使。

陳　驤　直隸天津人，由庶常授編修，累遷貴州提學使。

光緒二十九年癸卯正恩合科（第一一一次殿試）

徐　謙　安徽歙縣人，字季龍，由庶常授編修，累遷法部參事、司法部總長。

郭則澐　福建侯官人，字筱麓，由庶常授編修，累遷溫處道、國務院秘書長、銓敘局局長。

呂調元　安徽太湖人，累遷陝西巡按使。

光緒三十年甲辰恩科（第一一二次殿試）

譚延闓　湖南茶陵人，字組安，由庶常授編修，累遷湖南諮議局議長、都督、國民政府主席、行政院院長。

劉穀蓀　安徽廬江人，字式甫，累遷甘肅按察使。

賈景德　山西沁縣人，字煜如，累遷濟南道尹、山西省政府秘書長、考試院院長。

張其煌　廣西臨桂人，字子武，累遷廣西省長。

湯化龍　湖北浠水人，字濟武，累遷內務總長、參議院議長。

王　賡　安徽合肥人，字揖唐，累遷安徽省長、內務總長。

第七卷　清代文官品階職掌表

清代文官制度之原則，係規定一定之官職，必屬一定之品階。官升則品階亦隨之而晉陞，官降則品階亦隨之而下降。等級分爲九品，每品分正從二階，共十八階，稱爲正流。九品以外者爲流外，亦稱未入流，流者品流也。未入流或流外，謂不得預與正流，喻其微卑也。如以民國官等爲比，正從一品及正二品爲特任，從二品至從五品爲簡任，正六品至從七品爲薦任，正八品至從九品爲委任，未入流者爲雇員。惟有清入關之初，各項制度固多因襲前朝，所定文官品階，亦與明代大都相同，但至後世，亦頗有變更之處。玆將光緒戊戌維新以前所設文官及其品階，規定職掌，略加註釋，列舉於次：

正一品

太師　凡師傅保皆虛銜，無職掌，亦無員額，號三公。

太傅

太保

大學士　掌鈞國政，贊詔命，釐憲典，議大禮大政，裁酌可否入告，協辦佐之。大學士，猶國民政府訓政時期之五院院長；協辦大學士，猶國民政府訓政時期之五院副院長。

從一品

少師　少師、少傅、少保，位次於太師、太傅、太保，亦虛銜，無員額，號三孤。

少傅

少保

太子太師

太子太傅

太子太保

各部院尚書　猶民初之各部總長，因尚書直隸於君主，其權位較總長爲重。又清代設吏、戶、禮、兵、刑、工六部及理藩院尚書，其職掌如次：

吏部尚書掌中外文職銓敘勳階黜陟之政，釐飭官常，以贊邦治。其職務猶今之內政部長、銓敘部長、人事局長、公務員懲戒委員長。

戶部尚書掌天下土田戶口財穀之政，平準出納，以均邦賦。其職務猶今之財政部長、主計長、審計長。

禮部尚書掌吉嘉軍賓凶禮之秩序，學校舉貢之法，以贊邦禮。其職務猶今之教育部長、考選部長，兼總統府典禮局事。

兵部尚書掌中外武職銓選，簡覈軍實，以贊邦政。其職務猶國民政府軍政部長，惟事務及範圍均較簡單。

刑部尚書掌折獄審刑，簡覈法律，受天下奏讞、咸閱實而上其辭，以肅邦憲。其職務猶民初之司法部長、平政院院長、大理院院長。

工部尚書掌天下工虞器用，辨物庀材，以飭邦事。其職務猶外國之公共建設部部長，兼管經濟部之水利、度量衡、部份之國營事業、交通部之路政，及財政部錢幣之鑄造。

理藩院尚書掌內外蒙古、回部，及諸藩部封授朝覲，疆索貢獻，黜陟征發之政令，控御撫綏、以固邦翰。其職務猶今之蒙藏委員長。

都察院左右都御史　掌察覈官常，整飭綱紀。其職務猶國民政府訓政時期之監察院院長，惟官位不及監察院長之崇高。右都御史，為總督之坐銜，不設專員。

正二品

太子少師

太子少傅

太子少保

各省總督　掌總治軍民，統轄文武，考覈官吏，修飭封疆。加兵部尚書銜者從一品。民初之巡閱使，頗類似之，又與我政府在撤離大陸前之軍政長官，亦相類似。

各部院侍郎　為尚書之副，猶民初各部次長，惟侍郎之職位，較次長為高，因尚書侍郎同爲堂官也。

從二品

內閣學士 例兼禮部侍郎銜，掌敷奏本章，傳宣綸綍，猶民初之國務院簡任秘書。

翰林院掌院學士 以大學士及尙書侍郎特簡兼攝，掌國史筆翰，備左右顧問。凡翰林官如侍讀學士、侍講學士、侍讀、侍講、修撰、編修、檢討，掌國史圖籍制誥文章之事。

各省巡撫 掌宣布德意，撫安齊民，修明政刑，興革利弊，考覈吏之治，會總督以詔廢置。三年大比，則監臨之，武科則主考試。其職務猶民初之省長（官等爲特任），及今之省主席。加兵部侍郎銜者爲正二品。

各省布政使 掌一省之政事，錢穀之出納，朝廷有德澤禁令，承流宣布，以達有司，闔省僚屬，以時頒其祿俸，滿秩廉其稱職與否，報督撫，以達於吏部，十年會戶版，均稅役，登民數田數，以達於戶部，凡諸政務，與督撫會議經畫而行之。其職務猶省政府委員兼民政、財政二廳長，主計處長，人事處長。

正三品

都察院左右副都御史 爲左都御史之副，其職務猶訓政時期之監察院副院長。右副都御史爲巡撫之坐銜，不設專員。

通政使　掌天下章奏校閱送閣，稽其程限，而按其違失，有不如式者劾論之。其職務略似訓政時期國民政府之文書局局長。

大理寺卿　掌平反重辟，以貳邦刑，與刑部都察院稱三法司，凡審錄刑部定疑讞，都察院糾覈獄成，歸寺平決，不協，許兩議上奏取裁，並參與朝廷大政事。其職務猶民初之大理院院長，惟官階略低。

詹事府詹事　掌經史文章之事，凡充日講官，纂修書籍，典試提學，皆與翰林官同。遇秋審朝審及奉旨下九卿，翰林詹事科道會議之事，咸入班預議焉。

太常寺卿　掌典守壇遺廟社，以歲時序其祭祀，而詔其行禮之節，祭日則帥其屬以分司厥事。

順天府府尹　掌治理京畿，其職務相當於民初之京兆尹，或訓政時期之南京市市長，惟轄區較廣。

各省按察使　掌全省刑名按劾之事，振揚風紀，澄清吏治，大者與藩司會議，以聽於都院，理闔省之驛傳，三年大比，爲監試官，大計爲考察官，秋審爲主稿官，其職務猶國民政府軍政時期之省司法廳長及今之高等法院院長。

從三品

光祿寺卿　掌大內膳饈及祭祀朝會燕饗饔飱酒醴之需。

太僕寺卿　掌兩翼牧馬場之政令。

各省鹽運使　掌督察場民生計，與商之行息，水陸輓運，計其道里，時其往來，平其貴賤，俾商無滯引，民免淡食，以聽於鹽政，及監理鹽政之督撫，其職務猶民初之鹽運使，及今之省區鹽務管理局局長。

正四品

通政使副使　通政使之副。

大理寺少卿　大理寺卿之副。

詹事府少詹　詹事之副。

太常寺少卿　太常寺卿之副。

太僕寺少卿　太僕寺卿之副。

鴻臚寺卿　掌朝會賓客祭祀燕饗之儀，有違式論劾如法。

順天府丞　掌學校之政令，鄉試則充提調官，以助尹而經理之，其官位猶南京市副市長，其職務猶南京市教育局局長。

各省道員　掌佐藩臬覈官吏，課農桑，興賢能，厲風俗，簡軍實，固封守，以倡所屬，而廉察其政治。其職務猶北政府時期之各省道尹，其糧儲、鹽法、水利、茶馬、屯田各道，則猶省政府各處局之首長。

從四品

翰林院侍讀學士　掌撰著記載，撰擬祝文，撰擬冊文祭文。

翰林院侍讀學士　掌如侍讀學士。
國子監祭酒　掌成均之法，其職位略似今中央大學校長，惟職務不同。
鹽運使司同知　掌掣鹽政令，其職務猶今省區鹽務管理局副局長。
各府知府　掌一府之政，統轄屬縣，宣理風化，平其賦役，聽其獄訟，以教養萬民，凡闔府屬吏皆總領而稽覈之。其職務猶訓政時期各省行政督察專員。

正五品

左右春坊左右庶子　掌記注纂修之事。
通政使司參議　掌參與司務之評議。
光祿寺少卿　光祿寺卿之副。
六科給事中　掌傳達詔勅，並監督各部所管行政事務，其職務略似訓政時期監察院各委員會之召集人，惟其權力遠較監委爲大。
各部院郎中　掌管司務，其職務猶今各部會之司廳處長。
順天府治中　掌二府事，紀綱衆務，兼鄉會試場務，其職務猶訓政時期南京市政府之秘書長。
欽天監監正　掌治術數，典歷象日月星辰宿離不貸，歲終奏新歷送禮部頒行。其職務猶中央氣象局局長。
太醫院院使　掌考九科之法，帥屬供醫事，其職務略似中央醫院院長。

各府同知　爲知府之佐治，每府設一人至數人，掌糧運、督捕、水利、理事諸務，其有兼理民事直隸於省爲廳之首長者，如各府各直隸州之制，其職務略似省轄市市長。

直隸州知州　掌直隸州一州之政令，其規制與知府同，惟無倚郭縣，其所治州，即以知州行知縣之事，其職務與訓政初期各省實施首席縣長區制之首席縣長相同。

從五品

翰林院侍讀　掌如翰林院侍讀學士、侍講學士。

翰林院侍講　掌同上。

司經局洗馬　掌經籍圖書之刊行與收藏。

鴻臚寺少卿　鴻臚寺卿之副。

各道監察御史　掌理稽察轄區各衙門，彈舉官邪，敷陳治道，其職務猶國民政府訓政時期之監察使，惟均在京辦事。且職位較監察使爲低。

各部院員外郎　猶今各部會之司廳處幫辦或專門委員。

散州知州　掌一州之政治，以縣之地大而事繁者升而置之，所統轄一如縣制。其職務猶國民政府訓政時期之縣市長。

鹽運使副使　掌分司產鹽處所，輔運使鹽道，以治其事，其職務如今省區鹽務管理局之分局長。

鹽課司提舉　掌各轄鹽井之政。

正六品

內閣侍讀　掌勘對本章，檢校籤票。

左右中允　掌記注纂修之事，與翰林院讀講編檢同。

國子監司業　掌輔助祭酒、處理監務。

各部院主事　掌規定之事務，其職務猶今各部會之科長專員。堂主事，猶今部長室秘書。

都察院都事　掌繕寫章疏。

都察院經歷　掌董察胥吏。

大理寺左右寺丞　掌審察刑案，定律例之適用，其職務猶大理院之刑庭庭長。

欽天監監副　監正之副，其職務猶中央氣象局副局長。

太醫院院判　院使之副，其職務猶中央醫院副院長。

京府通判　掌京城各市牙儈之籍，而榷其常稅，鄉試則治其名瀆焉。

京縣知縣　掌其縣之政令，與五城兵馬司分壤而治，撫輯良民，緝禁奸匪，以安畿輔，品秩章服視外縣加一等。

太常寺丞　掌祭祀之儀式，辨其職事，以詔有司，及遴補員吏鈎稽廩餼之事。

外府通判　掌糧運、督捕、水利、理事諸務，以佐知府，其直隸於省爲廳之首長者，其職如同知。

從六品

左右贊善　掌如庶子、中允。
翰林院修撰　掌如讀講學士及侍讀、侍講。
布政使司經歷　掌出納文移。
布政使司理問　掌推勘刑名。
鹽運使司運判　掌分司產鹽處所，輔運使鹽道以治其事。
直隸州州同　掌如府同知之職，以貳各州而佐其政治。
散州州同　掌同上。

正七品

翰林院編修　掌同侍讀、侍講、修撰。
通政使司經歷知事　掌出納文移，承受案牘。
大理寺評事　掌輔助寺丞審察各省之死罪案件。
太常寺博士　掌繕寫章牘，有祀事則具儀以進品物，所須咸應時而供其直焉。
國子監監丞　掌理學規，督察教課。
京縣縣丞　掌佐知縣，分理其事。

內閣典籍　掌保管圖書發送文書。

外縣知縣　掌一縣之政令，平賦役，聽治訟，興教化，厲風俗，凡養老祀神，貢士讀法，皆躬親厥職而勤理之。其職務猶訓政時期之縣長。

太常寺典簿　掌察祭品，陳牲牢，治吏役。

按察使司經歷　掌同布政使經歷。

各部院寺司庫　掌銀貨解納收支之政。

京府教授　掌八旗及京師黌序訓課之政。

京府訓導　掌如教授，而佐理之。

外府教授　掌學校生徒訓廸之事。

各部院衙門七品筆帖式　掌繙譯清漢章奏文籍。其職務猶今部會之荐任書記官。

從七品

翰林院檢討　掌如編修。

中書科掌印中書　掌繕寫書誥敕。

中書科中書　掌繕寫繙譯、撰擬記載。

中書舍人　掌如中書。

詹事府主簿　掌文移案牘。

光祿寺典簿　掌章疏文移。

京府經歷　　掌出納文移。
布政使司都事　掌收發文移。
鹽運使司經歷　掌稽核文移。
直隸州州判　掌如府通判之職，以貳各州，而佐其政治。
散州州判　　掌各州糧馬巡捕之事。
國子監博士　掌闡明經說，以助教廸，與六堂助教學正學錄，並司學舍經義事宜。
國子監助教　掌教八旗直省俊選之士。

正八品

國子監學正　掌如助教，而爲之貳。
國子監學錄　掌如助教，而爲之貳。
欽天監主簿　掌章奏文移。
太醫院御醫　掌以所業專科，分班侍直。
各部院八品筆帖式　掌繕寫之事。
布政使司庫大使　掌司庫藏之出入。
鹽運使司庫大使，掌鹽課之收納，而監理其庫貯。
按察使司知事　　掌勘察刑名，職猶推事。
外府經歷　　掌如布政使司經歷。

外縣縣丞　掌糧馬征稅戶籍緝捕之職，爲知縣之貳，其職務猶民國之副縣長。
鹽課司大使　掌鹽場及池井之務，其職務猶今鹽場之場長。
鹽引批驗所大使　掌批驗鹽引之出入。
州學正　掌學校生徒訓廸之事。
縣教諭　掌如學正。猶今之縣教育局長。

從八品

翰林院典簿　掌出納文移。
國子監典簿　掌簿書以稽文移之出入。
鴻臚寺主簿　掌行遣文移，繕寫章牘。
太醫院吏目　掌專一科，分班侍直。
布政使司照磨　掌照刷卷宗。
鹽運使司知事　掌稽核文書。
府州縣訓導　掌學校生徒訓廸之事，以佐教授教諭學正。

正九品

各部院九品筆帖式　掌繕寫之事。
按察使司照磨　掌如布政使照磨。
府知事　掌稽核文書。

縣主簿　掌糧馬征稅戶籍巡捕之事，以佐其縣。

從九品

翰林院待詔　掌校對章疏文史。
國子監典籍　掌藏弆經史，以備諸生誦習。凡書籍刻板於監者，則主其摹印之事，以備流傳。
欽天監博士　掌推天行之度，驗歲差以均節氣。
刑部司獄　掌監禁，督禁卒更夫晝夜巡察，凌虐需索者問如法，其職務相當於中央監獄之典獄長。
京外府照磨　掌受發文移，磨勘卷宗。
宣課使大使　掌府稅課之事。
按察使司司獄　掌管理繫囚，其職務猶今省區監獄之典獄長。府司獄、同知司獄、通判司獄職掌相同。
巡檢　掌緝捕盜賊，盤詰奸僞，凡州縣關津要害並設之，其職務猶今之警察分局長。
布政司倉大使　掌檢稽倉庫。
府庫大使　掌理府庫之事。
同知倉大使　掌廳之倉庫事務。

未入流

翰林院孔目　掌收貯圖籍。
禮部鑄印局大使　掌鑄造金寶金印，及內外百司之印信。
縣典史　掌察獄囚，如縣未設縣丞主簿，則兼領之。
崇文門副使　掌崇文門關之雜職。
關大使　掌稅關之雜務。
驛丞　掌郵傳迎送。
閘官　掌瀦洩閉事。（沿運河設置之）
縣稅課大使　掌主稅事，凡商賈儈屠雜市，俱有常徵，以時榷之，輸直於道府若縣。猶今掌理地方稅捐之主管，惟職位較低。
河泊所大使　掌征漁稅。
以上各官之外，中樞尚有軍機大臣，及直省之學政，主考官、副考官、鹽政、關務各差，均係差委性質，並無實缺，玆再列舉於次：
軍機大臣　掌軍國大政，以贊機務，常日侍直，應對獻替，巡幸亦如之。無定額，亦無品級規定，由大學士、尚書、侍郎內特旨召入。有大臣、大臣上行走之分，初入者另加學習二字。
學政　掌直省學校生徒課考黜陟之事，以歲科二試，巡歷所屬府州，進諸生而論文藝，程品行升其賢者能者，斥其不率教者，凡興革事宜，皆會督撫以行之，三年而代。以侍郎、京堂、翰林、科道部屬等官，由進士出身者，各帶原銜品級充之。

考官　殿試讀卷官、會試鄉試正副主考、同考官，試畢揭曉即行解職。

鹽政　掌理鹽政，而糾其屬吏，征收督催之，不如法者，以時審其價而酌劑之。凡鹽賦之奏課，與鹽法之宜更者以聞，總督巡撫兼鹽政者亦如之。各帶原銜品級，特旨簡用，或都察院奏差。長蘆、兩淮各一人，福建、甘肅、四川、兩廣，以總督兼理，兩浙、雲南、貴州，以巡撫管理，河東以山西巡撫管理。

關稅監督　掌水陸會衝之地，設官置吏，頒其治禁，以安行旅，以通財賄爰繫之稅，以便訶幾，以助國家經費。凡榷百貨者，為戶部分司，榷竹木及船鈔者，為工部分司。必行商大賈，挾貲貨殖以牟利者，乃譏而征之。

崇文門正監督　以大臣簡充。

副監督　由總管內務府大臣掄選奏充。

左右翼監督　以大臣簡充。

天津關一人　以長蘆鹽政兼管。

通州二人　以漢滿坐糧廳兼管。

山海關一人　以四五品滿京堂及部院府司員差充。

山西武元城　以巡撫兼管委交城縣知縣監收。

歸化城　以巡撫兼管委道員監收。

臨清關　以山東巡撫兼管委臨清州知州監收。

江南海關　以江蘇巡撫兼管委松太道監收。

滸墅關　以蘇州織造兼管。

淮安宿遷關　以內務府官員簡充。

揚關　以江蘇巡撫兼管委常鎮揚通道監收。

龍江西新關　以江寧織造兼管。

鳳陽關　以鳳廬道管理。

蕪湖關　以安徽巡撫兼管委徽寧池太道監收。

九江關　以廣饒南九道管理。

贛關　以江西巡撫兼管委吉南贛道監收。

福建海關　以福州將軍兼管。

閩安關　以巡撫兼管委福州府同知監收。

浙江海關　以巡撫兼管委寧紹臺道監收。

南北新關　以杭州織造兼管。

湖北武昌廠　以巡撫兼管委員監收。
荊關　以巡撫兼管委員監收。
湖南辰關　以巡撫兼管委辰州府知府監收。
四川夔關　以總督兼管委夔州府知府監收。
打箭爐　以同知兼管。
廣東海關　以內務府官員簡充。
太平關　以巡撫兼管委南韶連道監收。
廣西梧廠　以巡撫兼管委梧州府知府監收。
廣西潯廠　以巡撫兼管委潯州府知府監收。

中華史地叢書
清代鼎甲錄（修訂本）

作　　者／朱沛蓮　輯
主　　編／劉郁君
美術編輯／中華書局編輯部

出 版 者／中華書局
發 行 人／張敏君
行銷經理／王新君
地　　址／11494 臺北市內湖區舊宗路二段181巷8號5樓
客服專線／02-8797-8396　　傳　真／02-8797-8909
網　　址／www.chunghwabook.com.tw
匯款帳號／兆豐國際商業銀行　東內湖分行
067-09-036932　中華書局股份有限公司

法律顧問／安侯法律事務所
印刷公司／維中科技有限公司　海瑞印刷品有限公司
出版日期／2015年3月三版
版本備註／據1983年12月二版復刻重製
定　　價／NTD 452

國家圖書館出版品預行編目（CIP）資料

清代鼎甲錄 / 朱沛蓮輯. -- 三版. -- 臺北市
: 中華書局, 2015.03
面 ; 公分. -- (中華史地叢書)
ISBN 978-957-43-2429-3(平裝)

1.科舉 2.清代

573.441　　104006829

NO.G0028
ISBN 978-957-43-2429-3（平裝）